Carina Beretz-Klausewitz

PHYSIOTRAINING FÜR REITER

Carina Beretz-Klausewitz

PHYSIOTRAINING FÜR REITER

Mühelos zu Bewegungsharmonie
mit dem Pferd

Olms Presse

Bibliografische Information der Deutschen Nationalbibliothek
Die Deutsche Nationalbibliothek verzeichnet diese Publikation in der Deutschen Nationalbibliografie; detaillierte bibliografische Daten sind im Internet über http://dnb.d-nb.de abrufbar.

www.olms-presse.de
Printed in Lithuania
Gedruckt auf säurefreiem und alterungsbeständigem Papier
Umschlagentwurf: Anna Braungart, Tübingen
Satz: Satzstudio Winkens, Wegberg
Herstellung: AB BALTO print
ISBN 978-3-7582-0269-8

Inhalt

TEIL 2: DIE KÖRPERLICHEN VORAUSSETZUNGEN DES REITERS VERBESSERN

Einleitung – ein Aha-Erlebnis

Schief, schiefer, Carina. Das beschreibt gut, wie ich zu Jugendzeiten auf dem Pferd gesessen habe. Es war die Zeit in der Schule, in der Rucksäcke allmählich »uncool« wurden. Man trug stattdessen lieber »Handtasche« über einer Schulter.

Zu diesem Zeitpunkt begriff ich leider noch nicht, wie sehr ich meinen Reitersitz dadurch negativ beeinflusste. Die Schultern waren von einer geraden Linie mehr als nur ein Stückchen weit entfernt. Natürlich durfte auch das typische Einknicken in der Hüfte nicht fehlen. Schön war anders. In dieser Körperhaltung war es praktisch nicht möglich, dem Pferd korrekte oder auch nur ansatzweise verständliche Hilfen zu geben. Weil das Pferd nicht wusste (und nicht wissen konnte), wie es welche Hilfen interpretieren sollte, kam schnell Frust auf.

Mein Vater, selbst passionierter Reiter, meldete uns beide dann schließlich zu einer Sitzschulung bei einer Physiotherapeutin an. Der Lehrgang fand im nahegelegenen Verein auf Schulpferden statt, denn ich besaß damals kein eigenes Pferd. Es war wirklich spannend, die Sitzschulung auf den uns bis dahin völlig fremden Pferden mitzumachen. Durch den Kurs kam dann der berühmte Aha-Moment, in dem einem bewusst wird, wie schief und krumm man tatsächlich auf dem Pferd sitzt, was man den Eltern im Vorfeld nicht hatte glauben wollen… So habe ich die Wichtigkeit der Sitzschulung zum ersten Mal bewusst wahrgenommen. Zu dieser Zeit gab es weder Franklinbälle noch andere kleine Hilfsmittel, die den Reitersitz unterstützen konnten – leider. Ebenso wenig wurde von Reitkollegen die Notwendigkeit erkannt, zum Physiotherapeuten zu gehen, geschweige denn eine Sitzanalyse zu machen. Heute hingegen ist das Bewusstsein für diesen Themenbereich als Bestandteil der Reiterei deutlich gewachsen. Ein ausbalancierter, losgelassener Sitz ist unabdingbar, damit Bewegungsharmonie zwischen Tier und Mensch entstehen kann. Sitzanalyse ist somit in hohen Dressurlektionen genauso wichtig wie auf E- und A-Niveau.

Unsere Verpflichtung gegenüber dem Pferd

In den *Richtlinien für Reiten und Fahren Band I – Grundausbildung für Reiter und Pferd* heißt es:

> *»Nur aus dem ausbalancierten und losgelassenen Sitz heraus können richtige Hilfen gegeben werden. Nur richtige und bewusst eingesetzte Hilfen führen zum Erreichen des reiterlichen Gefühls und damit zu einer verlässlichen Einwirkung. Auch der fortgeschrittene Reiter darf nie aufhören, an den Sitzgrundlagen zu arbeiten.«* (28. Auflage 2005, S. 63)

An diesen Worten orientiert sich meine persönliche Intention, Reitern die Wichtigkeit ihrer eigenen körperlichen Fitness näherzubringen. Reiter sollen lernen, sich selbst zu lösen und beweglich zu machen, um der Pferdebewegung leichter Folge leisten zu können.

Seinen Grundsitz kann nur derjenige Reiter optimieren, der Wissen über den menschlichen Körper besitzt. Man braucht kein Anatomieprofessor zu sein, grundlegende Kenntnisse sind jedoch sehr hilfreich, um die Biomechanik des Reitersitzes nachvollziehen zu können. Die Anatomie erklärt eindrücklich, wieso welche Übungen für den Reiter wichtig sind und weshalb ein Training überhaupt notwendig ist. Nur so erleben Reiter ihre »Aha«-Momente und verstehen Zusammenhänge, die sie eventuell vorher gespürt haben, aber sich nicht erklären oder einordnen konnten. Das beste Beispiel sind Übergänge, die nur mit Hilfe einer langen kräftigen Aus-

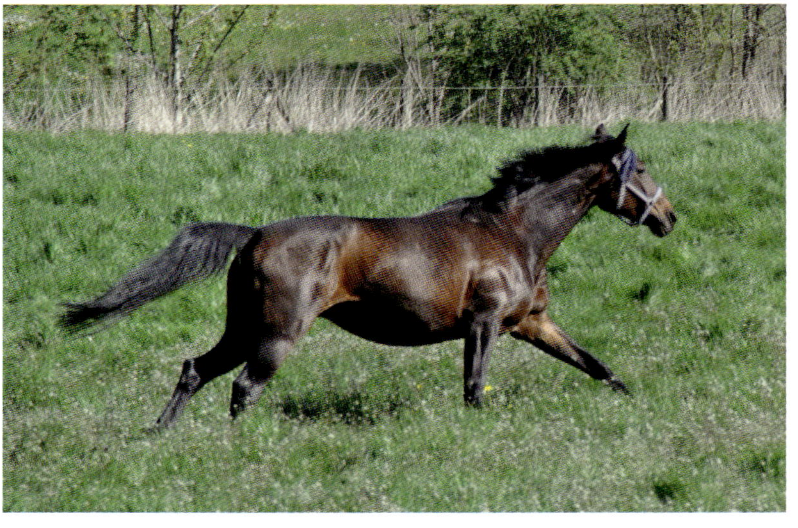

Wir Reiter haben die Verantwortung, unsere Pferde gesund zu erhalten.

atmung und Aktivierung der tiefen Bauchmuskulatur geritten werden, ohne dafür große Hebel in Bewegung setzen zu müssen. Plötzlich wird über anatomische Kenntnisse und deren klugen Einsatz Reiten ganz einfach, logisch und ohne große Kraftanstrengung möglich. Diese Augenblicke und minimalen Veränderungen führen zu magischen Momenten, strahlenden Reiteraugen und Harmonie im Einklang mit dem Pferd. Reitern dieses Wissen zu vermitteln, übernimmt in den häufigsten Fällen der Physiotherapeut. Wer als Physiotherapeut Sitzschulungen gibt, sollte sich nicht nur mit der menschlichen, sondern auch mit der Biomechanik des Pferdes auskennen. Es bringt nichts, den Reiter zu lockern, um im Gegenzug nicht zu erkennen, wie das Pferd schließlich beginnt, sich in seiner Bewegung frei zu entfalten.

Brauchen Reiter Physiotherapie? Na klar!

In fast jeder Sportart werden heutzutage Physiotherapeuten eingesetzt, selbst für unsere Pferde, aber für uns Reiter leider immer noch zu wenig und zu selten. In die Vierbeiner fließt eine Menge an Budget, in den anderen Teil des Teams, den Reiter, kaum. Es wird eher in eine schicke neue Schabracke investiert als in eine Massage, eine Physiobehandlung oder einen Besuch beim Osteopathen. Leider sensibilisieren auch Reitlehrer und Ausbilder ihre Schüler nicht genug für deren eigenen Körper, damit sie mehr an sich selbst arbeiten und sich selbst fördern. Es steht immer noch im Fokus, vermeintlich schnell erfolgreich zu sein, was aber im Reitsport völlig fehl am Platz ist, denn auch die Pferde benötigen Zeit in ihrer körperlichen Entwicklung!

Wie wichtig eine Betreuung und Begleitung durch Physiotherapeuten im Reitsport ist, wird mit einem Blick auf den Para-Reitsport noch anschaulicher. Diese Reiter haben alle kleinere oder größere Handicaps, wodurch sie stetige Unterstützung von Physiotherapeuten benötigen, die sie sowohl auf dem Pferd wie auch in Behandlungen betreuen. Behindertensportler müssen besonders viel körperlich tun, um fit fürs Pferd zu werden und auch zu bleiben. Ich selbst kenne eine Reitkollegin, die in jungen Jahren einen Schlaganfall erlitten hat und sich täglich im Stall neuen Herausforderungen stellt. Doch auch ein Nicht-Parareiter hat Defizite, die er zu kompensieren lernen muss. Der eine hat eine Skoliose, der andere MS, wieder jemand anderes hatte einen Wirbelsäulenbruch, der nächste sitzt täglich acht Stunden am Schreibtisch, oder eine Reiterin hat vor einigen Wochen ein Kind zur Welt gebracht. Und es gibt unzählige Reiter mehr mit Geschichten und Schwierigkeiten, die im Alltag mit dem Pferd gemeistert werden wollen.

Dadurch, dass in der Natur nichts gerade wächst, kein Baum, kein Tier und auch kein Mensch, besitzt nicht nur das Pferd eine natürliche Schiefe, sondern auch der Reiter. Ein Mensch, der das Hobby Reitsport ausüben möchte, kommt gar nicht um den Besuch beim Physiotherapeuten und um Sitzschulungen herum. Meiner Meinung nach liegt es in unserer Verantwortung, körperlich so fit zu sein, dass wir beim Reiten dem Pferd nicht wissentlich Schaden zufügen, nur weil wir zu faul sind, Ausgleichssport zu machen. Auch das ist aktiver Tierschutz! In der heutigen Zeit, in der es einen absolut positiven Wandel hin zu mehr Tierwohl gibt, kann es nicht sein, dass wir auf der einen Seite über Massentierhaltung klagen und auf der anderen Seite unserem Pferd beim Leichttraben wie ein nasser Sack in den Rücken fallen, weil wir null Körperspannung haben!

Sitzschulungen sollen immer in Einklang und Ergänzung zum professionellen Reitunterricht laufen und auch für den Reiter als Präventionsmaßnahme dienen. Zudem helfen Sitzschulungen, den Alltagsstress zu reduzieren und den im Job angestauten Stress nicht mit aufs Pferd zu nehmen. Des Weiteren kann der Physiotherapeut in Behandlungen, die ebenfalls ein Teil des ganzheitlichen Konzepts Sitzschulung sind, Muskelverspannungen und Blockaden lösen sowie Gleitwiderstände im Gewebe herabsetzen, damit der Körper optimal leistungsbereit ist.

Für Reiter, die in Stresssituationen blockieren, gehört zum Beispiel auch die Turnierbetreuung mit zur Aufgabe des Physiotherapeuten. Gerade in Drucksituationen ist es eine besondere Herausforderung, das Gelernte auf den Punkt genau abrufen zu können. Beim Abreiten stehen also Lockerungsübungen für Reiter und Pferd auf dem Programm. Mentales Coaching und Sportpsychologie können zusätzlich helfen, den Druck zu minimieren wie auch die Konzentration zu erhöhen. Profisportler bezeichnen diese Phase, bevor es in den Wettkampf geht, als »Tunnel«. Dabei kann der Physiotherapeut den Reiter mental unterstützen. Der Aufgabenbereich des Physiotherapeuten ist also weit gefächert. Zudem ist er häufig das Bindeglied zwi-

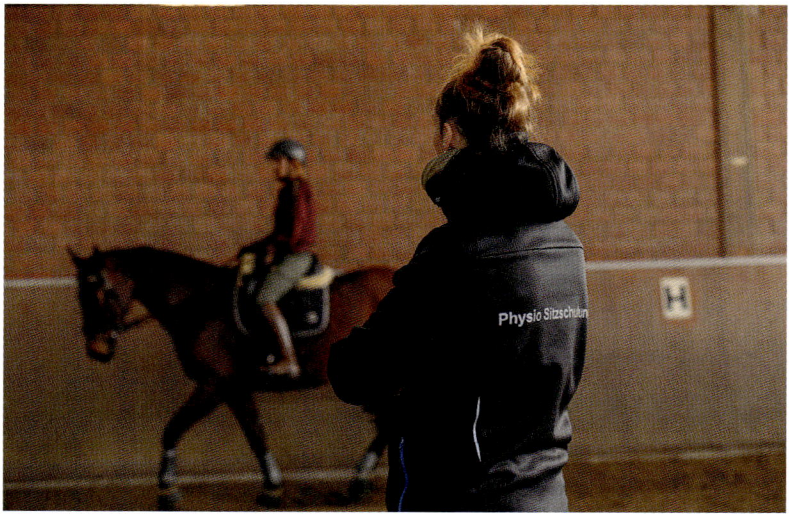

Sitzschulung und physiotherapeutische Begleitung sollten immer zur Reitausbildung gehören.

schen Reiter und Trainer und enorm wichtig als Ansprechpartner und Vertrauensperson für den Sportler.

Der Schlüssel zu mehr Leichtigkeit im Sattel

Mein Bestreben ist es, Reitern Lösungsansätze zu bieten für herausfordernde Situationen, die in der alltäglichen Arbeit mit dem Pferd auftreten, wie: »Ich schaffe es einfach nicht, mein Pferd auszusitzen«, »Mein Pferd ist immer so faul und geht nicht vorwärts« oder »Mein Pferd ignoriert völlig mein äußeres Bein und bricht mir über die Schulter weg«.

Mit diesem Buch möchte ich Reiter unterstützen, den Teufelskreis der Frustration zu durchbrechen und durch neu erlerntes Wissen wieder Spaß am Reiten zu finden. Dazu gehört, seinen Körper so zu schulen und zu trainieren, dass man nicht das Gefühl hat, ein purer Anfänger im Sattel zu sein, sondern selbstbestimmt und vorausschauend reiten zu können und eins mit seinem Teampartner Pferd zu werden.

Ich erkläre, wie es zu den typischen und grundlegenden Sitzfehlern Stuhlsitz und Spaltsitz kommt und welche Auswirkungen sie auf das Pferd haben – und natürlich, wie der Grundsitz stattdessen erarbeitet wird und wie der Reiter sich körperlich fit fürs Pferd hält. Die einzigen Übungsmaterialien, die benötigt werden, sind ein kleiner Ball/eine Putzbürste und eine Handtuchrolle, die aus einem kleinen Gästehandtuch ganz leicht selbst gemacht werden kann. Die Rolle wird an beiden Enden mit

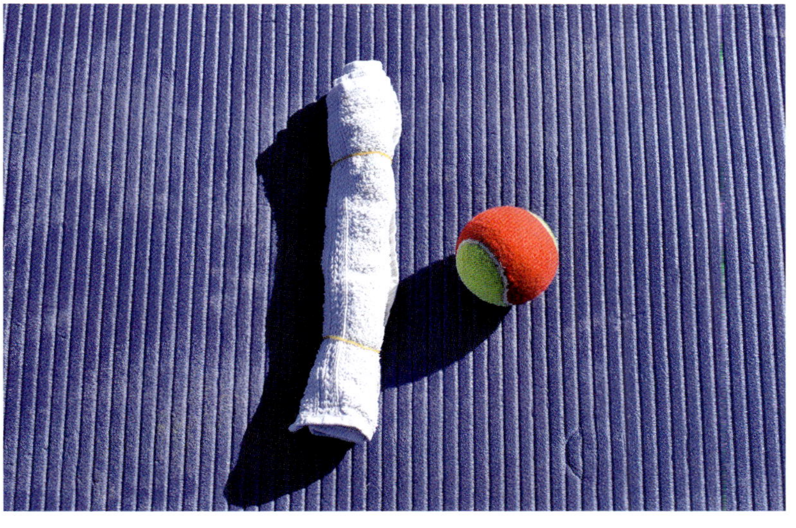

Übungsmaterialien Ball/Handtuchrolle

je einem Gummiband fixiert, damit sie nicht auseinanderfallen kann und ihre Form behält.

Es kommt nicht darauf an, sich auf eine Ausgleichssportart zum Reiten festzulegen. Viel wichtiger ist es, den eigenen Körper vielfältig auf seine Aufgabe im Sattel vorzubereiten. Deshalb gibt es in diesem Buch Übungen für die Beweglichkeit, die Kraft, die Koordination, die Ausdauer, die Körperwahrnehmung und die mentale Fitness. Viele Übungen lassen sich tatsächlich sehr leicht in den Tagesablauf integrieren, sodass dafür keine zusätzliche Zeit in Anspruch genommen werden muss. Es reicht völlig aus, 20 bis 30 Minuten am Tag ein paar Übungen zu machen, um den Sitz vom Boden aus zu verbessern. Das klingt viel? Jeden Morgen und Abend beim Zähneputzen auf einem Bein stehen, ist eine einfache Übung, die Kraft, Gleichgewicht und Koordination auf einmal schult. Das zweimal am Tag ergibt schon sechs Minuten Übungszeit!

Auf meiner Instagram-Seite **@physio_sitzschulung** ist für alle Leser ein »Highlight Button« eingerichtet, über den man sich die korrekte Ausführung aller Übungen des Buchs immer wieder als Video ansehen kann. Dies ist mir sehr wichtig, um möglichen Fehlerquellen entgegenzuwirken. Für Fragen stehe ich über Instagram zur Verfügung. Auf meiner Instagram-Seite gibt es zusätzlich zu allen Basisübungen Erweiterungen in verschiedenen Schwierigkeitsgraden und Varianten. Diese sind kostenlos einsehbar. Wer kein Instagram hat, kann über meine Homepage **www.physiositzschulungck.de** den Instagram-Button anklicken und so auf alle geposteten Inhalte frei zugreifen.

Ein Leben reicht bekanntlich nicht aus, um Reiten zu lernen. Deswegen ist der Reitersitz ein für jeden Reiter individuelles, nie endendes Projekt, woran stetig mit viel Fleiß gearbeitet werden sollte!

TEIL 1

GRUNDLAGEN ZUM SITZ

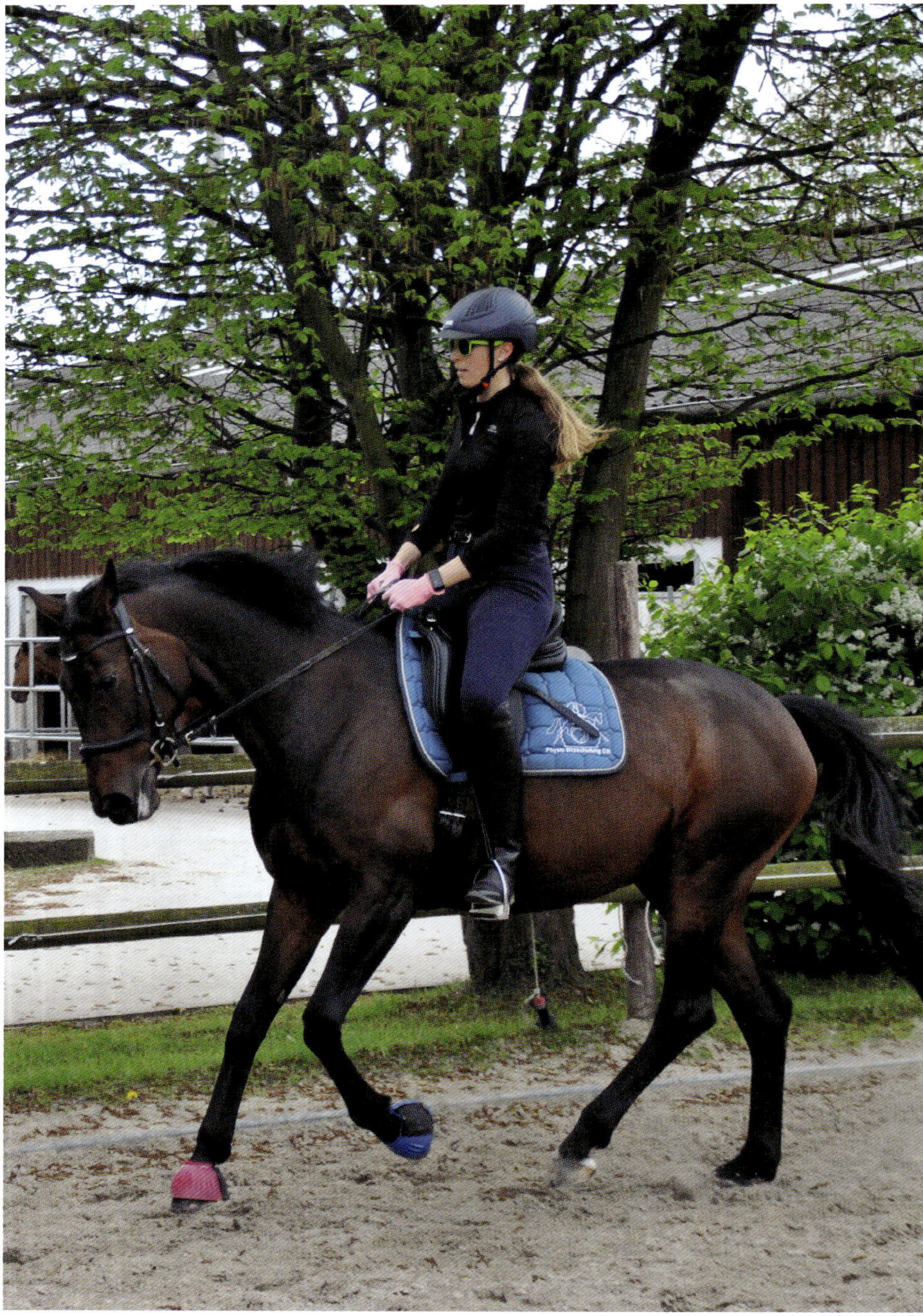

Der ausbalancierte, ökonomische Reitersitz

Im Idealfall sitzt der Reiter aufrecht im Sattel auf beiden Sitzbeinhöckern. Dabei sollen das Ohr, die Schulter, das Hüftgelenk und Sprunggelenk in einer lotrechten Linie liegen. Die Beine hängen locker am Pferdebauch herab, die Füße zeigen leicht nach außen gedreht Richtung Pferdemaul. So die Beschreibung in Fach- und Lehrbüchern. Wenn man die Füße hingegen bewusst nach vorne Richtung Pferdemaul dreht, spannt man die innen liegenden Oberschenkelmuskeln an und erzeugt dadurch eine Innenrotation im Hüftgelenk. Alle treibenden Muskeln machen jedoch eine Außenrotation im Hüftgelenk. Bringt man also die Füße bewusst Richtung Pferdemaul, arbeitet die gesamte treibende Muskulatur nicht mehr effizient. Die Waden sollen flach am Pferd anliegen. Der Absatz bildet den tiefsten Punkt des Reiters. Der Kopf wird frei und aufrecht getragen, der Blick ist geradeaus gerichtet. Die Arme hängen locker am Körper herab, die Unterarme winkeln sich im Ellenbogengelenk leicht ab. Die Hände werden zu einer ausgedrehten Faust geschlossen, sodass man den Nagel des kleinen Fingers sieht, und zeigen in Richtung vier Uhr und sieben Uhr eines gedachten Ziffernblatts. Dabei entsteht die Drehung der Faust nicht in der Hand selbst, sondern aus dem Ellenbogengelenk heraus. Diese Stellung ist die einzige, in der die rückwärtige Unterarmmuskulatur über die rückwärtige Oberarmmuskulatur bis in den Schultergürtel die Spannung bekommt, die wir als Reiter benötigen, damit wir a) aufrecht sitzen und b) eine Faust machen können, die geschlossen bleibt, und somit unabhängig von der Hand reiten können. Die rückwärtige Unterarmmuskulatur ist dafür zuständig, die Faust überhaupt schließen zu können. In der Handposition, die aussieht, als würde der Reiter Fahrrad fahren, ist es nicht möglich, die Faust geschlossen zu halten. Die Konsequenz ist, dass dem Reiter die Zügel aus der Hand rutschen. Um nun eine ideale feine und weiche Verbindung zum Pferdemaul zu erlangen, sollen Maul, Zügel und Reiterhand eine Linie bilden. Der Reiter sitzt im tiefsten Punkt des Sattels, im Schwerpunkt.

Den größten Anteil an der Hilfengebung hat die Gewichtshilfe, gefolgt von der Schenkelhilfe, und die am wenigsten und feinste genutzte Hilfe ist die Zügelhilfe. Die prozentuale Verteilung liegt bei ca. 60 % Gewichtshilfe, 30 % Schenkelhilfe und nur 10 % Zügelhilfe.

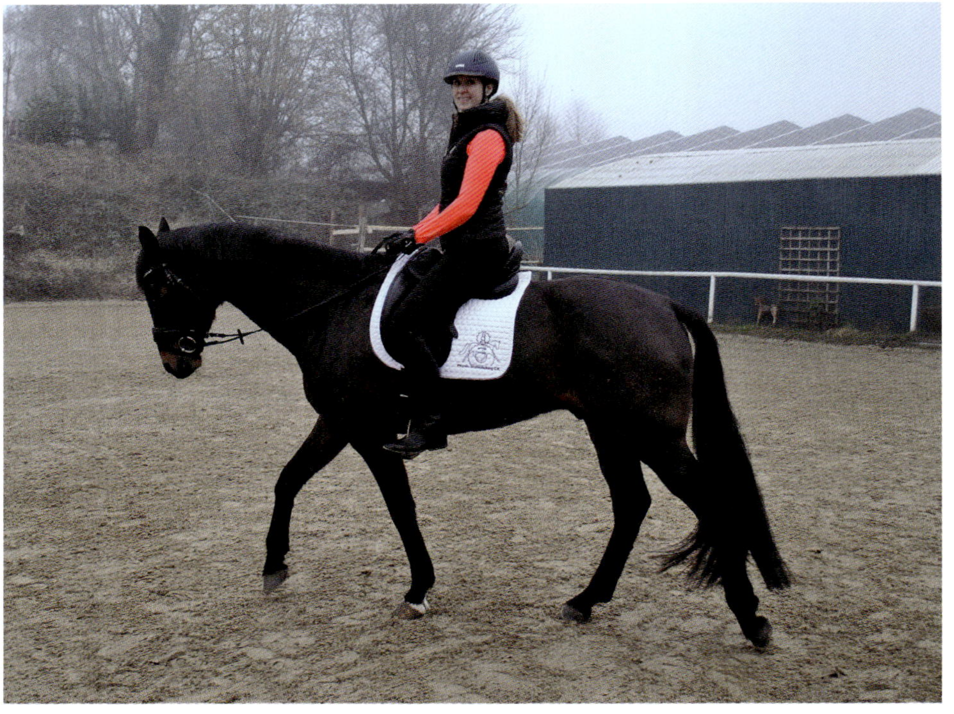

Dressursitz

Dementsprechend sollte ein Reiter frühestens einen Kandarenzaum nutzen dürfen, wenn er unabhängig von der Hand reiten kann. Dieser Leitgedanke wird leider kaum beherzigt. Die Grundvoraussetzung für das Reiten auf Kandare ist, dass der Reiter Herr über seinen Körper ist und diesen unter Kontrolle hat. Das heißt, er ist in der Lage, der Pferdebewegung mitschwingend zu folgen, wobei die Hände bewegungsunabhängig zum Körper eingesetzt werden können. Kann ein Reiter dies nicht, sollte er weiter mit einem Wassertrensengebiss reiten und nicht mit einem Kandarenzaum. Die starke Hebelwirkung der Kandare hat bei falschem Gebrauch das Potential, einem Pferd den Unterkiefer zu brechen und davor schon starke Schmerzzustände zu bereiten. Dies sollte der Reiter stets im Hinterkopf haben. Um zu überprüfen, ob ein Pferd wirklich fein an den Hilfen ist, sollten auch auf dem Turnier hohe Klassen auf Trense geritten werden, bis zum Grand Prix!

Junge Pferde sollten einzig und allein von Reitern ausgebildet werden, die unabhängig von der Hand agieren können. Es ist entscheidend, alle Hilfen im Zusammenspiel dem Ausbildungsstand eines jungen Pferdes anpassen zu können. Dies erfordert ein hohes Maß an koordinativen Fähigkeiten.

Der Reitersitz beinhaltet ein permanentes Wechselspiel angespannter Muskeln, die nicht starr gegenhalten, sondern Bewegungen zulassen müssen, damit der Reiter sich ins Gleichgewicht bringen kann. Starre, festgehaltene Muskeln machen den Körper unflexibel und statuenhaft. Der Reiter ist bewegungslos wie eine »harte Holzkiste«, die zu keiner Anpassung fähig ist. Keinem Pferd ist es möglich, solch einen Reiter auszubalancieren.

Der leichte Sitz

Der leichte Sitz wird häufig vom Reiter genutzt, um den Pferderücken zu entlasten. Hierfür werden die Steigbügel drei bis fünf Löcher kürzer eingestellt als beim Dressursitz. Der leichte Sitz kann beim Reiten im Gelände oder beim Bergauf- oder Bergabreiten eingenommen werden. Zusätzlich fördert er die Rückenaktivität des Pferdes. Pferde nehmen die Entlastung des Rückens häufig gerne an und laufen so freier und lassen im Rücken schneller los.

Beim Reiter schult der leichte Sitz die Koordination und das Gleichgewicht sowie darin inbegriffen die Balance und somit die Sattelfestigkeit. Weiterhin fördert das Reiten im leichten Sitz die Kräftigung der tiefen stabilisierenden Rumpfmuskulatur. Auch die treibende Muskulatur des Reiterbeins wird gekräftigt. Durch den vermehrten Druck in den Steigbügeln lernt der Reiter, seine Beine ruhiger zu halten.

Auch über dem Sattel muss der Reiter im Schwerpunkt bleiben. Dafür wird das Gesäß frei schwebend weit nach hinten Richtung Sattelkranz geschoben. Im Gegenzug winkelt sich der gerade gerichtete Oberkörper nach vorne über den Pferdhals ab. Der Pferdehals und der Oberkörper verlaufen parallel. Das Abwinkeln des Oberkörpers findet in den Hüftgelenken statt. Wer im leichten Sitz noch nicht geübt ist, spürt schnell, wie anstrengend und kräfteraubend diese Position ist. Je öfter man sie jedoch einnimmt, desto leichter fällt es.

Geübt werden sollte erst im Stand und dann in allen drei Grundgangarten. Wichtig ist darauf zu achten, dass die Übergänge vom leichten Sitz wieder zurück in das Einsitzen in den Sattel sanft und flüssig bleiben und der Reiter sich nicht in den Sattel »plumpsen« lässt. Damit es in den Anfängen leichter ist, die Hände ruhig zu halten, kann hierfür die Zügelbrücke genutzt werden. Sie ermöglicht dem Reiter zeitgleich, mehr Halt im leichten Sitz zu finden. Dafür legt man die Zügelbrücke mit leichtem Druck auf dem Pferdehals ab, wodurch direkt mehr Stabilität in den Körper kommt.

Beim Anreiten junger Pferde kann man den leichten Sitz gut nutzen. Der Trick ist dabei, die Position des Oberkörpers so gekonnt zu variieren, dass das junge Pferd bestmöglich mit der neuen Situation umzugehen lernt. Je weiter der Oberkörper am Pferdehals positioniert wird, desto freundlicher wirkt der Reiter für das junge

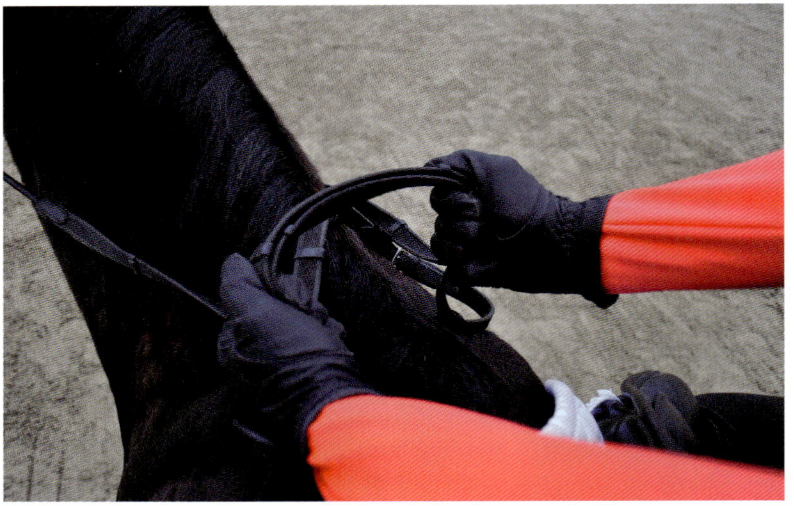

Zügelbrücke: Das Zügelende wird zu einer Schlaufe gelegt, dann werden die Zügel in beiden Händen doppelt gefasst.

Tier und dessen noch zu gering bemuskelten Rücken. Erst nach und nach sollte der Reiter sich aufrichten und das volle Gewicht in den Sattel bringen. Hierfür ist die Grundvoraussetzung, dass der Reiter seine Balance bereits gefunden hat.

Auch der leichte Sitz bringt seine Herausforderungen mit sich. Bei Übergängen vom leichten Sitz in das Einsitzen in den Sattel muss das Timing stimmen, zum Beispiel beim Anreiten eines Sprungs. Dabei kann es sein, dass der Reiter zu früh, aber auch zu spät aus dem Sattel in die Entlastung kommt. Dies nennt man hinter beziehungsweise vor der Bewegung sein. Ursachen können sein, dass der Rhythmus und der Takt nicht gleichmäßig sind, so dass der Reiter aus der Balance kommt. Häufig rutschen dem Reiter dabei die Unterschenkel nach hinten oder vorne weg, woraufhin er die die Knie hochzieht, um den Halt nicht zu verlieren. Ein weiterer Grund kann sein, dass der Reiter sich am Zügel festhält und die Zügelhilfe rückwärtsrichtend wirkt, außerdem fehlende Spannung in der Mittelpositur und in der Beinmuskulatur. Häufig verlässt der Reiter die Position und sitzt nicht mehr im Schwerpunkt. Auch eine nur geringfügig ausgeprägte Koordination verhindert, schnell und explosiv aus dem Sattel in den leichten Sitz zu kommen.

Grundsätzlich fördern alle Übungen den leichten Sitz, die die Koordination und das Gleichgewicht verbessern, die treibende Muskulatur kräftigen sowie auch die Rumpfkraft fördern. Es gibt zwei spezielle Übungen, die ich empfehlen kann, um den leichten Sitz definierter zu trainieren. Die erste Übung ist das **Leichttraben im Galopp** (s. Kapitel Koordination). Die zweite Übung ist der **Übergang vom Stand in den leichten Sitz und wieder zurück**. Der Bewegungsablauf wird zuerst auf ebenem Boden trainiert. Wer ihn beherrscht, legt sich eine Sprungstange auf den Boden und

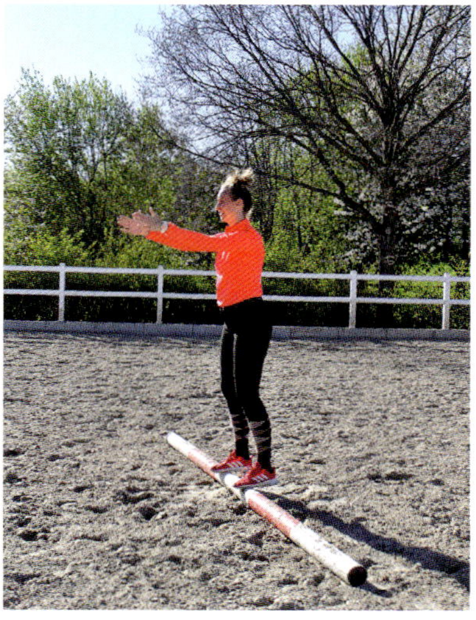

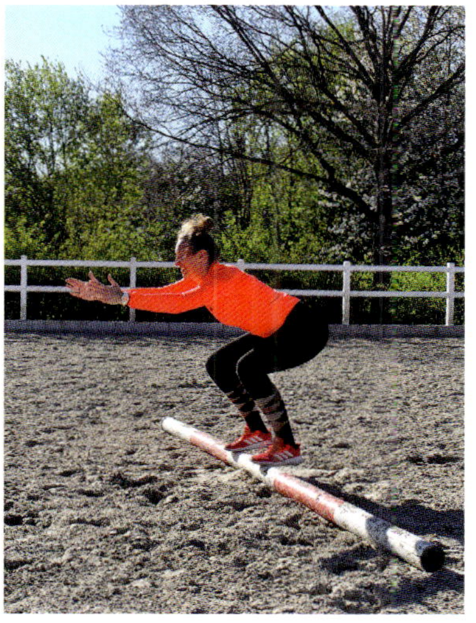

Links: Stand auf der Stange Rechts: tiefe Kniebeuge auf der Stange

stellt sich nur mit dem Vorfuß darauf. Dann wird der Bewegungsablauf wiederholt. Wer es noch schwerer haben möchte, legt die Stange erhöht auf zwei Cavaletti-Blöcke.

Auch zu Hause kann man das trainieren. Dafür stellt man sich nicht auf eine Sprungstange, sondern auf eine Treppenstufe. Hierbei bitte beachten, dass der Vorfuß gut steht, damit man nicht abrutscht und mit der Schienbeinkannte auf die Stufe schlägt!

Sitzschulung an der Longe

Ich persönlich lasse Reiter in meinen Sitzschulungskursen eigentlich nie an der Longe reiten. Dennoch empfehle ich Anfängern und Angstreitern, regelmäßig Longenunterricht in das Training mit aufzunehmen. Um nachzuspüren, was mit seinem Körper und dem Pferd passiert, ist es dabei wichtig, nicht nur einen engen Kreis an der Longe, sondern auch mal eine längere Strecke geradeaus zu reiten. Dies ist zum Beispiel fundamental, um herauszufinden, welchen Druck der Reiter an seinen Sitzbeinhöckern spürt. Auf einem engen Radius an der Longe verhält sich die Belastung der Sitzbeinhöcker im Sattel anders, als wenn man ganze Bahn reitet. Wenn Reiter Probleme beim freien Reiten im Training haben, schaue ich mir genau das auch an und entwickle individuelle Lösungsstrategien.

Ich kann mir beim freien Reiten einen viel reelleren Eindruck verschaffen, wie Übergänge ablaufen, ob ein Reiter sein Pferd an Gewichts- und Schenkelhilfen bekommt oder auch wie einzelne Lektionen gestaltet werden. Ebenso wichtig ist, ob der Reiter in der Lage ist, korrekte Bahnfiguren zu reiten, einen Zirkel, Schlangenlinien durch die Bahn oder eine Viertellinie und dabei genau von Punkt zu Punkt zu steuern. Solche Dinge kann ich weder an der Longe sehen noch beurteilen noch üben. Auch kann ich an der Longe nicht feststellen, ob ein Reiter seinen Drehsitz nutzt und in Wendungen wie Volten, durch den Zirkel wechseln, Schlangenlinien aller Art oder aus der Ecke kehrt seine Hilfengebung vollends ausschöpft. Das freie Reiten ist unabdingbar, um den korrekten Einsatz der Reiterhilfen zu schulen.

Reiter, die in höheren Dressurklassen unterwegs sind und zum Beispiel Probleme in der Traversale oder der Galopp-Pirouette haben, kann ich an der Longe nicht korrigieren. Hier muss die Sitzschulung in der jeweiligen Lektion erfolgen. Man kann einen Reiter beim freien Reiten einen Arm kreisen lassen oder ihn bitten, die Augen zu schließen. Dafür braucht er nicht an die Longe genommen zu werden.

Wie schwer darf ein Reiter sein?

Dies ist ein Thema, bei dem sich viele Experten beginnen zu streiten. Ich möchte betonen, dass das Reitergewicht sehr individuell betrachtet werden sollte. Es gibt einige grundlegende Aspekte, die dabei beachtet werden müssen. Als Richtwert kann man sich daran orientieren, dass der Reiter nicht mehr als 10 bis 15 % des Pferdegewichts wiegen sollte. Dabei ist zu berücksichtigen, wie stark oder eben auch nicht das Pferd ist. Ein Pferd, welches ausgeprägt bemuskelt ist, kann natürlich mehr Last tragen als ein Pferd mit einem Muskeldefizit. In die körperliche Konstitution spielt auch die Vorgeschichte eines Pferdes hinein: Hat es zum Beispiel aktuell eine Trageerschöpfung, kommt es aus einer längeren Krankheitsphase, ist es ein junges Pferd oder hat es möglicherweise Vorerkrankungen, die den Rücken und die Wirbelsäule oder andere Teile des Bewegungsapparats betreffen? Nur weil ein Pferd groß und schwer ist, wie zum Beispiel ein Kaltblut, bedeutet dies nicht automatisch, dass es auch große Lasten tragen kann, ohne dadurch langfristig einen Schaden zu erleiden. Es muss *immer* auf Schmerzanzeichen, Lahmheiten und andere auffällige Bewegungsstörungen geachtet werden!

Auch ein Reiter, der weniger wiegt, kann dem Pferd Schaden zufügen. Ein geringeres Gewicht sagt nichts über die körperliche Konstitution aus und darüber, ob sich ein Reiter auf dem Pferd ausgleichend bewegen kann. Auch ein leichterer Reiter kann dem Pferd in den Rücken fallen, wenn er sich unbeholfen bewegt. Im Gegenzug kann auch ein korpulenter Reiter geschmeidig wie eine Katze sein und dem Pferd somit weniger schaden. Sofern das Pferd entsprechend muskulär gestärkt ist und der Reiter einen ausbalancierten, geschmeidigen Sitz mitbringt, darf er meiner Meinung nach auch etwas mehr Gewicht haben.

Zu diesem umstrittenen Thema gibt es eine Studie der renommierten englischen Pferdewissenschaftlerin Sue Dyson. Sie beschäftigt sich unter anderem mit Diagnosen und Behandlungen von Lahmheiten beim Pferd. In ihrer Studie wurde das Reitergewicht in Bezug auf das Pferdegewicht untersucht. Dabei wurden sechs verschiedene Pferde von vier Reiterinnen geritten, die in ihrer Ausbildung alle auf dem gleichen Stand waren. Die Reiterinnen hatten ein Gewicht von 61 kg (ca. 10–11 % des Pferdegewichts), 78 kg (ca. 12–15 %), 91 kg (ca. 15–17 %) und 142 kg (24–27 %). Die Reiterinnen mit 61 kg und 78 kg ritten alle Pferde zweimal für 30 Minuten, die dritte Reiterin ritt alle Pferde einmal und die vierte Reiterin ritt fünf von sechs Pferden einmal und ein Pferd zweimal. Geritten wurde eine 30-minütige Dressuraufgabe, die für alle gleich war. Die Testung wurde abgebrochen, sobald die Beobachter Anzeichen einer Lahmheit von 3 Punkten oder mehr auf einer 8-Punkteskala sahen und/oder die Pferde 10 von 24 Verhaltensauffälligkeiten zeigten, die unumstritten auf Schmerzen hindeuten. Alle Aufgaben der dritten und vierten Reiterin mussten abgebrochen werden. Die Reiterin mit dem Gewicht von 78 kg musste eine Aufgabe abbrechen. Nur die leichteste Reiterin konnte alle Aufgaben zu Ende reiten, ohne dass die Pferde Auffälligkeiten zeigten.

Aufgrund allgemeiner Erfahrung ist es wichtig, die vorhandenen Parameter wie oben beschrieben individuell zu betrachten, da man sonst auf die Idee kommt, dass sich zum Beispiel eine Person mit mehr Gewicht überhaupt nicht auf ein Pferd setzen dürfte. Leider gibt es bezogen auf dieses wichtige Thema keine einheitliche Entscheidung, wer auf ein Pferd darf und wer nicht.

Worauf dennoch geachtet werden sollte ist, dass Frauen häufig bei mehr Gewicht auch gleichzeitig mehr Volumen im Beckenbereich haben. Bei Männern verteilt es sich eher auf den ganzen Körper. Dabei ist es fundamental, im Blick zu haben, ob das Becken kompatibel mit der Sattelsitzfläche ist. Durch mehr Körpervolumen im Bereich des Gesäßes und der Oberschenkel kann es schnell passieren, dass die Sattelsitzfläche zu klein für die Reiterin ist, wodurch als Folge wieder Sitzfehler wie Stuhl- und Spaltsitz entstehen können.

Die Hebel im Körper

Das Ideal des Dressursitzes ist zwar wünschenswert, jedoch im realen Leben nicht immer umsetzbar. Kein Mensch ist gebaut wie der andere, und genau darin liegt die Herausforderung. Alle Menschen haben unterschiedliche Hebelverhältnisse in Bezug auf den Rumpf und die Extremitäten. Der eine hat lange Beine, der andere kurze Oberschenkel, der nächste lange Arme und einen kurzen Rumpf/Oberkörper.

Kann ich mit meinem individuellen Körperbau überhaupt irgendwann zu einem harmonisch sitzenden Reiter werden? Kann ich lernen, geschmeidig auszusitzen, mein Pferd primär über Gewichts- und Schenkelhilfen zu reiten oder Hilfen für Außenstehende unsichtbar werden zu lassen – kurz: mit meinem Pferd zu einer Einheit zu verschmelzen? Mit gezieltem Training und Disziplin kann sich jeder Reiter stark verbessern. Dieses Buch legt den Grundstein dafür.

Wichtig ist auch, seinen Körper auf dem Pferd optimal zu nutzen. Dazu gehört zum Beispiel, darauf zu achten, dass der Sattel perfekt zu einem selbst passt. Wie lang ist mein Oberschenkel? Habe ich ein dazu passendes langes/kurzes Sattelblatt? Ist mein Becken genau im Schwerpunkt? Habe ich Kontakt mit beiden Sitzbeinhöckern und belaste ich sie gleich? Fühle ich mich in einem Tiefsitzer oder Flachsitzer wohler? Wie breit ist der Sattelbaum? Hat mein Becken genug Platz? Dies sind alles Fragen, die sich auf das Material beziehen, jedoch von enormer Wichtigkeit sind und definitiv mit in die Sitzanalyse und auch auf der Suche nach *dem* einen Sattel mit einfließen sollten.

Hat ein Reiter kurze Oberschenkel, birgt das die Gefahr, dass das Sattelblatt zu lang für ihn ist, er direkt mit dem Kniegelenk vor der Pausche hängt und sich somit selbst im Bewegungsablauf blockiert.

Ein langer, großgewachsener Oberkörper bietet eine größere Angriffsfläche für Fliehkräfte in der Bewegung und erschwert es, sich überhaupt gegen die Schwerkraft aufzurichten und auch aufgerichtet zu bleiben. Diese Reiter müssen von Haus aus viel mehr für einen ausgeprägten Muskelstatus tun, um sowohl das Becken wie auch den Oberköper entsprechend zu trainieren und den Anforderungen im Sattel gerecht zu werden.

Reiter, die groß gewachsen sind und lange Beine haben, haben auch lange Muskeln und diese sind schwieriger zu kräftigen als kurze. Dies bezieht sich auf die rückwärtige Beinmuskulatur, die treibende Muskulatur des Reiters. Diesen Körpertyp nennt man ektomorph. Diese Menschen sind seltener fettleibig, was es aber auch schwerer macht, ein Depot für Muskelfutter aufzubauen. Die Muskulatur ektomorpher Typen wird härter, nimmt aber deutlich weniger an Masse zu.

Ein anderer Reiter wiederum hat im Längenverhältnis kurze Arme und Schwierigkeiten damit, mit den Zügeln überzustreichen oder die Hände dicht am Mähnenkamm zu tragen.

Proportionen und Hebel sind Herausforderungen, die nun mal auftreten, wenn mit Individuen gearbeitet wird, egal ob Mensch oder Tier. Diesen Themenbereich, genauso wie die Frage, wie viel ein Reiter wiegen sollte, findet man in bekannten Lehrbüchern jedoch nicht. Die »Idealvorstellungen« von den zwei Linien Kopf-Schulter-Becken-Absatz und Pferdemaul-Zügel-Hand/Unterarm sind vielen Reitern schlicht nicht möglich umzusetzen! Auch wird nicht darauf eingegangen, wie sich Druckverhältnisse im Sattel ändern und sich auf das Pferd übertragen, wenn der Reiter im Stuhlsitz oder Spaltsitz sitzt oder auch hinter der Bewegung ist, in der Hüfte einknickt oder sich im Oberkörper gänzlich verdreht, weil er nicht um die Kurve kommt. **Wir sollten uns langsam von der Idealvorstellung des Dressursitzes**

und dem Schema F in den Köpfen lösen und viel individueller auf den einzelnen Reiter eingehen, um für jeden eine exklusive Lösung zu finden. Ziel bleibt dabei immer ein funktionaler Sitz, bei dem sich der Reiter ausbalanciert im Schwerpunkt bewegt. Mir fallen zum Beispiel genügend Parareiter ein, denen ein Arm oder auch beide Beine fehlen oder die einen inkompletten Querschnitt haben. Hier werden die Hebelverhältnisse zwangsläufig völlig neu gemischt und werden *nie* der Idealvorstellung nahekommen können. Parasportler finden bis heute leider keinen Platz in den Lehrbüchern, obwohl diese immer wieder in Neuauflagen erscheinen.

Interessant wäre eine Studie, die aufzeigt, wie sich bei verschiedenen Hebelverhältnissen oder Veränderungen des Sitzes die Druckverhältnisse vom Reiter auf den Sattel und auf den Pferderücken übertragen. Ich kann mir sehr gut vorstellen, dass sich dies mit Hilfe eines Reitsimulators herausfinden lässt. Damit könnte man noch deutlicher hervorheben, weshalb Sitzschulungen und ein ausbalancierter Reitersitz für das Pferd aktiver Tierschutz sein können!

Der fehlerhafte Sitz: zwei Grundtypen

Der Stuhlsitz

Der Stuhlsitz fällt primär dadurch auf, dass das Reiterbecken als zentrale Verbindungsstelle zwischen Pferd und Reiter nach hinten wegkippt. Der Reiter sitzt dann nicht mehr auf beiden Sitzbeinhöckern, sondern auf dem Steißbein, und das Becken steht nicht mehr aufrecht. Dadurch entsteht weiterlaufend im Körper ein Rundrücken, der Reiter sackt in sich zusammen und zieht die Schultern hoch. Viele Reiter zeigen auch ein Einknicken in der Hüfte. Der Kopf hängt, der Blick ist auf den Pferdehals gerichtet. Die Beine des Reiters rutschen nach vorne weg, die Knie klemmen sich fest, wodurch ein klopfender Unterschenkel entstehen kann. Viele Reiter ziehen sich an den Zügeln fest, um Halt zu finden. Des Weiteren werden die Reiterhände nicht mehr aufrecht getragen, fallen um und werden teils hart und unruhig. Der gesamte Körperschwerpunkt verlagert sich nach hinten.

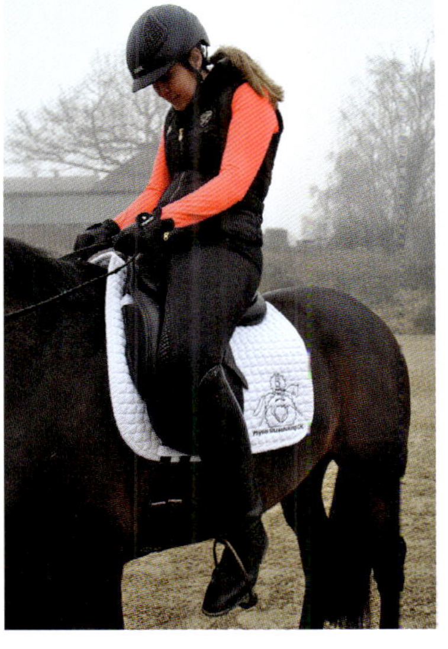

Der Stuhlsitz – oft geraten die Beine noch weiter nach vorne als auf diesem Bild.

URSACHEN STUHLSITZ

- zu schwache Rumpfmuskulatur, Becken kippt nach hinten weg
- Abstimmung einzelner Rumpfmuskeln untereinander ist gemindert (anteilige Muskulatur ist zu schwach)
- dreidimensionale Beckenmobilität ist gemindert
- abgeschwächte koordinative Leistung des Reiters (im Vordergrund Gleichgewicht und Tiefenwahrnehmung)
- mentale Faktoren (Angst/Unsicherheit, eventuell Angst vor Kontrollverlust)
- Schmerzen des Reiters (zum Beispiel Rücken)
- für den Reiter unpassender Sattel (Sattelsitzfläche zu klein für das Reiterbecken, Reiter sitzt hinter dem Schwerpunkt)
- (zu große) Pauschen am Sattel
- zu lange, aber auch zu kurze Steigbügel (Sitz im Springsattel)
- zu schwache treibende Muskulatur des Reiters
- zu schwache Schultergürtel- und rückwärtige Armmuskulatur

Der Spaltsitz

Der Spaltsitz ist das genaue Gegenteil des Stuhlsitzes. Grundlegend ist, dass das Becken als zentraler Punkt nach vorne wegkippt und der Reiter im Hohlkreuz sitzt. Er verlagert das Gewicht nach vorne, als würde er im nächsten Moment auf den Pferdehals fallen. Es lastet viel Druck auf den inneren Oberschenkeln, wodurch die Unterschenkel nach hinten wegrutschen. Weiterhin auffällig ist, dass der Reiter die Knie hochzieht und sich mit diesen festklammert. Die Unterschenkel haben keinen richtigen Kontakt mehr zum Pferdebauch, der Druck im Bügel fehlt und der Reiter verliert dadurch die Steigbügel. Viele Reiter ziehen sich auch hier häufig an den Zügeln fest, um Halt zu finden. Dadurch fallen die Hände um und werden unruhig. Die Kopf- und Halsposition des Reiters ähneln hier einer Schildkröte. Der Kopf wird auf dem Hals nach vorne geschoben, der Blick wandert nach oben Richtung Himmel. Der Körperschwerpunkt verlagert sich beim Spaltsitz weiter nach vorne.

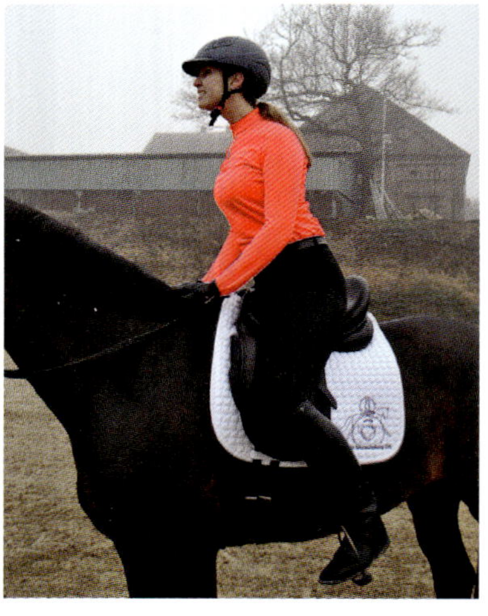

Der Spaltsitz

URSACHEN SPALTSITZ

- zu schwache Rumpfmuskulatur, Becken kippt nach vorne weg
- Abstimmung einzelner Rumpfmuskeln untereinander gemindert
- zu schwache treibende Muskulatur des Reiters
- zu schwache Schultergürtel- und rückwärtige Armmuskulatur
- geminderte dreidimensionale Beckenmobilität
- abgeschwächte koordinative Leistung des Reiters (vor allem Gleichgewicht und Tiefenwahrnehmung)
- mentale Faktoren (Angst/Unsicherheit)
- Schmerzen des Reiters (zum Beispiel Rücken)
- für den Reiter unpassender Sattel (Sattelsitzfläche zu klein für Reiterbecken, Reiter sitzt oben hinten auf dem Sattelkranz und wird förmlich nach vorne Richtung Pferdehals katapultiert)
- (zu große) Sattelpauschen, zu lang für den Oberschenkel des Reiters
- zu lange, aber auch zu kurze Steigbügel (Sitz im Springsattel)
- (verkürzte) hypertone Hüftadduktoren (verspannte Muskulatur des inneren Oberschenkels)
- Übergewicht (Reiten in der Schwangerschaft)
- Reiten nach der Schwangerschaft
- korpulente Reiter

Bei den Übersichten der Ursachen für den Stuhlsitz und Spaltsitz fällt sofort auf, dass sich viele Probleme scheinbar doppeln. Nehmen wir als Beispiel die Rumpfmuskulatur. Wie in diesem Buch genauer erläutert wird, kann es in verschiedenen Bereichen des Rumpfes zu schwächer ausgeprägten Muskeln kommen, die dann entweder das Vor- oder das Zurückkippen begünstigen. Auch die Koordination zwischen den einzelnen Muskeln kann gestört sein. Das bedeutet, dass sich im Detail verschiedene Bilder ergeben, welche Muskeln einer Körperpartie genau zu schwach sind – ein kleiner, aber entscheidender Unterschied.

Sitzprobleme und wie sie sich auswirken

Schwache Rumpfmuskulatur

Die Hauptursache sowohl für den Spalt- als auch den Stuhlsitz ist die zu schwache Rumpfmuskulatur. Diese ist zusammen mit der treibenden Muskulatur (rückwärtige Beinmuskulatur und tiefliegende Gesäßmuskulatur) dafür zuständig, das Becken in eine aufrechte Position zu bringen und auch dort zu halten – dann spürt und belastet der Reiter beide Sitzbeinhöcker gleichermaßen.

TIPP:

Um die Aufrichtung des Beckens zu erlernen, wird immer wieder langsam zwischen Rundrücken und Hohlkreuz hin- und herbewegt. Das Becken steht dann aufrecht, wenn der Druck auf beiden Sitzbeinhöckern gleichmäßig verteilt ist. Dies kann im Sattel wie auch auf einer Stuhlkante sitzend geübt werden.

TIPP:

Reiterinnen in der Schwangerschaft (etwa ab dem 6. Monat, wenn der Bauch wächst) und übergewichtige Reiter können die tiefe Rumpfmuskulatur nicht einsetzen. Diese wird in der Schwangerschaft durch das Kind und bei übergewichtigen Menschen durch eine anschwellende, überfettete Leber gedehnt, somit ist ihre Funktionsweise außer Kraft gesetzt. Zusätzlich zieht das Gewicht des Bauches das Becken stark ins Hohlkreuz, wodurch eine aufrechte Beckenposition und somit der korrekte Einsatz der Gewichtshilfen nicht mehr möglich sind! Schwangeren rate ich aus diesem Grund davon ab, dann noch zu reiten. Dies ist auch ein Sicherheitsaspekt, da die Rumpfmuskulatur den Körper mit absichert, ausgleicht, in Balance hält und abfängt, wenn dieser ruckartig schnell aus der Bewegungsrichtung gebracht wird. Dies kann beim Fluchttier Pferd jederzeit passieren, wenn es erschrickt.

Mangelnde Koordination in der Rumpfmuskulatur

Auch eine zu geringe koordinative Leistung zwischen den Rumpfmuskeln und der treibenden Muskulatur kann zum Stuhlsitz/Spaltsitz beitragen, denn die einzelnen Muskelgruppen müssen »wissen«, wann sie an- und entspannen sollen. Dieses Zusammenspiel ist etwa im Trab und im Galopp gefordert. Die Rumpfmuskeln sollen einerseits Spannung aufbringen, aber anderseits die Beckenbewegung zulassen, um der Bewegung des Pferdes folgen zu können. Ist es dem Reiter nicht möglich, mitzuschwingen, wird er im Galopp aus dem Sattel gezogen oder es kann ihm schwerfallen auszusitzen. Für den Reiter fühlt sich das häufig an wie unkontrolliertes Hopsen. Gerade die Feinabstimmung der Muskulatur beim Aussitzen im Trab ist höchstkomplex und macht es zur Königsdisziplin für den Reiter. Der Trab hat eine viel höhere Taktfrequenz als der Galopp und der Reiter wird durch den entstehenden Schwung und die aufkommende Schwebephase aus dem Sattel katapultiert. Im Galopp hingegen wird der Körper mit in die Bewegung hineingenommen. Diesen Dreitakt kann unsere Rumpfmuskulatur leichter kompensieren und dabei die tiefliegende Muskulatur anspannen.

TIPP:

Um das Becken in sich beweglicher zu machen, wird die Handtuchrolle quer unter die Sitzbeinhöcker zwischen Gesäß und Sattel gelegt und mobilisiert das Becken in alle Bewegungsrichtungen. Die Rolle kann in allen Grundgangarten genutzt werden. Einige wenige Minuten reichen zur Mobilisation aus. Im Schritt sollten die Füße dafür aus den Steigbügeln genommen werden (s. auch folgenden Tipp, Thema Tiefenwahrnehmung).

Tiefenwahrnehmung – Propriozeption

Um im Trab und Galopp nicht aus dem Sattel geschleudert zu werden, ist neben dem hohen Maß an Koordination auch ein gut ausgeprägtes Gleichgewicht erforderlich. Mangelt es an Tiefenwahrnehmung (Propriozeption), werden nicht genügend Impulse an das Gehirn weitergegeben, die es darüber informieren, dass das Becken nicht mehr aufgerichtet ist. Deswegen sollte die Propriozeption mit in das Training integriert werden. Der Reiter soll in der Lage sein, zu erspüren, wie er sitzt, aber eine gut ausgeprägte Propriozeption ist auch eine Lebensversicherung. Wenn das Pferd zum Beispiel erschrickt und zur Seite wegspringt, muss der Körper in Millisekunden intuitiv reagieren und gegensteuern, damit der Reiter nicht herunterfällt. Die Rezeptoren müssen stets hellwach sein.

TIPP:

Zwischenzeitlich die Füße aus den Steigbügeln nehmen und locker pendeln lassen. Die Propriozeption des Beckens wird durch den Druck unter den Füßen durch die Steigbügel gemindert. Ohne Bügel zu reiten hilft dabei, die Propriozeption im Becken zu intensivieren. Zusätzlich sorgen das Beingewicht und die Schwerkraft für eine Entlastung im Hüftgelenk, wodurch die Beckenmobilität ebenso verbessert wird. Diese Übung hilft auch bei klemmenden Knien.

Muss auch dem Reiter passen: der Sattel

Ein weiterer Faktor, der Stuhlsitz und Spaltsitz begünstigt, das Reiterbecken blockiert und dem Reiter nicht die Möglichkeit gibt, sein Becken aufzurichten, egal wie viel Mühe er sich gibt, ist ein unpassender Sattel. Viele Sättel haben nämlich für das Reiterbecken eine zu kleine Sitzfläche.

Bei Frauen tritt dieses Problem besonders oft auf, da bei ihnen beide Sitzbeinhöcker knöchern weiter auseinanderstehen als beim männlichen Becken. Deshalb sollte die Sitzfläche eines Sattels für eine Reiterin anders aufgebaut sein. Ist die Sitzfläche zu klein und der Sattelbaum zu schmal, siedelt sich das Becken im Sattel zu weit hinten, oben am Sattelkranz an. Egal, ob das Becken wie beim Stuhlsitz nach hinten oder wie beim Spaltsitz nach vorne wegkippt, ein harmonisches Mitschwingen ist in beiden Fällen nicht mehr möglich. Zusätzlich liegt der Sattel mit dem Reitergewicht dann auch nicht mehr im Schwerpunkt. Beim Spaltsitz verlagert sich der Schwerpunkt nach vorne und beim Stuhlsitz weiter nach hinten. Beides stört das Pferd im Bewegungsablauf. Darauf gehe ich gleich noch weiter ein. Durch diese fehlerhafte Verteilung des Körpergewichts können die Gewichts- und Schenkelhilfen nicht korrekt eingesetzt werden. Viele Reiter berichten auch, dass sie das Bein nicht richtig ans Pferd und ihr Pferd nicht vor den Schenkel bekommen, das Pferd sich nicht aktiv treiben lässt. Hier wird ganz deutlich, dass es nicht nur darauf ankommt, ob der Sattel dem Pferd passt, sondern auch dem Reiter.

TIPP:

Beim Sattelkauf darauf achten, dass das Becken im Schwerpunkt liegt. Ein Sattel sollte immer probegeritten werden!

Der entstehende hohe Druck hat nicht nur negative Folgen für den Reiter und dessen Sitz sowie Einwirkung beim Reiten, sondern auch für das Pferd. Unter dem Sattelblatt liegen beim Pferd Muskeln, die dafür zuständig sind, dass es den Rücken aufwölben, sich selbst und den Rumpf aktiv tragen und das Vorderbein nach vorne in den Raum hineinbewegen kann. Auch die Kraftübertragung über den Rücken bis in den Motor, die Hinterhand, wird negativ beeinflusst. Das eine Pferd reagiert auf den entstehenden Schmerz mit Losrennen und übereiligem Tempo, das andere wird zusehends langsamer und aus Reitersicht immer »fauler«, das nächste verliert an Ausdruck oder hält sich im Bewegungsfluss nach vorne fest. Der Reiter weiß sich nicht anders zu helfen und greift dann zu Sporen und Gerte, anstatt sich Gedanken zu machen, warum sein Pferd so »klemmig« ist. Eine weitere Folge kann sein, dass sich das Pferd nicht mehr vorwärts-abwärts streckt, sich im Genick verwirft, sich nicht selbst trägt und auf der Reiterhand gefühlt Tonnen an Gewicht lasten, kein Schub mehr aus der Hinterhand kommt oder aber auch, dass das Pferd den Reiterschenkel völlig ignoriert und sich nicht mehr am Schenkel einrahmen lässt. Wenn zusätzlich zum fehlerhaft sitzenden Reiter der Sattel nicht richtig angepasst ist und dieser schon ohne Reitergewicht drückt, können auch noch Taktunreinheiten und im schlimmsten Fall Lahmheiten das Ergebnis sein. Häufig

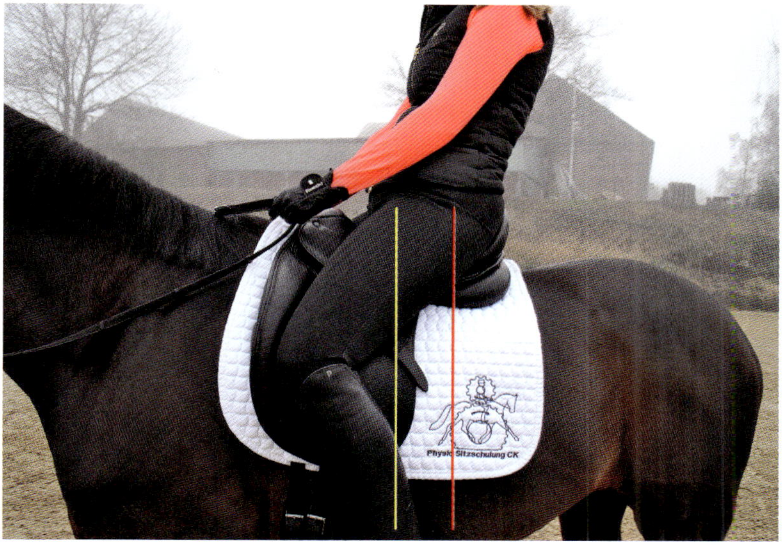

Schwerpunktverschiebung. Gelbe Linie: Lotrechte, hier würde die Reiterin im Schwerpunkt sitzen; rote Linie: tatsächlicher Schwerpunkt, die Reiterin sitzt deutlich hinter dem reellen Schwerpunkt.

kann man den Grund schon ahnen, wenn das Pferd gefühlt keinen Raumgriff nach vorne zeigt und auch im Tempo nicht mehr »nach vorne an die Hand zieht«. Nehmen wir als Beispiel das klemmende hochgezogene Reiterknie in Kombination mit einem zu engen Sattel, um genau zu verstehen, was im Pferdekörper passiert. Unter dem Sattelblatt liegen beim Pferd der Trapezmuskel, der *Deltoideus*, der *Triceps*, der *Splenius*, der *Latissimus*, die *Intercostalen Muskeln* und der *Obliquus*. Die wichtigste Funktion dieser Muskeln in Kombination ist es, die Atmung des Pferdes zu führen, die Vorderhand zu bewegen, den Rumpf zu tragen und die Kraftübertragung auf die Hinterhand zu gewährleisten. Durch das Zusammenpressen der Knie erhalten diese Muskeln enorm viel Druck und sind nicht mehr in der Lage, physiologisch an- und wieder zu entspannen. Zum Vergleich: Bindet man einem Menschen die Schnürsenkel zusammen und lässt ihn losrennen, wird das auch nicht funktionieren!

Weiterhin verläuft ein großes Nervengeflecht, der *Plexus brachialis*, durch die Muskulatur hindurch und innerviert sie. Der Reiter kann durch einen nicht ausbalancierten Sitz, nicht harmonisches Mitschwingen, klemmende Knie und einen nicht passenden Sattel dieses Nervengeflecht quetschen. Die Folgen kann sein, dass Muskulatur und Gelenke nicht optimal mit Nährstoffen versorgt werden und somit Schmerzen entstehen. In ausgeprägten Fällen können beim Pferd sogar Organschäden auftreten, da der Plexus brachialis nicht nur Muskeln, sondern auch Organe versorgt. Eine Magenschleimhautentzündung oder Koliken können als Ursache also nicht unbedingt nur Stress oder falsches Futter haben, sondern auch einen nicht passenden Sattel, einen nicht ausbalancierten Reiter und eine nicht pferdegerechte reelle Reitweise. Mit hinein spielen nicht selten die LDR-Methode oder Schlaufzügel, die wie alle Zwangsmittel strikt abzulehnen sind!

Die oben genannten Muskeln haben auch einen großen Einfluss auf das Nacken-Rücken-Band des Pferdes, wie auch das Fasziensystem, welches sich wie bei uns Menschen dreidimensional durch den ganzen Körper zieht und unheimlich viele Rezeptoren für die Propriozeption und Schmerzen hat! Die hohe entstehende Spannung wird vom Nacken-Rücken-Band auf die Brust-Lenden-Faszie übertragen. Es kann dazu kommen, dass das Pferd nicht mehr in der Lage ist, seine Dorfortsätze aufzustellen. Wenn sie hausgemacht durch den Reiter im Laufe der Zeit beginnen sich zu berühren, nennt man diese Erkrankung Kissing Spines. Das ist nur eine von vielen Erkrankungen des Bewegungsapparats, die entstehen können, auch Fesselträgerschäden sind keine unbekannte Folge des Rattenschwanzes.

»Sitzprothesen«

Auch die Größe der Pauschen ist entscheidend. Brauchen wir denn überhaupt Pauschen an einem Sattel? Nehmen wir zum Beispiel an, ein Reiter hat einen kurzen Oberschenkel und einen Sattel mit einer großen, langen Pausche. Das Reiterknie liegt dann direkt an der Pausche, die Längenverhältnisse stimmen nicht mehr überein. Das Knie wird in seiner Funktion als Scharniergelenk blockiert und kann nicht mehr federn und die aus dem Becken kommende Bewegung weiter nach unten in Richtung der Sprunggelenke weitergeben. Die Sattelindustrie legt jedoch viel Wert auf eine ansprechende Optik ihrer Erzeugnisse, wozu auch übergroße Pauschen gehören. Auch der Käufer wünscht sich oft überdimensionale Pauschen, **um künstlich Halt zu finden**. Wenn ein Reiter Schwierigkeiten mit seiner Balance beim Reiten feststellt, sollte er aber lieber Zeit investieren und Koordinations- und Gleichgewichtsschulung betreiben, anstatt sich im Sattel förmlich festbetonieren zu lassen und somit zu riskieren, keine einzige Bewegung mehr durch den Körper gehen zu lassen. Eine große Pausche fördert sowohl den Stuhl- als auch den Spaltsitz. Wieso? Ganz einfach. Der menschliche Körper ist so gepolt, auf Druck von außen hin unbewusst Gegendruck zu erzeugen. Das bedeutet, der Reiter fängt an, sein Knie an die Pauschen zu pressen. Die innere Oberschenkelmuskulatur ist in Dauerkontraktion, verspannt und beginnt nach einiger Zeit zu schmerzen. Dadurch entsteht im Hüftgelenk eine Innenrotation – der Reiter benötigt jedoch eine Hüft*außen*rotation beim Reiten (s. Beschreibung »Aufrechter Stand«), denn sonst können die rückwärtigen treibenden Muskeln in ihrer funktionellen Kette mit der tiefen Gesäßmuskulatur das Becken nicht in die Aufrichtung bringen. Die fehlerhafte Anspannung läuft im Körper weiter nach oben und nach unten. Der vordere Teil des Körpers bekommt zu

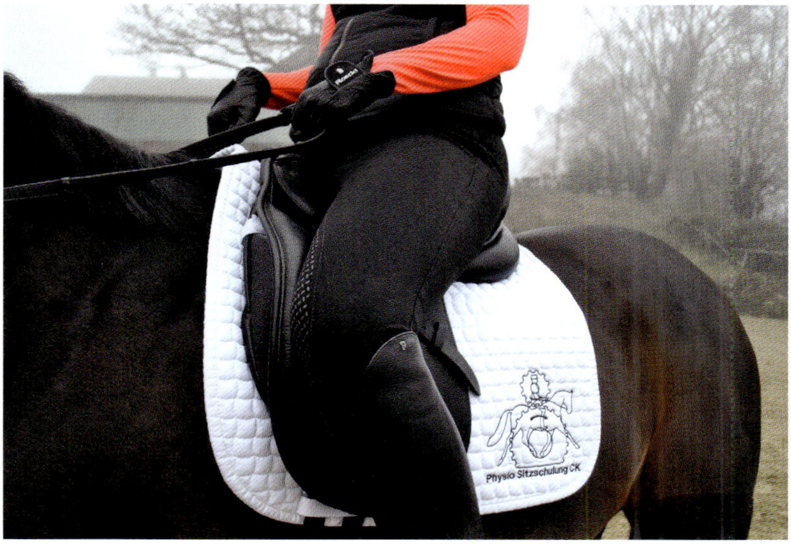

Klemmende Knie, von der Pausche blockiert

viel Spannung und die hintere Muskelkette hat zu wenig positive Spannung. Daraus folgt, dass der Körper im Stuhlsitz wie ein nasser Sack in sich zusammenfällt und der Körperschwerpunkt zu weit nach hinten gerät. Beim Spaltsitz verlagert sich der Körperschwerpunkt weiter nach vorne und der Reiter klemmt sich mit den Knien noch stärker an den Pauschen fest, damit der Oberköper nicht nach vorne auf den Pferdehals kippt. Er versucht durch das Klemmen der Knie die Hebelverhältnisse außer Kraft zu setzen. Ein Reiter, der dann auch noch einen langen Oberkörper oder lange Beine hat, ist zusätzlich im Nachteil. Ein großgewachsener Oberkörper stellt einen langen Hebel dar. Es ist eine weitere Herausforderung, diesen mit Muskelkraft gegen die Schwerkraft aufzurichten und diese Position stabil zu halten, während sich das Pferd unter dem Reiter bewegt (s. Thema Hebel im Körper). Wenn dann in höheren Gangarten noch Fliehkräfte auf den Körper wirken, müssen diese ebenso kompensiert werden. Die Beine müssen sich im Gegenzug nach hinten verlagern, um den Hebel des Oberkörpers auszugleichen. Diese Kombination mit Pauschen führt dazu, dass sich der Reiter mehr und mehr versteift, weil er gezwungenermaßen versucht, seinen Körper auf dem Pferd in der Bewegung stabil zu halten. Wenn ich einen Schritt weitergehe und diesem Reiter auch noch ein Pferd gebe, was viel Schwung und sehr athletische Bewegungen hat, ist das Chaos gedanklich schon perfekt. Das bekommt der Reiter nicht kompensiert, was letztlich auf die Kosten der Tiergesundheit geht, denn dann werden Methoden gefunden, um sich überhaupt im Sattel zu halten, die nichts mehr mit einer gesunderhaltenden reellen Reitweise zu tun haben!

Meine Empfehlung ist es, mit dem Sattler zu besprechen, ob er die Pauschen entfernen kann. Wer Klettpauschen an seinem Sattel hat, kann sie einfach abnehmen.

TIPP:

Die Handtuchrolle quer oberhalb des Knies zwischen Oberschenkel und Sattelblatt legen und so einige Minuten reiten. Hierbei können alle Grundgangarten genutzt werden. Die Rolle massiert einmal die innere Oberschenkelmuskulatur und bringt zusätzlich den Oberschenkel in eine leichte Außenrotation, die wir für die Ansteuerung der rückwärtigen Muskelkette benötigen.

TIPP:

Anspannungsübung in Außenrotation über beide Beine gleichzeitig im Schritt (s. Mobilisation auf dem Pferd).

Klopfende Unterschenkel

Eine weitere Problematik, die aus klemmenden Knien entsteht, ist ein klopfender Unterschenkel. Durch das Heranpressen der Knie läuft die Kettenreaktion im Körper weiter negativ ab. Wie kommt es dazu? Sobald der Reiter sein Knie an die Pausche presst, bekommt der Reiter keinen Druck unter den Vorfuß und somit auch nicht in den Steigbügel. Wie oben erläutert entsteht durch das Heranpressen des Knies im Hüftgelenk eine Innenrotation, wodurch dieses sich selbst blockiert, keine weiterlaufende Bewegung zulässt und die treibende rückwärtige Beinmuskulatur nicht mehr physiologisch arbeiten kann. Somit kann die Bewegungsenergie aus dem »normalerweise« mitschwingenden Reiterbecken nicht über das Hüftgelenk in das Reiterbein übertragen werden. Das Knie kann in seiner Funktion als Scharniergelenk nicht anfangen zu federn und die überschüssige Bewegungsenergie an die darunterliegenden Sprunggelenke weiterleiten. Ergo federn die Sprunggelenke die Bewegung ebenso wenig nach unten Richtung Boden ab. Wenn dies jedoch funktioniert, bekommt der Reiter einen im Takt mitfedernden Absatz.

Beim Stuhlsitz gleitet der Unterschenkel nach vorne Richtung Pferdemaul weg, um den Körper überhaupt noch in Balance zu halten, und der Reiter hat keine Chance, seine Beine für korrekte Schenkelhilfen zu nutzen. Der Körperschwerpunkt eines Springreiters gerät auf diese Weise so weit nach hinten, dass über dem Sprung keine Zeit bleibt, mit dem Körper nach vorne zu gehen, um das Pferd zu entlasten.

Beim Spaltsitz rutscht der Unterschenkel eher nach hinten weg. Hier ist es genau das Gegenteil zum Stuhlsitz. Durch das Hohlkreuz fällt der Oberkörper nach vorne Richtung Pferdehals. Um dabei nicht die Balance zu verlieren und auf den Pferdhals zu kippen, wird der Unterschenkel unbewusst nach hinten verlagert, damit der Körper weiter in der Lage ist, sich auszubalancieren. Weder Dressur- noch Springreiter haben so die Möglichkeit, ihr Pferd vor den treibenden Schenkel ans Bein zu bekommen und geschlossen von hinten nach vorne an die Hand zu treiben.

Steigbügel – häufig falsch eingestellt

Nicht nur der Sattel kann einen negativen Einfluss auf den Reitersitz haben, sondern auch falsch in der Länge eingestellte Steigbügel. Zu kurze Steigbügel beispielsweise (Springsattel) bewirken eine stärkere Hüftbeugung als lang geschnallte Bügel im Dressursattel. Dadurch erfolgt im Körper die sogenannte »weiterlaufende Bewegung« dergestalt, dass das Becken automatisch nach hinten wegkippt und der Reiter gar keine Chance hat, aufrecht und auf seinen Sitzbeinhöckern zu sitzen. Das bedeutet, es sollte eine Bügellänge gewählt werden, die ein aufrechtes Becken ermöglicht, dem Reiter aber auch erlaubt, in den leichten Sitz oder den Sicherheitssitz im Gelände zu kommen. Dies ist jedoch nicht immer möglich unter Berücksichtigung der Hebelverhältnisse zwischen der gesamten Beinlänge, der Oberschenkellänge und der des Oberkörpers. Ein Reiter mit langem Oberschenkel kippt vom Becken schneller nach hinten ab als jemand, der einen kürzeren Oberschenkel als Hebel hat. Auch hier kommt das Thema Hebelwirkung mit ins Spiel und sollte bezogen auf die Länge der Steigbügel individuell betrachtet werden. Es wird erneut deutlich, **dass es den »idealen« Dressur-/Grundsitz wie im Lehrbuch nicht geben kann**.

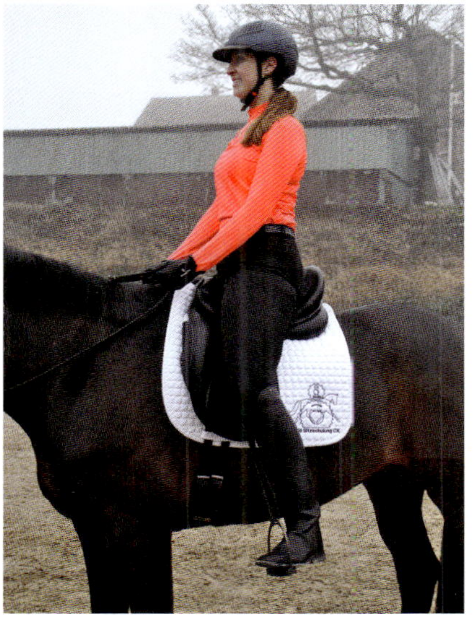

Zu lange Steigbügel

Wenn ein Reiter zu lange Steigbügel hat, kann es durchaus sein, dass der diese häufig verliert, mit dem Fuß versucht danach zu fischen und dadurch einmal aus der Balance gerät und auch keinen Druck in den Bügel bekommt. Dies ist sehr unvorteilhaft, denn der Reiter hat nur über das vermehrte Austreten der Steigbügel mehr Variationsmöglichkeiten, seine Gewichtshilfen zu verteilen.

TIPP:

Um die passende Steigbügellänge zu ermitteln, das Bein und den Fuß locker am Pferdekörper herunterhängen lassen. Der Steigbügel sollte so lang sein, dass die Trittfläche des Bügels parallel zur Fußsohle ist.

Viele Reiter, die ausschließlich mit Bügeln reiten, haben keinen hinreichenden Gleichgewichtssinn. Dazu gehören auch diejenigen, die versuchen, sich mit den Knien am Sattel festzuklammern (was nur vermeintlich Halt gibt). Früher im Kindesalter ist man viel ohne Sattel auf den Ponys geritten. Das war indirekt die Sitzschulung ohne Steigbügel. Später, als die Steigbügel hinzugekommen sind, brauchte man sich nicht festzuklammern, da die Balance auf dem Pferderücken bereits gut ausgeprägt war.

TIPP:

Immer wieder Schritt ohne Bügel reiten und kurze Trab-Schritt-Übergänge einbauen. Den Galopp sollte man ebenfalls ohne Bügel reiten, da dieser durch den angenehmen Dreitakt einen bequemen Rhythmus vorgibt, in den man gutes Balancetraining einbauen kann. Wer dennoch unsicher ist, sollte sich vorne an den Sattel einen Maria-Hilf-Riemen anbringen, um sich daran mit der Hand festhalten zu können. Auch der leichte Sitz schult ein gutes Gleichgewichtsgefühl, ebenso das Leichttraben ohne Steigbügel. Wer die Möglichkeit hat, sollte mal ein Volti-Training mitmachen und einfache Anfängerübungen absolvieren.

Der »nasse Sack«

Nicht nur die unteren Extremitäten und die Einwirkung über die Schenkelhilfen leiden unter dem nicht aufrechtstehenden Becken, sondern auch der Oberkörper des Reiters. Hierbei inbegriffen sind der Schultergürtel, der Kopf und die Reiterhände. Da die stabilisierende Spannung schon im Rumpf fehlt, kann auch weiter oben im Körper keine aufgebaut werden. Beim Stuhlsitz fällt der Reiter wie ein nasser Sack zusammen und beim Spaltsitz kippt der gesamte Oberkörper Richtung Pferdehals. Dies resultiert, wie oben beschrieben, aus der Beckenstellung. Beim Stuhlsitz sieht man häufig, dass die Reiter zusätzlich zu dem Zusammensacken auch noch die Schultern stark hochziehen und der Kopf hängt. Das kann auf Dauer für die Muskulatur sehr anstrengend werden, wodurch nicht selten schmerzhafte Verspannungen auftreten. Der Kopf hat ein Gewicht von etwa 5 bis 6 kg. Dieses hohe Eigengewicht zieht dann dauerhaft an der Nackenmuskulatur und an der Halswirbelsäule. Darüber hinaus ist es fatal, die Augen auf den Pferdehals zu richten, da der Blick jegliche Wendung und Bahnfigur einleitet und man leider auch entgegenkommende Reiter meist erst dann wahrnimmt, wenn man ineinander geritten ist.

TIPP:

Immer den Punkt mindestens auf Augenhöhe anvisieren, an dem man ankommen möchte. Beispiel Volte: Beim Abwenden ist es wichtig, schon in die richtige Richtung zu schauen, auch wenn man den Punkt, an dem man wieder ankommen will, noch nicht sieht. Es geht darum, seinen Kopf, seine Halswirbelsäule, seine Brustwirbelsäule und seine Lendenwirbelsäule mit in die Wendung hineinzudrehen. Was daraus resultiert ist, dass sich die Wirbelsäule dreht und automatisch die Sitzbeinhöcker neu justiert belastet werden (der innere mehr als der äußere) und daraus dann die Gewichtshilfe entsteht. Weiterlaufend verlagern sich auch die Unterschenkel mit. Der äußere verlagert sich eine Hand breit hinter den Gurt als verwahrender und begrenzender Schenkel und der innere liegt am Gurt zur Unterstützung der treibenden Hilfen. So wird das Reiten von Wendungen spielerisch leicht.

TIPP:

Das Herunterschauen blockiert die Kopfgelenke (Übergang Schädelbasis und erster Halswirbel). Dies bedingt, dass der Reiter möglicherweise auch noch die Zähne aufeinanderpresst, weil er angespannt und konzentriert reitet. Dies hat einen negativen Einfluss auf den Kehldeckel (Schlucken), das Zwerchfell (Atmung) und auf den Beckenboden. Letzteres ist am problematischsten, da der Beckenboden mit ermöglicht, dass der Reiter gut mitschwingen kann! Also: Kopf hoch, Zähne nicht aufeinanderpressen und ruhig atmen.

»Hacken runter!«?

Die Steigbügel können die Gewichtshilfen positiv unterstützen, indem ein Bügel mehr mit Gewicht belastet wird. Dies erfolgt über vermehrtes Austreten des Steigbügels. Viele Reitlehrer nutzen in diesem Zusammenhang die Aufforderung »Absatz tief« und »Hacke runter«. Leider bewirken diese Appelle genau das Gegenteil des Gemeinten. Das, was passiert, ist nämlich, dass sich die gesamte Beinmuskulatur fest verspannt. So ist es nicht mehr möglich, die federnde Pferdebewegung durch den ganzen Reiterkörper hindurch abzufangen. Nur wenn der Reiter im Becken locker mitschwingen kann und diese Bewegung weiter über das Knie und die Sprunggelenke abgepuffert wird, federt der Absatz mit!

Der daraus entstehende Stretch ist ökonomisch für die treibende Hilfe des Reiters einsetzbar. Wenn ein Muskel durch einen kurzen Impuls gedehnt wird, ist er in der Lage, in der darauffolgenden Anspannung viel effektiver zu kontrahieren. Dies nennt man in der Therapie, einen »Re-Stretch« setzen. Genau dies kann sich der Reiter bei den treibenden Impulsen der Schenkelhilfe intelligent zu Nutze machen. Die Voraussetzung ist dennoch die gute Vorarbeit, damit der Absatz überhaupt zum Federn kommt. Die Vorarbeit hierzu ist, Übungen in den Alltag zu integrieren, die ein mitschwingendes Becken, ein federndes Knie, welches nicht am Sattelblatt oder den Pauschen klemmt, wie auch ein sich mitbewegendes oberes und unteres Sprunggelenk und eine nachgebende Achillessehne zu fördern. Wenn diese Kette ins Schwingen kommt, erhält der Reiter als Resultat einen tiefen Absatz. Zusätzlich ist es wichtig, dass er ein gutes Gleichgewicht mitbringt, damit er sich auf dem Pferd ausbalancieren und locker mitschwingen kann.

Anweisungen wie »Sitz gerade und nimm die Hacken runter!« fliegen im Reitunterricht oft durch die Halle. Jedoch kann kaum ein Reitausbilder erklären, wieso, weshalb, warum etwas wie verlangt wird. In der Trainerausbildung kommen genau diese wichtigen Themenbereiche zu kurz. Und das, obwohl es eine Grundvoraussetzung guten Reitens ist, die menschliche Anatomie und Biomechanik ebenso zu verstehen wie die des Pferdes.

Heutzutage gibt es viele gute Bücher über Pferdeanatomie, Biomechanik, physiologische Reitweisen und Pferdeausbildung. Woran es definitiv mangelt, sind gute Ausbilder und Literatur, die sich auf biomechanische Abläufe des Reiters konzentrieren. Das Reitenlernen bezieht sich hauptsächlich auf das Wissen, welches über das Pferd und die jeweilige Reitweise weitergegeben wird. Kaum hingegen wird die Ausbildung gefördert mit dem Blickpunkt auf den Reiter und Menschen als Individuum. Nur wenigen Reitern wird erklärt, worauf sie zum Beispiel bei einem Sattel achten müssen, wie er anatomisch auf dem Pferd liegen soll und wie er den Reiter positiv unterstützen oder auch negativ beeinflussen kann. Aber auch Fragen zur menschlichen Anatomie, Biomechanik und danach, wie dieses Wissen in die tägliche Arbeit mit dem Pferd eingebunden werden sollte, bleiben oft ganz im Hintergrund.

Ja, ich finde es von Bedeutung, dass ein Reiter zum Beispiel die Rumpfmuskeln kennt, die das Becken aufrecht halten. Nur wenn dieses Basiswissen gegeben ist, wird ein Reiter zu einem guten Reiter. Ein Reiter, der Dinge nicht einfach hinnimmt, sondern sich, sein Pferd und sein Handeln hinterfragt und so die Basis schafft, um mit seinem Pferd zu einer Einheit zu verschmelzen.

Fahrradfahren oder doch Reiten? Probleme mit den Händen

Weder im Stuhl- noch im Spaltsitz bringt die Position des Oberkörpers den Reiter weiter an das Ziel, unabhängig von der Hand reiten zu können, um eine schöne weich federnde Verbindung zum Pferdemaul zu erhalten. Die positive Spannung im Schultergürtel fehlt nämlich als Gegenhalt für den langen Hebel Arm. Dadurch, dass das Becken im Sattel nicht aufrecht steht, kann die Spannung der tiefen stabilisierenden Rumpfmuskulatur nicht weiter nach oben in den Schultergürtel transportiert werden. Von dort aus soll sie jedoch physiologisch in die rückwärtige Oberarmmuskulatur und weiter in die Unterarmmuskulatur geleitet werden. Die Muskeln, die über den Handrücken bis zum Ellenbogen verlaufen, nennt man »Faustschlusshelfer«. Diese helfen dabei, eine Faust zu machen und diese auch stabil geschlossen zu halten. Wenn diese funktionale Kette nicht genügend Spannung aufbringt, fallen die Reiterhände schlichtweg um. Umfallende Reiterhände sind ein Problem, da der Reiter in dieser Position seine Feinmotorik nicht einsetzen kann. Das feine Zusammenspiel der Zügel (wie das Ausdrücken eines nassen Schwammes) ist so nicht möglich. Das »Ausdrücken« der Zügel funktioniert nur in Kombination mit der Unterarmmuskulatur. Um fein justierte Zügelhilfen geben zu können, ist es notwendig, dass der Reiter die Hände aufrecht hinstellt und die Handgelenke leicht in Streckung bringt. Beim Autofahren wäre es die Lenkradposition 7 Uhr und 4 Uhr, sodass man vom kleinen Finger den Fingernagel sehen kann.

Häufig ist es aber nicht nur ein Problem, dass die Hände umfallen, sondern auch unruhig werden. Hier kann ebenfalls die funktionale Kette unterbrochen sein. Eine andere Ursache ist die fehlende koordinative Kontrolle zwischen Gehirn und Reiterhand, die den Reiter daran hindert, kleinste feinmotorische, kontrollierte Bewegungen mit seinen Händen auszuführen. Besonders anspruchsvoll wird es, wenn beide Hände kurzzeitig verschiedene Aufgaben haben. Beispielsweise soll die äußere Hand anstehen und als Begrenzung dienen, während die innere Hand vorschiebt Richtung Pferdemaul und nachgibt. Durch die Gesamtsituation, in der sich der Körper sowohl im Stuhlsitz als auch Spaltsitz befindet, sind dem Reiter nur Zügelhilfen über grobe Handeinwirkung möglich. Die Zügelführung erfolgt dann aus der Bewegung des gesamten Arms, was für das empfindliche Pferdemaul definitiv viel zu viel Druck bedeutet. Dies sieht man häufig, wenn ein Reiter sein Pferd »durchstellen möchte«. Meiner Meinung nach ist so eine harte Handeinwirkung ein absolutes No Go und hat nichts mit Fairness dem Pferd gegenüber zu tun.

Diese negative Handeinwirkung geht am Pferd nicht spurlos vorbei. Der permanente Druck auf das Gebiss wird weiter übertragen auf die Unterkieferäste des Pferdes. Dadurch wird auf beiden Seiten ein Gelenkschluss beider Kiefergelenke erzeugt, sodass das Pferd nicht mehr in der Lage ist, seinen Unterkiefer nach vorne zu schie-

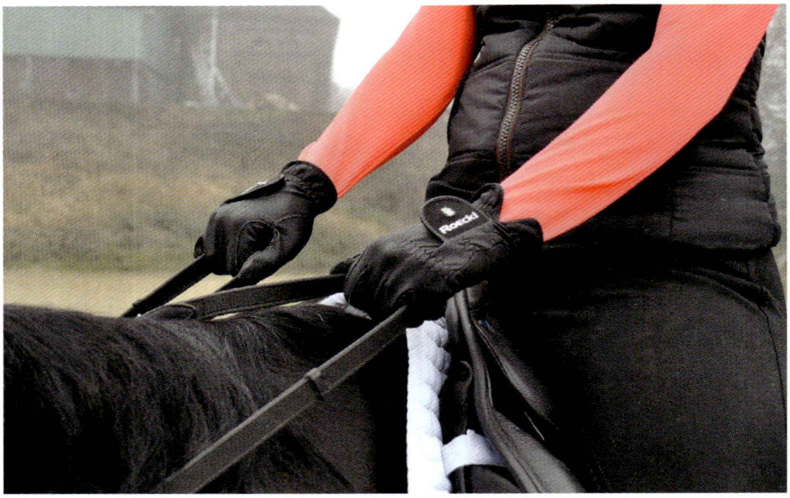

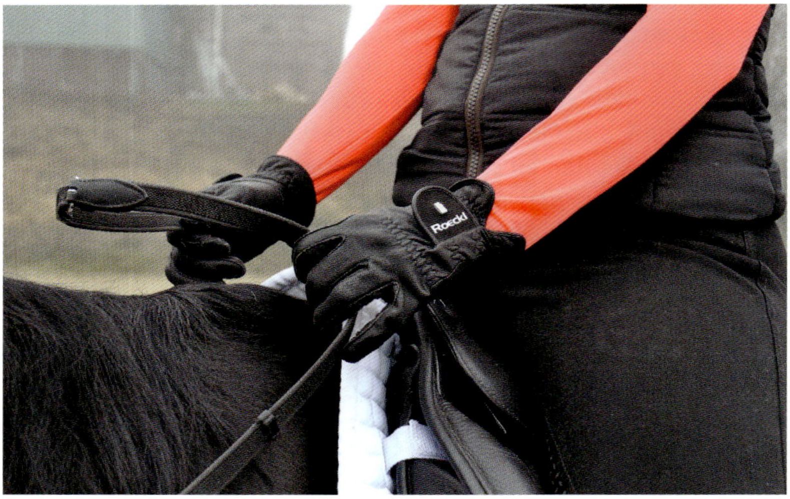

Umfallende und offene Reiterhände. Die korrekte Handposition ist im Themenblock zum leichten Sitz im Zusammenhang mit der Zügelbrücke abgebildet.

ben und zu kauen. Diese negative Kette leitet sich weiter über das Genick (Schädelbasis plus erster und zweiter Halswirbel), das Nackenrückenband, die Brust-Lenden-Faszie, bis hin zu den Iliosakralgelenken und der Hinterhand als Motor. Das Pferd versucht dem Dauerdruck im Maul zu entkommen und löst dies auf unterschiedliche Weisen. Häufig entzieht es sich der Anlehnung über Einrollen des Halses, geht gegen den Zügel, drückt den Rücken weg, beginnt mit den Kopf zu schlagen, aber auch über eine eventuelle Lahmheit der Vorhand, die sich zu Beginn als »Taktunreinheit« zeigt. Es gibt noch viele weitere Verhaltensweisen, dies sind nur einige wenige.

»Ich komme nicht zum Sitzen!«

Durch den Stuhlsitz und Spaltsitz tritt für den Reiter ein weiteres Problem auf, und zwar, dass er nicht zum Sitzen kommt. Dies wird besonders im Trab deutlich. Der Reiter findet keinen Halt im Sattel, dem Körper fehlt es an Stabilität und Spannung. Es wirkt, als würde der Reiter unkontrolliert im Sattel auf und ab hopsen. Die Reiter, die im Stuhlsitz sitzen, fallen besonders beim Tritteverlängern auf. Der Oberkörper wird dabei deutlich den Fliehkräften ausgesetzt und kippt hinter die Senkrechte. Dies ist der bekannte »Dressurreiterrennsitz« oder auch Liegesitz genannt. Der Reiter versucht sich krampfhaft mit den Beinen am Sattel festzuklemmen. Die Bewegungsabläufe wirken unkoordiniert. Das Becken kann nicht mitschwingen und der Pferdebewegung folgen, wodurch der Reiter dem Pferd unsanft in den Rücken fällt. Viele Reiter beschreiben dieses Gefühl auch als »Körperklaus«. Auch hier spielen die Hebelverhältnisse der Körperabschnitte eine große Rolle. Ein groß gewachsener Reiter mit langem Oberkörper hat es hier wieder schwerer, sich gegen die Schwerkraft aufzurichten.

TIPP:

Reiterinnen sollten stets einen Sport-BH tragen. Einmal schützt er das Brustgewebe vor den starken Bewegungsausschlägen, und wenn der Busen wenig mitschwingt, bringt das die Reiterin weniger aus dem Gleichgewicht.

Auch dem Reiter im Spaltsitz ist es nicht möglich, mitzuschwingen, da das Becken in der nach vorne gekippten Position arretiert ist und so die Bewegung verhindert. Man sieht bei beiden Reitern, dass die Pferde häufig auf die Vorhand fallen, die Hinterhand nicht unter den Schwerpunkt nach vorne fußt, sie den Rücken wegdrücken und gegen die Hand gehen. Dies zeigt sich durch einen unzufriedenen Gesichtsausdruck oder darin, dass sie das Maul aufsperren wollen und den Unterhals extrem herausdrücken. Auch das Verwerfen in Genick und Hals sowie ein Schiefmachen im ganzen Körper erfolgt häufig. Diese Pferde lassen sich schlecht am Bein einrahmen und entziehen sich häufig den Hilfen.

Nicht nur die Beckenposition des Reiters kann das »Zum-Sitzen-Kommen« erschweren. Ein weiterer Aspekt kann sein, dass das Pferd physisch und psychisch nicht losgelassen ist und sich muskulär festhält. Auch eine ungenügende Bemuskelung des Pferdes kann ein Grund sein. Entweder kann solch ein Pferd das Reitergewicht schlecht ausbalancieren oder aber der Reiter ist für sein gut bemuskeltes Pferd schlichtweg zu schwer und korpulent. Ein Reiter sollte sich in diesem Zusammenhang immer auch die Frage stellen, ob er nicht zu schwer und fit genug für sein Pferd ist!

TIPP:

Um das Aussitzen dem Reiter wieder näherzubringen, kann auch hier die Handtuchrolle genutzt werden, die quer unter die Sitzbeinhöcker gelegt wird. Ich empfehle, damit einige Minuten Schritt zu reiten und dann mit kurzen Übergängen zwischen Schritt und Trab weiterzumachen. Um das Aussitzen zu trainieren, die Trabphasen in den Übergängen Stück für Stück verlängern. Dabei kommt es darauf an, zu Beginn nur wenige Meter im Aussitzen mit Handtuchrolle zu traben. Parallel sollte der Reiter seine tiefe Rumpfmuskulatur kräftigen, damit diese die Pferdebewegung auch auffangen kann, sowie sein Gleichgewicht trainieren.

TIPP:

Nach der Entbindung des Kindes kann das Aussitzen für die Reiterin noch erschwert sein. Ich kann jeder Frau nur empfehlen, auf sich und ihren Körper zu hören und erst dann wieder auszusitzen, wenn man dabei ein positives Gefühl hat. Es kann zu Beginn auch für die Muskulatur recht anstrengend sein, da sich diese nach der Schwangerschaft erst wieder kräftigen muss. Bei Reiterinnen mit einem Dammschnitt oder -riss kann die Handtuchrolle längs zwischen die Sitzbeinhöcker gelegt werden, um das Narbengewebe sanft zu lockern. Das darf leicht unangenehm sein, aber nie schmerzhaft! Die Devise heißt: Zeit nehmen!

»Einknicken in der Hüfte«

Ein weiterer Sitzfehler, der durch den Stuhl- wie auch den Spaltsitz begünstigt werden kann, ist das Einknicken in der Hüfte. Hierfür gibt es tatsächlich mehrere Ursachen, die als Auslöser in Frage kommen. Zuerst muss man aber verstehen, dass das Einknicken nicht primär im Hüftgelenk entsteht, sondern eine ungewollte Seitneigung der Lendenwirbelsäule ist. Durch die Seitneigung wird in einer weiterlaufenden Bewegung der Druck in einem Hüftgelenk größer, so dass sich die Pfanne über den Kopf schiebt und das Gelenk schließt. Beim Reiten schiebt sich das Becken von der einknickenden Seite weg, wodurch es von hinten betrachtet aussieht, als würde der Reiter inklusive Sattel auf die gegenüberliegende Seite des Pferdes rutschen. Man könnte auch meinen, der Sattel liegt nicht gleichmäßig auf dem Pferd. Der Reitlehrer sagt dem Reiter dann: »Der setzt dich nach außen.« Aber das entspricht nicht der Wahrheit, denn der Reiter ist schief in sich. Das Pferd versucht in dem Moment dies auszubalancieren, was ihm häufig jedoch nicht gelingt, sodass es sich zwangsläufig selbst mit schief macht. Bei Pferden, die eine Problematik zum Beispiel im Iliosakralgelenk haben, kommt es zu einer gegenseitigen Wechselwirkung mit dem Reiter, wodurch eine Verschlimmerung eintreten kann. Nicht selten entwickelt das Pferd auch Probleme in der absteigenden Kette des Knies, des Sprunggelenks bis zum Huf. Durch die Verschiebung des Reitergewichts auf einen Sitzbeinhöcker kommen die Hilfen beim Pferd nicht mehr korrekt an. Oft kann man beobachten, dass das Pferd dann über die äußere Schulter wegbricht und ausweicht oder die Hinterhand schief stellt und mit dieser vermehrt in die Bahn kommt und sich nicht mehr fein stellen und biegen lässt. Auch Seitengänge werden durch das verschobene Becken unmöglich zu reiten. Dieser Sitzfehler ist das beste Beispiel, warum es so wichtig ist, die Anatomie des Körpers zu kennen und genau zu verstehen, welche Bewegungen im Körper ablaufen. In diesem Zusammenhang möchte ich auch noch darauf hinweisen, dass hinsichtlich der Fachsprache, die beim Reiten genutzt wird, eine bessere Aufklärung stattfinden sollte, um Missverständnisse zu vermeiden. Das »Einknicken in der Hüfte« ist dafür ein gutes Beispiel. Es wird in der Reitersprache so genannt, die Ursache liegt jedoch an einer anderen Stelle des Körpers und nicht primär im Hüftgelenk.

Eine der häufigsten Ursachen ist, dass die Rumpfmuskulatur auf einer Seite erheblich schwächer ausgeprägt ist als auf der anderen. Dadurch ist es zum einen nicht möglich, das Becken aufrecht zu positionieren und zu halten und zum anderen sich im Oberkörper nach oben hin aufzurichten, um nicht mehr einzuknicken. Wenn der Reiter seitlich einknickt, kann er zum Beispiel auch den Drehsitz nicht anwenden, der vor allem in Wendungen und in Seitengängen erforderlich ist.

Die zweite Ursache ist die Wirbelsäulenerkrankung Skoliose. Eine Skoliose ist einer Verschiebung der Wirbelsäule in allen drei Ebenen, in Beugung/Streckung, Seitneigung und Rotation. Eine Skoliose wird in den meisten Fällen vererbt, ist aber mit der heutigen Medizin ausreichend behandelbar. Es wird nicht dazu kommen, dass man die Verkrümmung der Wirbelsäule gänzlich auflösen kann. Betroffene können aber durchaus weitgehend uneingeschränkt leben, wenn die Erkrankung frühzeitig erkannt wird. In den meisten Fällen sind Mädchen und junge Frauen betroffen, Jungen deutlich seltener. Auf dem Pferd äußert sich die Skoliose durch Einknicken in

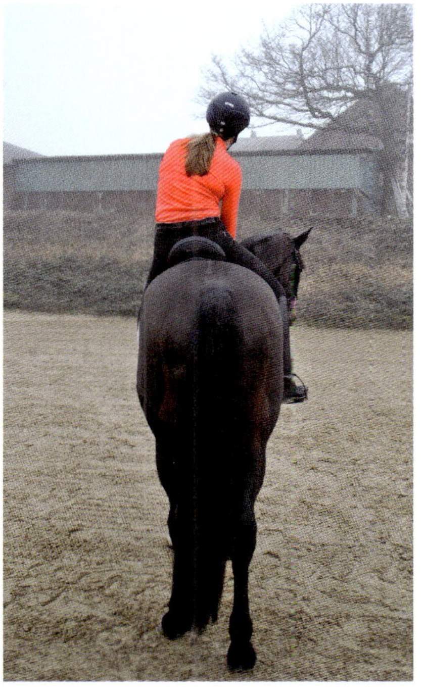

Einknicken in der Hüfte

der Hüfte, einen verdrehten Oberkörper oder auch durch eine optisch hängende Schulter. Reiter mit dieser Erkrankung können dennoch ihre Hilfengebung schulen und diese effizient einzusetzen lernen. Hierbei ist es am wichtigsten, dass die Wirbelsäule durch die Muskulatur gestützt wird. Das bedeutet konsequentes geschultes Krafttraining ein Leben lang, gepaart mit speziellen Übungen der sogenannten Schroth-Therapie.

Die dritte mögliche Ursache ist eine schlechte Propriozeption/Tiefenwahrnehmung des Reiters. Das bedeutet, dass er trotz genügend kräftiger Rumpfmuskulatur immer wieder in ein falsch eingeprägtes Bewegungsmuster verfällt. Der Reiter spürt nicht, wie er sitzt und sich auf dem Pferd bewegt. Dies ist ein Koordinationsproblem. Hier bietet sich an, die Spiegel der Reithalle zu nutzen, um sich selbst zu kontrollieren. Eine weitere hilfreiche Methode ist es, sich filmen zu lassen und regelmäßig Videoanalyse zu betreiben, aber auch beim Reiten mal die Augen zu schließen und nachzuspüren. Mein Vater hat bei mir früher diese Aufgabe übernommen und mich immer beim Vorbeireiten daran erinnert, bis ich es nicht mehr hören konnte und schließlich in der Lage war, es abzustellen.

Das Problem des Einknickens entsteht auch, wenn sich eine Beckenschaufel (der Grund ist erstmal unerheblich) nicht physiologisch mitbewegt. Durch das Einknicken in der Hüfte wird die fehlende Bewegung kompensiert und zeigt sich weiterlaufend in der Lendenwirbelsäule.

Auch Schmerzen in der gegenüberliegenden Seite können ein Grund für das Einknicken sein. Sobald der Oberkörper vom Schmerz wegbewegt wird, entsteht eine Entlastung der betroffenen Stelle.

Häufig wird als Grund angegeben, dass die Steigbügel unterschiedliche Längen aufweisen. Dies kann ich nicht hundertprozentig unterstreichen. Im Normalfall wird vor dem Aufsteigen kontrolliert, ob die Steigbügel die gleiche Länge haben. Minimale Unterschiede in der Länge von wenigen Millimetern verursachen keine so starke Rückmeldung über das Einknicken des Rumpfes. Eher sind die Bügel zu lang und das Einknicken erfolgt als Kompensationsstrategie, um nicht den Halt zu verlieren.

Auch kommt als Ursache in Frage, dass die Sattelsitzfläche für das Reiterbecken zu klein ist, beide Sitzbeinhöcker keine Druckbelastung bekommen und einer dadurch seitlich vom Sattelbaum rutscht, wodurch der Reiter seitlich im Rumpf einknickt.

TIPP:

Kräftigung der Rumpfmuskulatur, vor allem der schrägen Muskelanteile, Schulung der Tiefenwahrnehmung, Videos beim Reiten machen und analysieren und stetig an der axialen Aufrichtung arbeiten.

Gewichtshilfen: komplexes Zusammenspiel der Muskeln

In dem Moment, in dem der Reiter den idealen Dressursitz nicht formen kann, wird eine Sitzanalyse wirklich anspruchsvoll. Nicht nur die Hebelverhältnisse spielen eine Rolle, sondern auch unterschiedliche Spannungszustände der Muskulatur, der Organe, des Bindegewebes wie auch vorhandene Erkrankungen (z. B. die Wirbelsäulenerkrankung Skoliose). Organe zum Beispiel haben bindegewebige Aufhängungen, mit denen sie innen im Körper an den knöchernen Strukturen Halt finden. Hat das Bindegewebe eine hohe Spannung, kann diese auf die Organe übertragbar sein. Auch können Organe in sich Probleme oder Schäden aufweisen und so auf umgekehrten Wege die Faszien und Muskeln beeinflussen. Weiterhin können nach Operationen oder durch alte Narben negative Spannungen auftreten und innerlich Verklebungen entstehen. Bei Reiterinnen treten häufig Beschwerden nach Kaiserschnitten, Dammschnitten, Operationen im kleinen Becken bis hin zur Totaloperation auf. Hinzu kann noch eine weitere Komponente kommen: ein nicht passender Sattel. Es entstehen schon einige Abweichungen je nachdem, ob ein Reiter oder eine Reiterin im Sattel sitzt. Der männliche Reiter hat einen sogenannten Drei-Punkt-Sitz. Er hat nämlich nicht nur Kontakt zu den Sitzbeinhöckern, sondern auch leichten Kontakt zum Schambeinast. Das ist bei einer Reiterin nicht der Fall. Eine Problematik, die aus diesen anatomischen Gegebenheiten heraus entsteht, ist, dass eine Reiterin eine andere Sitzflächenform des Sattels benötigt als ein Reiter. Die meisten Sättel auf dem Markt sind jedoch nicht für Reiterinnen gemacht. Bei zu kleinen Sätteln, in denen das Schambein zum Sattelzwiesel Kontakt hat, kann es bei Reiterinnen zu schmerzhaften Knochenhautreizungen kommen, wie auch zu Beckenblockaden, was verhindert, dass das Becken der Pferdebewegung in alle Bewegungsrichtungen folgen kann. Das äußert sich zum Beispiel beim Aussitzen, indem die Reiterin in ein »Hopsen« verfällt. Es kann auch sein, dass schon das reine Sitzen im Sattel schmerzhaft ist, die Reiterin sich absolut unwohl fühlt und auch nicht im Schwerpunkt sitzt, sondern davor (Spaltsitz) oder deutlich dahinter (Stuhlsitz).

Die oberste Voraussetzung für korrekt ausgeführte Hilfen ist nicht nur ein passender Sattel als Verbindungsstelle zwischen Reiter und Pferd, sondern auch die Grundspannung des Reiters als Basis des Reitersitzes. Ist dies nicht gegeben, kann es unter anderem zur unruhigen Schenkellage und zappelnden Händen führen. Reiter, die in einer Position wie »festgetackert« auf dem Pferd sitzen, bringen jedoch keine Harmonie mit sich. Man sitzt zwar im Dressursitz, aber kann durch die statische Position dennoch nicht einwirken und aktiv agieren. Es sieht zwar schick aus, wenn ein Reiter still sitzt, ist unterm Strich aber gänzlich kontraproduktiv, wenn es darum geht, die Pferdebewegung zuzulassen.

An dieser Stelle möchte ich einmal genauer auf die Gewichtshilfen blicken. In der Reitersprache gibt es den Begriff »das Kreuz anspannen«. Leider wird dies oft nicht korrekt verstanden und umgesetzt. In der Literatur findet man mitunter die Beschreibung, das Becken werde während des »Kreuzanspannens« minimal nach hinten gekippt. Dies ist anatomisch gesehen nicht richtig. Sobald das Becken die aufrechte Position verlässt und der Druck nicht mehr auf den Sitzbeinhöckern liegt, ist es dem Reiter nicht mehr möglich, per Gewichtshilfe auf sein Pferd Einfluss zu nehmen. Wenn wir unter einem Reiter mit nur minimal zurückgekipptem Becken das Pferd wegnehmen würden, erwarten wir zunächst, dass er stehen bleibt. Er würde aber schlichtweg umfallen. Was passiert? Das Gewicht wird als Ausgleich leicht auf die Fersen verlagert, weil sich der Körperschwerpunkt verändert, nach hinten verlagert wird. Macht der Mensch in diesem Moment keinen Ausfallschritt nach hinten, fällt er hin. Dies passiert dem Reiter nicht, da er das Pferd unter sich hat und im Sattel sitzt. Dennoch leitet er mit dem Rückwärtskippen den Stuhlsitz ein.

Die Bewegung, die stattdessen durchgeführt werden soll, ist keine Veränderung der Beckenposition, sondern vielmehr eine Änderung und Anpassung der Muskelanspannung im Rumpf. Bei der Aufforderung »Kreuz anspannen« aktiviert der Reiter seine untere Bauch- und die tiefliegende Bauchmuskulatur über den Korsettmuskel. Dieser ist bereits aktiv, aber noch nicht zu 100 % angespannt. Vergleichbar ist das mit einem Aufzug, der auf dem Weg vom Erdgeschoss (Grundspannung) in das 1. und 2. Obergeschoss ist. In die Formulierung »...aktiviert der Reiter seine Bauchmuskeln« interpretiert der unwissende Reiter die Anspannung der geraden Bauchmuskeln hinein. Dies geschieht, weil die Bauchmuskulatur meist mit dem Sixpack assoziiert wird und nicht mit der tiefliegenden stabilisierenden Muskulatur. Dies führt schnell zu Irritationen im Appell und in der Ausführung.

Während der Aktivierung der tiefen stabilisierenden Bauchmuskulatur soll gemäß einigen Lehrbüchern die Gesäßmuskulatur »locker« gelassen werden, was anatomisch jedoch nicht möglich ist. Das Becken wird durch eine Anspannungskombination mehrerer Muskeln aufrecht gehalten (s. Thema Kraft und »aktiver Stand«). Beteiligt sind nicht nur die untere Bauchmuskulatur, die Beckenbodenmuskulatur und der tiefliegende Korsettmuskel, sondern auch die tiefliegenden Gesäßmuskeln. Hierbei haben die oberflächlichen großen Gesäßmuskeln eine geringere Spannung als die tiefliegenden stabilisierenden Muskeln, sind aber dennoch aktiv.

Weiterhin gehören die direkt am Gelenk liegenden tiefen Gesäßmuskeln mit zu der Muskelkette der treibenden Muskulatur des Reiters. Die gesamte rückwärtige treibende Muskelkette von der Ferse über die Wade, die rückwärtige Oberschenkelmuskulatur, die tiefen Gesäßmuskeln über die Rumpf- und Schultergürtelmuskulatur ist eine funktionelle Einheit. Es ist nicht möglich, einzelne Muskeln aus der Kette auszuschalten und diese nicht willkürlich anzuspannen.

Wer die Gewichtshilfe »das Kreuz anspannen« richtig versteht und korrekt ausführen lernt, kann sein Pferd spielerisch über Takt und Tempo steuern. Diese Hilfe verbindet einhergehend im Zusammenspiel die Schenkel- und auch die Zügelhilfe miteinander und ist der Weg zu von der Hand unabhängigem Reiten. Somit wird der Grundstein für spätere Lektionen, den Einfluss auf die Hinterhand und die Lastaufnahme gelegt. Das »Kreuzanspannen« hilft dabei, das Pferd wie eine Ziehharmonika zusammenzuschieben, damit es die Hanken mehr beugt und sich vermehrt mit der Hinterhand selbst trägt oder auch die Spannung explosionsartig entweichen lassen kann, wie bei einer Rahmenerweiterung im starken Galopp oder im starken Trab.

Auch der Drehsitz ist eine Form der Gewichtshilfe. Er wird beim Reiten von Seitengängen oder Wendungen wie zum Beispiel Schlangenlinien oder Volten benötigt. Die Augen leiten dabei die Bewegung ein. Der Kopf dreht sich mit in die Wendung und schaut auf den Punkt, wo der Reiter ankommen möchte. Die Wirbelsäule folgt der Drehung. Dadurch verlagert sich das Gewicht automatisch auf den inneren Sitzbeinhöcker. Durch den Einsatz der Gewichtshilfe folgt die Mitverlagerung des äußeren Schenkels eine Hand breit hinter den Gurt, um das Pferd einzurahmen. Bei Pferden, die gut »an den Hilfen stehen«, reicht weniger als eine Hand breit. Auch der Drehsitz verlangt dem Reiter eine gute Koordination ab, da der Oberkörper sich mit in die Wendung hineindreht, das Becken sich aber nicht mitbewegt. Die Sitzbeinhöcker bleiben immer parallel zu den Schultern des Pferdes. Hilfreich ist es, sich vorzustellen, das Pferd wäre ein Zug auf Schienen: Dabei bleibt das Becken des Reiters immer parallel zu den Schienen ausgerichtet.

Losgelassenheit beginnt im Kopf – mentale Probleme beim Reiten

Mentale Faktoren spielen beim Spaltsitz ebenso eine Rolle wie beim Stuhlsitz. Möglicherweise fällt ein Reiter mit dem Oberkörper nach vorne, weil er Angst hat, dass sein Pferd anfängt zu bocken. Durch einen nach vorne geneigten Oberkörper versucht er den Druck durch das Gesäß zu reduzieren, aber auch auf Bocksprünge vorbereitet zu sein. Auf diese Weise kommt der Reiter aber grundsätzlich aus der Balance und verstärkt seine Sorge unbewusst noch weiter. In solch eine Situation kann zum Beispiel schnell eine Reiterin kommen, die nach der Geburt ihres Kindes verunsichert ist, ihren Körper erst neu kennenlernen muss und nicht genau weiß, wie sie sich im Sattel verhalten soll. Oder ein Reiter hat Angst vor Schmerzen im Rücken und einem »Schlag ins Kreuz«. Viele müssen auch nach einem Sturz erst wieder Vertrauen gewinnen. Hilfe findet man für mentale Faktoren verschiedenen Ursprungs, wenn man ausreichend analysiert, was genau das Problem darstellt. Ein Lösungsansatz können Longenstunden sein, um Vertrauen aufzubauen, alte Sicherheiten zurückzuerlangen und zurück in den Dressur- und Grundsitz zu finden. Dabei kann es auch helfen, ruhige und erfahrene Pferde zu reiten, aber auch körperlich an sich zu arbeiten. Dies kann in Form von Entspannungstechniken bis hin zur Verbesserung der körperlichen Fitness geschehen.

TIPP:

Wer merkt, dass er in einer Sackgasse feststeckt, sollte sich professionelle Hilfe suchen. Viele Reiter denken, dass sie mit mentalen Herausforderungen und Angst beim Reiten allein sind. Dies ist nicht der Fall. Es gibt viele großartige Kurse und Fachleute, die sich genau auf diesen Bereich spezialisiert haben. Leider ist die Angst im Sattel immer noch ein Tabuthema. Wer damit Probleme hat, sollte sich zeitnah Hilfe holen, denn das Hobby Reitsport soll Spaß machen und man möchte nicht mit Bauchschmerzen in den Stall fahren, oder?!

Das Pferd darf nicht geschädigt werden!

Alle Sitzfehler äußern sich früher oder später im Pferd und spiegeln sich in dessen entstehenden Erkrankungsbildern wider. Viele Langzeitschäden beim Pferd entwickeln sich durch einen nicht ausbalancierten Reitersitz und eine nicht reelle Reitweise erst schleichend. Diese Erkrankungen können von Muskelverhärtungen, Sehnenschäden, Fesselträgerschäden, über Magengeschwüre bis hin zu Kissing Spines gehen, wie auch viele andere.

Ja, natürlich können auch Erkrankungen des Bewegungsapparats, wie beispielsweise Sehnenschäden, auf der Weide entstehen. In den meisten Fällen sind die betroffenen Strukturen jedoch schon durch eine nicht reelle Reitweise und zu wenig Bewegung im Alltag vorgeschädigt. Das beste vergleichbare Beispiel beim Menschen ist der Achillessehnenriss bei einem Handballspieler. Meistens schmerzt die Sehne einige Wochen bis Monate, bevor sie reißt. Dies ist bereits der Moment, an dem der Körper Warnsignale aussendet und sagt: »Wenn du jetzt keine Pause machst, dann reißt die Sehne bald.« Beim Pferd ist das anders, denn es zeigt wenige bis gar keine Schmerzsignale. Als Fluchttier darf es keine Schwäche offenbaren, da es sonst in freier Wildbahn leichte Beute für Raubtiere ist. Da heißt es noch genauer »zuhören« und kleinste Veränderungen wahrnehmen lernen!

Um seinem Pferd unnötige Zwangspausen zu ersparen, muss der Reiter sich nicht nur mit dem eigenen Körper auskennen, sondern auch mit der Biomechanik des Tieres. Es ist zwingend notwendig, verstehen zu lernen, wie sich ein Pferd entwickeln soll, damit es den Reiter überhaupt tragen kann. Ein Mensch gehört von Natur aus nämlich nicht auf den Rücken des Pferdes. Deshalb ist es so unglaublich wichtig und liegt in der Verantwortung des Menschen, dass wir unsere Pferde gesunderhaltend reiten! Dazu gehört eine tägliche Gymnastizierung des Bewegungsapparats und die Kräftigung der rumpftragenden Muskulatur – und nicht jeden Tag immer und immer wieder die gleichen Lektionen zu reiten, weil am Wochenende das nächste Turnier ansteht! Die Lektionen entwickeln sich von allein, wenn die grundlegende Basisarbeit der Kraftentwicklung beherzigt wird.

Natürlich steht aber nicht nur das Training des Pferdes im Vordergrund, sondern auch die stetige Arbeit am Reitersitz und an sich selbst und der Wille, sich kontinuierlich zu verbessern und zu optimieren. So viel kann ich verraten: Wer etwas dafür tut und auch Zeit investiert, wird am Ende belohnt und kommt dem harmonischen Einklang mit seinem Partner Pferd ein ganzes Stück näher!

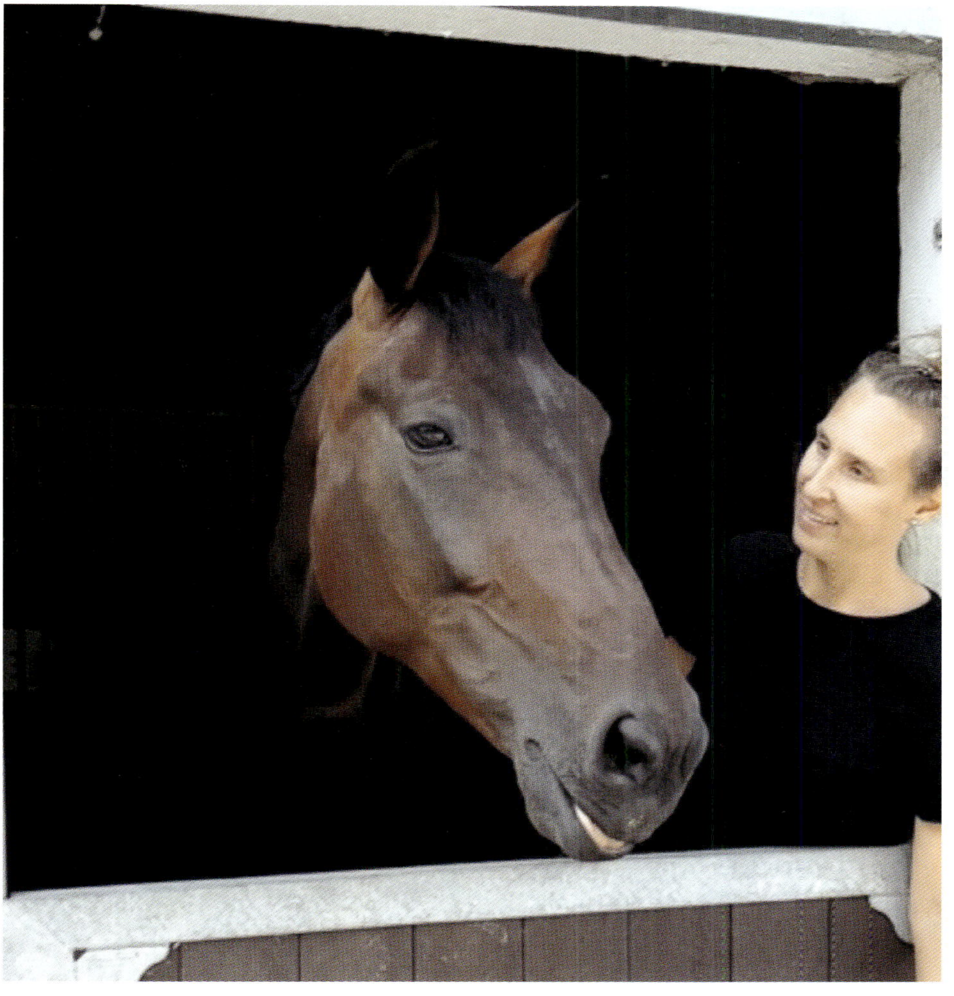

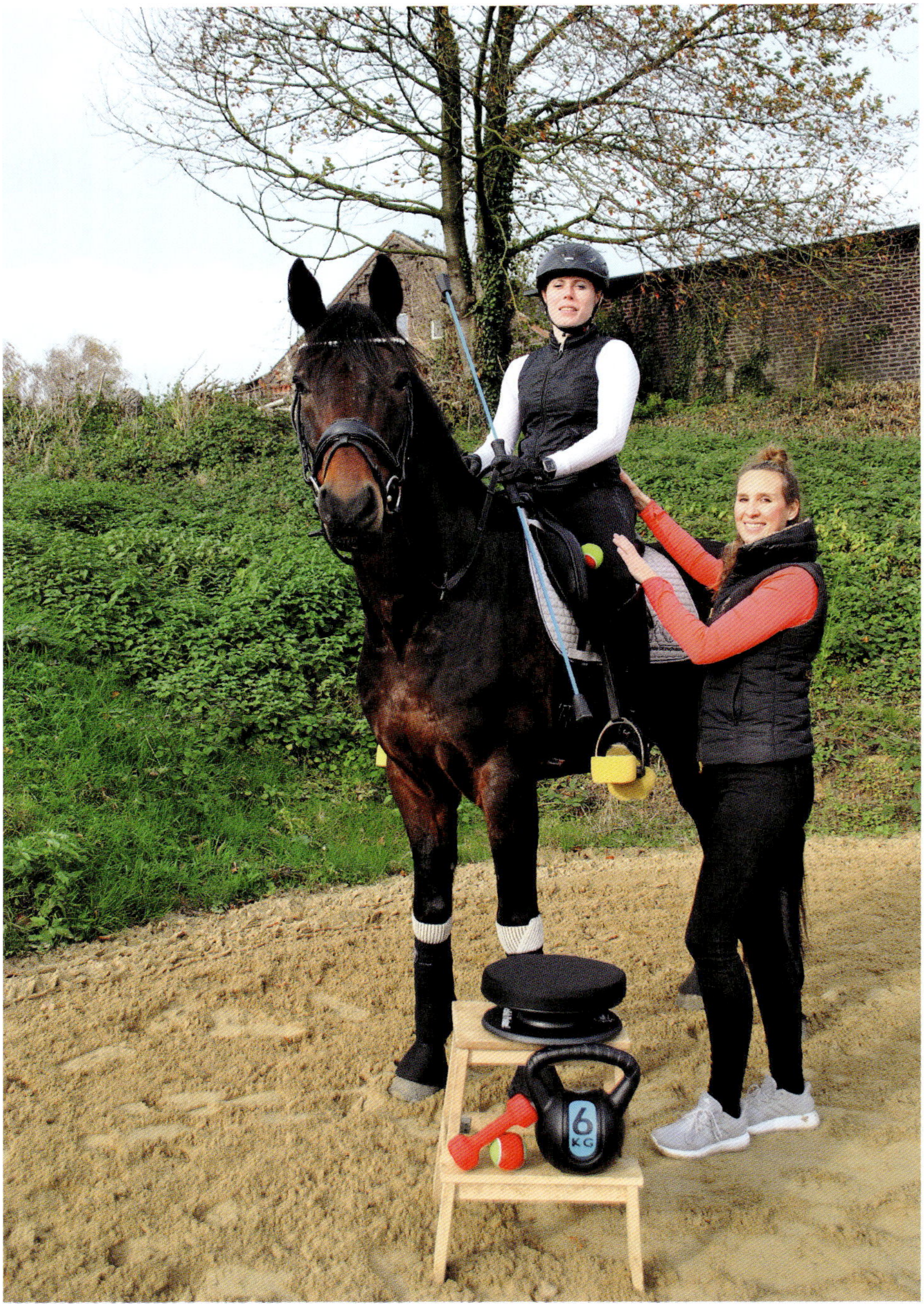
6
KG

TEIL 2

DIE KÖRPERLICHEN VORAUSSETZUNGEN DES REITERS VERBESSERN

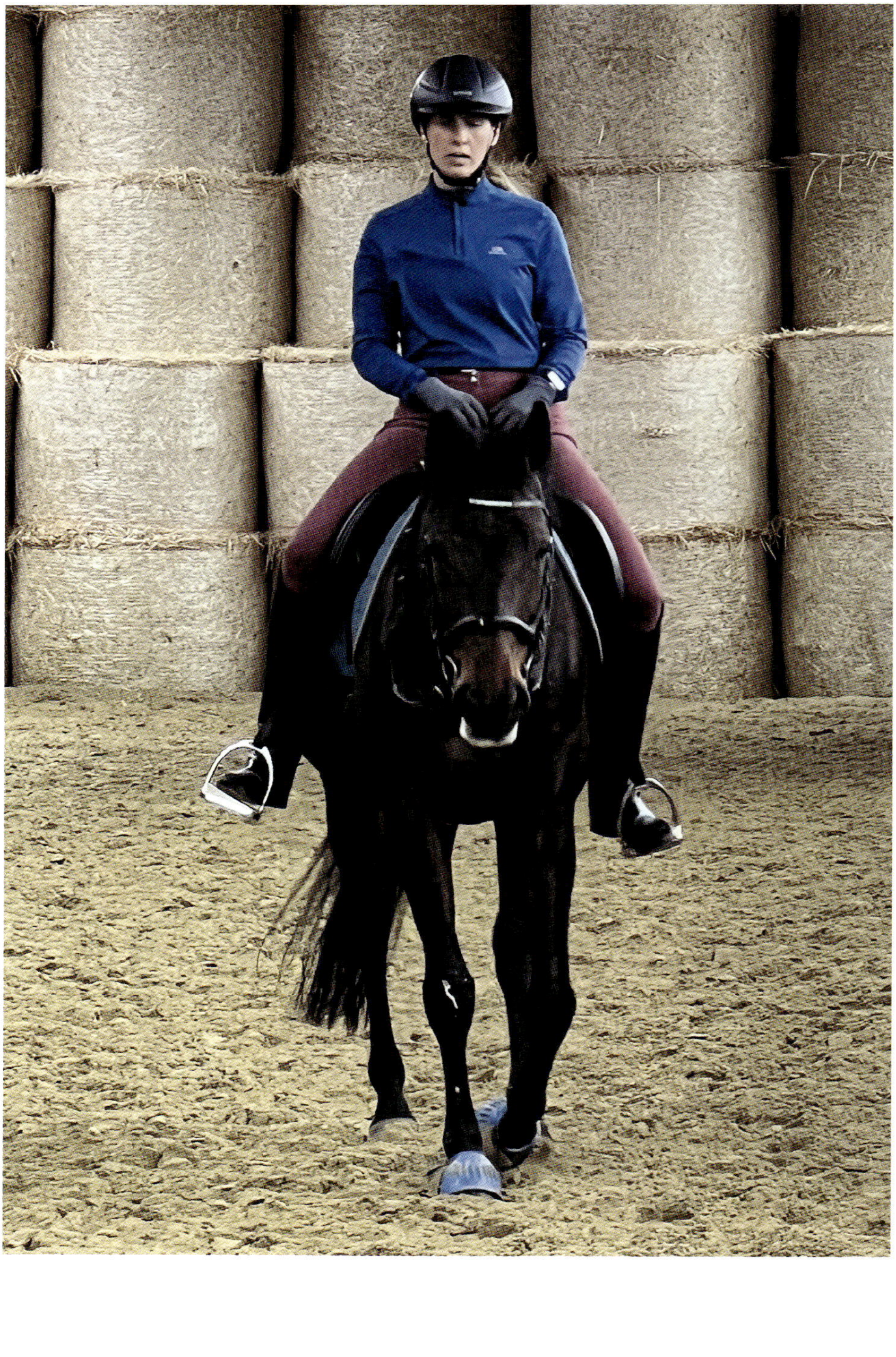

Um locker, elegant und harmonisch auf dem Pferd zu sitzen, reicht es leider nicht aus, mehrfach in der Woche zu reiten. Viele Probleme entstehen nicht erst auf dem Pferd, sondern schleichen sich bereits im Alltag ein. Es gilt den Reitersitz nicht auf dem Pferd vorzubereiten, sondern vom Boden aus. Auf dem Pferd erfolgt dann nur der letzte Schliff.

Auch der Arbeitsalltag kann und sollte »pro Dressursitz« gestaltet werden. Die wenigsten Reiter haben einen Bewegungsberuf, sondern üben eine sitzende Tätigkeit aus. Mangelnde Bewegung und viel Sitzen ist heutzutage die »Volkskrankheit Nummer 1«: im Büro, zu Hause auf der Couch, im Restaurant, im Auto auf dem Weg zur Arbeit oder zum Stall. Kaum jemand hat sein Pferd so nah eingestallt, dass er zu Fuß oder mit dem Rad hingelangen kann: also rein ins Auto und wieder sitzen. Dabei ist ausreichende tägliche Bewegung so unheimlich wichtig, um fit und gesund zu bleiben. Prävention ist hier das Stichwort. Zu geringe Bewegungszeiten führen zum Abbau der Muskulatur, reduzierten Stoffwechselaktivitäten, verkürzter Muskulatur, unbeweglichen Gelenken und einem verklebten Fasziensystem. Sich nicht zu bewegen, ist für den Reiter der schlimmste Fehler.

TIPP:

Wenn man dennoch berufsbedingt nicht um eine sitzende Tätigkeit herumkommt, sollte man das Sitzen möglichst ergonomisch gestalten. Dazu gehört, die Sitzposition oft zu verändern. Eine gute Abwechslung ist es zum Beispiel, für jedes Telefonat aufzustehen und den Drucker im Nachbarraum zu platzieren. So wird man stetig dazu animiert, seine Muskulatur zu benutzen und einige Schritte zu laufen. Viele Arbeitgeber fördern ergonomische Sitzmöbel wie Stehpulte und Computererhöhungen. Jeder Reiter, der am Schreibtisch sitzt, sollte sich diesen nach seinen Wünschen ergonomisch gestalten und einrichten.

Ein weiterer nützlicher Tipp ist es, sich immer wieder kleine aktive Bewegungspausen einzubauen und zum Beispiel jede Stunde seinen Handywecker zu stellen, um sich kurz zu bewegen. Ob Treppe laufen, Dehnübungen für die Extremitäten und die Wirbelsäule oder klassischer Hampelmann, es ist jede Art von Bewegung erwünscht. Jeder Arbeitgeber profitiert präventiv davon, wenn seine Mitarbeiter fit und gesund bleiben. Vielleicht bietet der Arbeitgeber sogar ein Sportprogramm an?

Die Mittagspause ist eine gute Gelegenheit, einen kleinen Rundgang draußen an der frischen Luft zu unternehmen. Um sich selbst zu überprüfen und ein Gespür für die eigene tägliche Auslastung zu bekommen, kann ich sehr empfehlen, sich einen Schrittzähler zuzulegen oder eine der vielen angebotenen Apps zu nutzen. 10.000 Schritte sollten täglich als Minimum drin sein.

Die meisten Menschen beginnen sich erst um ihren Körper zu kümmern, wenn es ein Schadensereignis gab. Das ist definitiv zu spät!

Nicht nur, dass sich Reiter in ihrem Alltag zu wenig bewegen, auch das Gegenteil kann der Fall sein, wenn ein Beruf große körperliche Anstrengungen mit sich bringt. Hier ist dann darauf zu achten, dem Körper im Gegenzug mehr Entspannung und Pausenzeiten anzubieten. Das kann sehr variabel aussehen, wie zum Beispiel Yoga, Autogenes Training, Tai Chi, Spazierengehen, Saunagänge oder die gute alte klassische Massagetherapie.

Pauschal kann man nicht sagen, für wen was das Beste ist. Jeder entscheidet für sich selbst. Wichtig ist aber, dass man auf die Signale seines eigenen Körpers Acht gibt und etwas für sich selbst und schließlich auch für sein Pferd tut. Die Einheiten bei medizinischem Personal können helfen, den Dressursitz nachhaltig zu verbessern. Schleichen sich (muskuläre sowie knöcherne) Blockaden ein, spiegeln sie sich häufig im Pferd wider. Dabei kommt die Frage auf, ob zuerst das Pferd oder erst der Reiter eine körperliche »Baustelle« hatte und wer sie auf den anderen übertragen hat. Da diese Frage so gut wie nicht zu beantworten ist, hilft es, sich als Reiter und den Vierbeiner in gewissen Abständen behandeln zu lassen. Es handelt sich beim Pferd wie auch beim Reiter um ein Lebewesen mit einer natürlichen Schiefe. Man kann nie klar sagen, wer wen mit seinem Körper zuerst beeinflusst hat. Ich habe jedoch schon öfter erlebt, dass auch bestehende Probleme beim Pferd positiv beeinflusst wurden und sich teilweise gänzlich aufgelöst haben, wenn der Reiter an sich gearbeitet hat.

Zusätzlich zu den Übungen beim Warmlaufen oder auf dem Pferd kann ich jedem Reiter nur empfehlen, regelmäßig Ausgleichsport zu machen. Ideal sind Sportarten und Workouts, die einem Spaß machen und kein Gefühl von Zwang aufkommen lassen.

Einen Punkt, der oft zu einem Unbehagen führt, möchte ich noch ansprechen. Keiner sollte bei der Übungsausführung Angst vor skeptischen Blicken haben. In einigen Reitställen wird leider immer noch viel getuschelt und gelästert, anstatt sich gegenseitig zu helfen und zu unterstützen. Es ist wichtig, sich nicht von seinem Ziel abbringen zu lassen, nur weil ein Mitreiter komisch herüberschaut. Ladet doch diese Reiter ein, mit Euch gemeinsam Übungen im Stall zu machen. Über einen

Lehrgang durfte ich eine harmonische, sich gegenseitig unterstützende Stallgemeinschaft kennenlernen, die mindestens einmal in der Woche zusammen Pilates macht: Gemeinsam fit fürs Pferd zu werden macht doch viel mehr Spaß und schweißt zusammen.

Let's go! – Bau Dir Dein eigenes Trainingsprogramm auf

Wie kann ich mir ein eigenes Trainingsprogramm erstellen? Als Reiter spürt man meist schnell, in welchem Bereich der körperlichen Voraussetzungen Defizite vorhanden sind – zum Beispiel, wenn die Ausdauer im Sattel fehlt.

Wenn man absolut keine Idee hat, hilft es, sich beim Reiten filmen zu lassen und mit dem Blick von außen zu analysieren, was einem persönlich negativ auffällt. Daraus ergeben sich meist Anhaltspunkte, die man gerne verbessern möchte. Hilfreich ist es auch, sich von Mitreitern Unterstützung zu holen und zu fragen, was sie verändern würden. Durch gemeinsames Überlegen bekommt man einige Anregungen, welche Defizite im Vordergrund stehen und schult zusätzlich seinen Blick. Natürlich kann (und sollte) der Reitlehrer hierbei ebenso behilflich sein. Aus der Analyse lassen sich dann Übungen ableiten, die den Sitz nachhaltig verbessern.

Alle Übungen können individuell angepasst werden. Für einen gut trainierten Reiter sind beispielsweise mehr Wiederholungen möglich, der Einsteiger kann mit weniger beginnen. Wichtig: Wenn bei einer Übung Schmerzen entstehen, nur so weit bewegen, wie es persönlich auszuhalten ist. Schmerzen sind ein Warnsignal des Körpers, das nicht ignoriert werden darf! Hat man evtl. Schmerzmittel eingenommen, sollte man noch bewusster und vorsichtiger trainieren und dies immer im Hinterkopf behalten.

Das Warmlaufen kann genutzt werden, um die Übungen am Boden mit dem Pferd an der Hand zu integrieren, so dass sie keine zusätzliche Zeit fressen. Der Reiter wärmt sich und sein Pferd vom Boden aus auf und gibt dem Tier die Möglichkeit, sich erstmal ohne Reitergewicht einige Minuten zu bewegen. Ich persönlich bin kein Fan davon, sich selbst kalt auf ein Pferd zu setzen, was möglicherweise zuvor mehrere Stunden in der Box gestanden hat, ohne sich groß bewegen zu können, und uns als Reiter dann tragen soll. Dieses Handeln ist nicht sehr pferdegerecht.

Die Übungen im Sattel sind so gewählt, dass die Pferde nicht negativ beeinflusst werden oder gar Schaden nehmen. Ganz im Gegenteil: Nach meiner Erfahrung machen sie das Turnen nicht nur brav mit, sondern entspannen sich sogar dabei. Ob sich eine Übung positiv auswirkt, kann der Reiter leicht wahrnehmen, denn die meisten Pferde zeigen dies deutlich in ihrem Verhalten und geben auf diese Weise Rückmeldung. Oft sieht man, dass sie sich vorwärts-abwärts strecken möchten und den Rücken mehr aufwölben, also den Reiter leichter ausbalancieren können, Übergänge flüssig zu reiten sind, oder das Pferd schnaubt ab und drückt so seine Zufriedenheit aus. Einige Pferde laufen einen gleichmäßigeren Takt und sind gehfreudiger, sodass der Reiter nicht permanent das Gefühl hat, jeden Schritt heraustreiben zu müssen. Vielen Reitern fällt auch auf, dass sie angenehmer und länger aussitzen können oder das Pferd unmittelbar mehr über Gewichts- und Schenkelhilfen steuern können. Dies zeigt sich dann zum Beispiel beim Abwenden von der Bande in den freien Raum, weil das Pferd nicht mehr so sehr »an der Bande klebt« und sich davon angenehmer wegführen lässt. Auch bei Bahnfiguren wie Schlangenlinien, Volten, Zirkel verkleinern oder auch im Schulterherein lässt sich das Pferd leichter und fein am Bein dirigieren und abwenden.

Allgemein sollten Bewegungsübungen sowohl zur Vorbereitung vor dem Reiten als auch auf dem Pferd gemacht werden. Optimal einbauen lassen sie sich beim Warmreiten, ebenso in kurze Schrittpausen während des Trainings, in denen der Schritt nicht aktiv geübt wird. Zusätzlich sucht der Reiter täglich ein bis zwei Übungen als Hausaufgabenprogramm aus. Diese sollten von Tag zu Tag wechseln, um den Körper möglichst vielfältig positiv zu beeinflussen.

Kraftübungen sollten nur alle ca. 3 Tage durchgeführt werden, alles andere kann man täglich mit in das Training einbauen.

Reiten ist eine hochkomplexe Sportart, die einige sehr bedeutende Anforderungen an den Reiter stellt. Beim Reiten geht es nicht darum, sich auf ein oder zwei Dinge zu konzentrieren, sondern auf vieles, was parallel geschieht. Es wird eine Aktivität vieler Systeme gleichzeitig abverlangt, sodass ein ganzheitliches Training im Zentrum stehen sollte. Wie anspruchsvoll der Reitsport ist, zeigt sich schon daran, dass er die einzige olympische Disziplin ist, die mit einem Lebewesen ausgeführt wird.

Ein ganzheitliches Training sollte deshalb für jeden Reiter im Zentrum stehen. Zu den geforderten Körperfunktionen gehört die Kräftigung der Muskulatur, Förderung von Koordination und Beweglichkeit, Stärkung des Herz-Kreislauf-Systems – und auch Entspannung. Ein Reiter benötigt ein ausgeprägtes Gleichgewicht, eine gute Körperwahrnehmung und sollte mental fit sein. Alle aufgeführten Körpersysteme sollen optimal zusammenwirken und harmonieren, damit der Reiter auf dem Pferd ökonomisch zum Einwirken kommen kann. Weiß ein Reiter, dass das ein oder andere System noch zu wünschen übriglässt, kann dies jederzeit durch ein regelmäßiges Training geschult und verbessert werden. Disziplin beim Üben, ob allein oder in einer Gruppe mit den Reitkollegen, zahlt sich aus. Sie ermöglicht es, die Reiterhilfen für Außenstehende unsichtbar werden zu lassen – ein Hauptmerkmal guten und harmonischen Reitens.

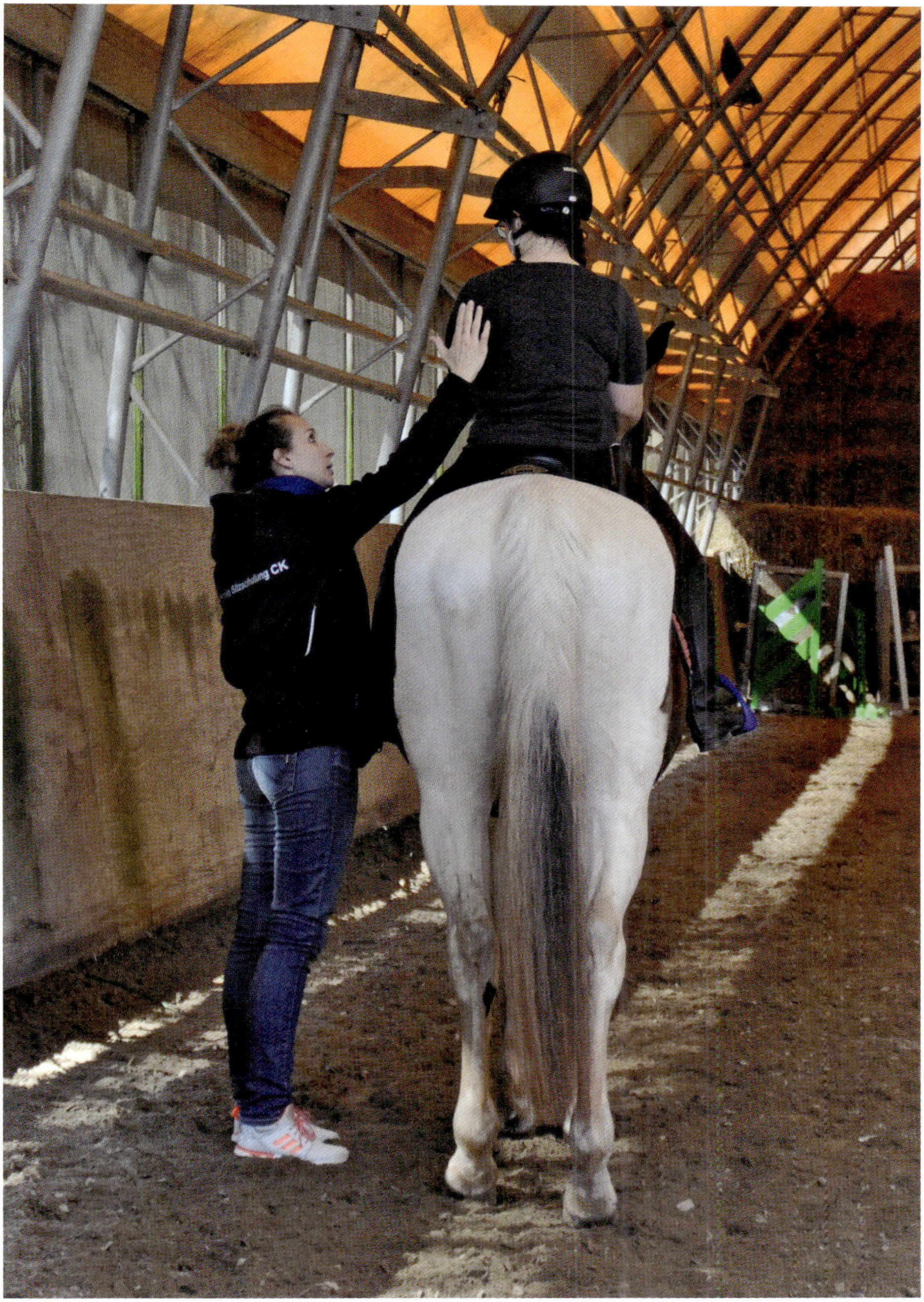
Sitzschulung CK

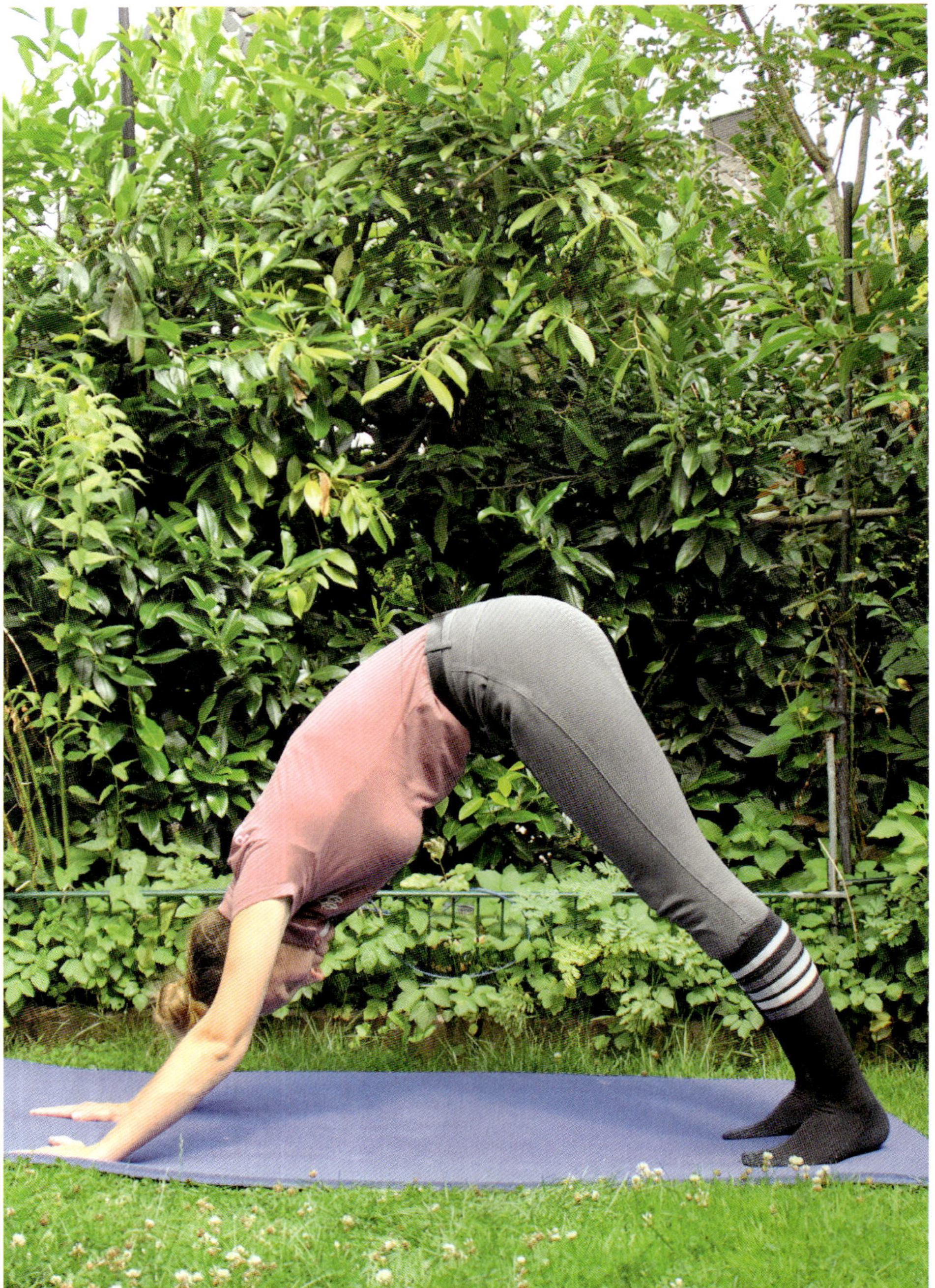

Beweglichkeit – mach Dich locker!

Beweglichkeit und die körperliche Leistungsfähigkeit sind aneinandergekoppelt: Um eine optimale Kraftentfaltung, Flexibilität und Dehnfähigkeit der Muskulatur zu erlangen und den Bewegungsspielraum der Gelenke zu erhalten, ist das Erreichen einer physiologischen Beweglichkeit so wichtig für Reiter.

Es gibt einige Muskeln, die typischerweise einen Hypertonus entwickeln und sogar verkürzen. Die Beuger im menschlichen Körper sind in vielen Fällen stärker als die Strecker. Im Fall eines Angriffs macht sich der Mensch klein und rund, um seine Organe zu schützen. Dafür ist die vordere Körperseite zuständig, die viele Beugemuskeln beherbergt. Zudem ist der Mensch so konstruiert, dass er alle Tätigkeiten vor sich durchführt, immer im Blickfeld der Augen. Die Bewegung findet also vor dem Körper statt und nicht dahinter. Somit haben die Muskeln der Körperrückseite die Aufgabe, gegenzuhalten, damit der der Körper nicht nach vorne umfällt. Diese sind jedoch sehr häufig viel zu schwach und schlecht ausgeprägt, wodurch es Beugemuskeln leichtfällt, einen Hypertonus auszubilden oder im schlimmsten Fall sogar zu verkürzen. Ein Beispiel dafür ist jemand, der den ganzen Tag sitzt, möglicherweise einen Bürojob hat. Ihm fällt es schwer, sich überhaupt gerade aufgerichtet hinzustellen, weil die Muskulatur im Hüftbereich den ganzen Tag nicht bewegt wird, verhärtet, verspannt und sich wohlmöglich daraufhin verkürzt.

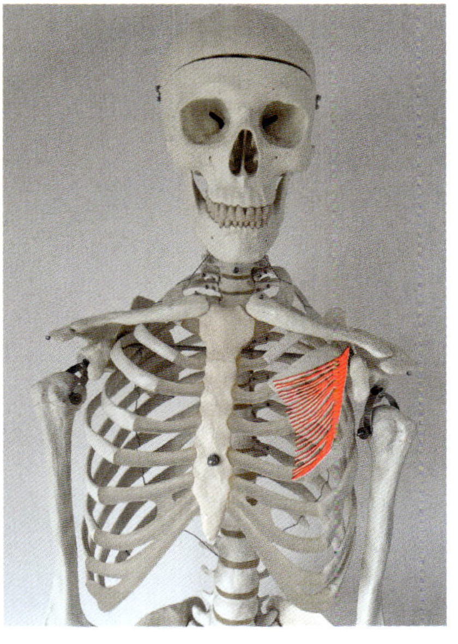

Anatomie kleiner Brustmuskel

Zwei der Muskeln, die einen Hypertonus ausbilden und sich leicht verkürzen können, sind der **kleine Brustmuskel** und der **Haupthüft-**

beuger. Sie sind für den Reiter von besonderer Bedeutung. Der kleine Brustmuskel (*M. pectoralis minor*) hat am Rabenschnabelbein (*Processus coracoideus*) seinen Ansatz. Der Processus ist der vordere Teil des Schulterblatts. Der kleine Brustmuskel ist mit dafür verantwortlich, wenn der Reiter im Schultergürtel zusammensackt und ein Rundrücken entsteht. Das Schulterblatt wird nach vorne gezogen. Die schulterblattstabilisierenden Muskeln sind zu schwach, um dies zu verhindern. Der kleine Brustmuskel muss gedehnt und gleichzeitig die schulterblattstabilisierende Muskulatur trainiert werden. Diese liegt unter dem Schulterblatt und fixiert es am Brustkorb (*M. serratus anterior*). Beim Pferd ist dieser Muskel ein wichtiger Haltemuskel für den gesamten Rumpftrageapparat.

Grundlagen zum Dehnen

Was ist überhaupt eine Dehnung? Dehnungen machen die Muskulatur flexibler und geschmeidig. Sie lockern und entspannen, beugen Verletzungen vor und ökonomisieren Bewegungsabläufe. Auch können sie eventuell vorhandene Schmerzen häufig reduzieren. Dehnungen helfen der Muskulatur, deren Kraft besser zu entfalten. Wichtig ist auch, dass ein Gelenk seinen gesamten Bewegungsweg ausführen kann, ohne dass es von der Muskulatur blockiert wird (ROM, **R**ange **o**f **M**otion, Bewegungsweg). Jeder Reiter sollte für sich herausfinden und entscheiden, ob und welche Dehnungen dem eigenen Körper angenehm sind und helfen. Yoga beispielsweise ist eine Form von Bewegungstherapie, die aus vielen verschiedenen Dehnungen besteht. Menschen, die regelmäßig Yoga machen, haben nachweislich weniger körperliche Beschwerden im Bewegungs- und Organsystem und suchen weniger häufig einen Physiotherapeuten oder Osteopathen auf. Wenn ein Muskel verkürzt ist, kommt man um das Dehnen nicht herum, zum Ausgleich muss zusätzlich der Gegenspieler trainiert und gekräftigt werden. Der Gegenspieler wird auch Antagonist genannt und sorgt bei Bewegungen für einen Gegenhalt und/oder kehrt eine Bewegung wieder um. Agonist und Antagonist sind meistens paarweise auf den gegenüberliegenden Seiten eines Gelenks angeordnet. Nur im Zusammenspiel können harmonische Bewegungen entstehen. Dies ist beim Pferd ebenso wie beim Menschen. Wenn ein Mensch zum Beispiel im Arm eine Beugespastik hat, sind die Gegenspieler viel zu schwach, um den Arm wieder in eine physiologische Position zu bewegen.

Es gibt zwei Arten von Dehnungen, statische und dynamische Dehnungen. **Statisches Dehnen** bedeutet, die Dehnposition langsam einzunehmen, bis eine Dehnung zu erspüren ist, sie zu halten (mindestens 30 bis 60 Sekunden) und langsam wieder zu lösen. Die Dehnung soll *keinen* Schmerzreiz auslösen! **Dynamische Dehnungen** werden wie statische Dehnungen begonnen und auch beendet. In der Dehnung angekommen geht man den Bewegungsweg minimal zurück, bis der Reiz nicht mehr

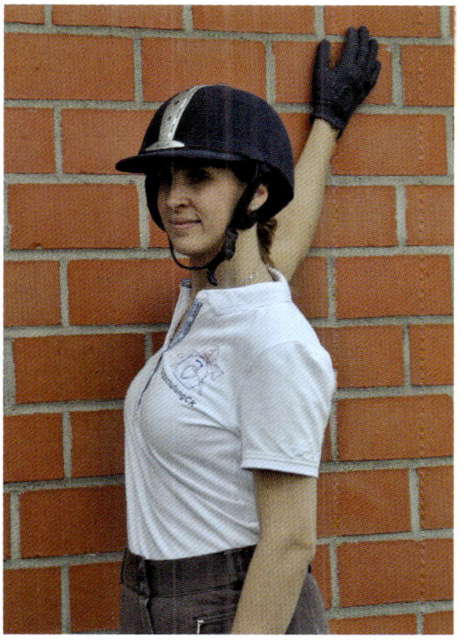

Dehnung Brustmuskel

zu spüren ist, und wieder direkt in die Dehnung hinein. Der Bewegungsablauf wird mehrfach wiederholt. Ruckartige Bewegungen sollten unbedingt vermieden werden, *nicht federn*! Sonst können Verletzungen hervorgerufen werden.

Wann wird welche Dehnung genutzt? Ich empfehle, verkürzte Muskulatur statisch zu dehnen, damit sie lernt, wieder mehr Länge freizugeben und eine physiologische Bewegung ohne Ausweichbewegungen zuzulassen. Muskulatur, die verspannt ist, benötigt hingegen eine verbesserte Durchblutung. Häufig setzen sich in einem Muskel sogenannte Schlackestoffe ab, die Verspannungen auslösen können. Der Muskel kann nicht mehr mit frischem Blut, ausreichend Sauerstoff und Nährstoffen versorgt werden, weil die Schlacke den Muskel »verstopft«. Hier bietet es sich an, dynamisch zu dehnen, damit die Schlacke durch eine Mehrdurchblutung abtransportiert werden kann.

Muskulatur, die verkürzt ist und sich wieder frei bewegen können soll, wird statisch gedehnt. Wenn ein Muskel verspannt ist und/oder durchblutet werden soll, wird dynamisch gedehnt.

Statische Dehnungen sollten mindestens 30 bis 60 Sekunden gehalten werden, bis der Dehnreiz milder wird und nachlässt. Dies soll am Tag mehrfach wiederholt werden, **jeweils zwischen 3 und 5 Wiederholungen hintereinander** (kann eigenständig nach Bedarf angepasst werden). Bei der dynamischen Form sind mehrere Dehnungen über den Tag verteilt angebracht, **mindestens 20 bis 30 dynamische Wiederholungen** (auch hier nach Bedarf eigenständig anpassen). Die Dehnung soll im Verlauf des Muskels/des Muskelbauchs zu spüren sein. Diese Angaben gelten für alle im Folgenden genannten zu dehnenden Muskeln.

Zurück zum kleinen Brustmuskel! Wird er gedehnt (s. Foto), dreht sich der Körper vom Arm weg. Über Veränderung der Armhöhe kann der große Brustmuskel in seinen verschiedenen Anteilen mitgedehnt werden. Ein Kribbeln im Arm oder in den

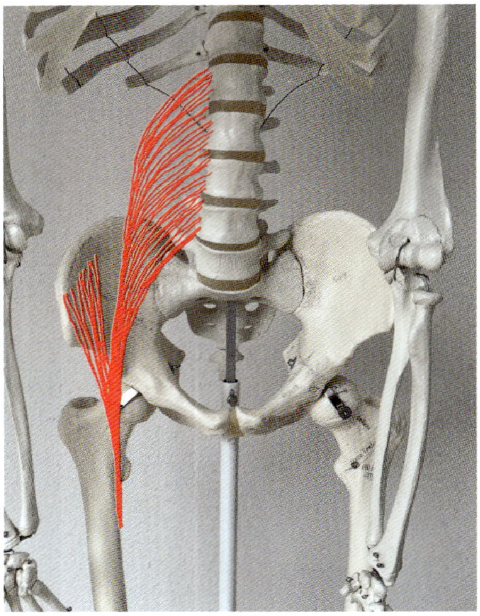

Anatomie Haupthüftbeuger

Fingern soll vermieden und nicht weiter provoziert werden (Dehnstärke und Oberkörperdrehung variieren). Während der Dehnung ist darauf zu achten, dass der Blick geradeaus gerichtet ist.

Ein weiterer Muskel, der sich häufig verkürzt, ist der **Haupthüftbeuger** (*M. Iliopsoas*). Dieser besteht aus dem *M. psoas major* und dem *M. iliacus*. Er beeinflusst die Beckenposition. Ist er verkürzt, kann der Reiter sich nicht aufrecht hinstellen und auch nicht aufrecht im Sattel sitzen. Häufig haben Springreiter dieses Problem, da sie stets mit kurzen Bügeln reiten. Die Reiter, die eine Bürotätigkeit ausüben, sind im Arbeitsalltag besonders gefährdet, dass sich die tiefen Hüftbeuger durch langes Sitzen verkürzen.

Die **Dehnung des Haupthüftbeugers** beginnt im Zweibeinkniestand. Auf der Seite, auf der die Dehnung erfolgen soll, bleibt das Knie stehen. Das andere Bein wird nach vorne aufgestellt. Der Winkel im Knie darf während der Dehnung weniger als 90° betragen. Das Gewicht wird so weit auf den vorderen Fuß verschoben, bis eine Dehnung in der Leistenregion bzw. im oberen Oberschenkel zu spüren ist. Einige Menschen bemerken auch ein leichtes Ziehen tiefliegend in der äußeren unteren Bauchregion. Den tiefen Hüftbeuger empfehle ich bei einer vorliegenden Verkürzung statisch zu dehnen. Dynamisch wird er gedehnt, wenn er verspannt. Der Hüftbeuger ist dann verkürzt, wenn man im Stand nicht in der Lage ist, sein Becken aktiv durch Muskelkraft aufzurichten. Die Folge ist, dass der untere Teil des Rückens in einen Rundrücken gezogen wird. Aber Achtung: Es ist ebenso wichtig, sich die Gegenspieler anzuschauen, die Gesäßmuskulatur. Diese kann im Gegenzug auch zu schwach sein, das Becken (von hinten gesehen) mit aufzurichten. In den meisten Fällen liegt jedoch lediglich ein hypertoner/verspannter Muskel vor, kein verkürzter. Bitte während der Dehnung auf die Position des Oberkörpers achten: Um die Dehnung zu intensivieren, kann er weiter nach hinten genommen, der hängende Arm der nicht zu dehnenden Seite vermehrt Richtung Boden geschoben werden. Zusätzlich kann der Oberkörper sich seitlich von der zu dehnenden Seite weg neigen. Der Kopf wird getragen, der Blick geradeaus gerichtet.

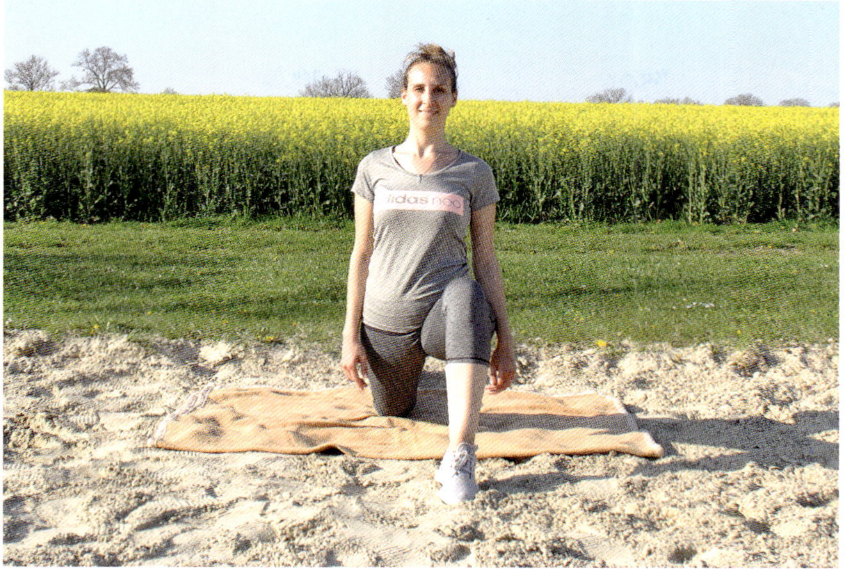

Dehnung des Haupthüftbeugers

Wenn die Hüftbeuger verkürzt sind (selten ist nur eine Seite betroffen), sackt der Reiter in sich zusammen (typische Sitzposition eines Springreiters, der »Kartoffelsack«). Er sitzt hierbei nicht auf seinen Sitzbeinhöckern, sondern auf seinem Steißbein. Häufig kann man beobachten, dass das Pferd den Reiter dann mit seiner Beckenposition spiegelt. Der Reiter sitzt nicht mehr im Schwerpunkt und kann deshalb Gewichts- und Schenkelhilfen nicht korrekt ausführen. Dies versucht er über vermehrten Einsatz der Zügel zu kompensieren. Das Pferd reagiert darauf entsprechend: Es wölbt den Rücken nicht auf, die Hinterhand ist nicht in der Lage, vermehrt Last aufzunehmen und unter den eigenen Körperschwerpunkt zu fußen. Das Pferd verlagert sein Gewicht auf die Vorhand, kann sich häufig nicht selbst tragen und weder sich noch den Reiter ausbalancieren. Nur wenn der Reiter die aufrechte Beckenposition vorgibt, kann er sein Pferd an alle gegebenen Hilfen bekommen und diese auch wirksam einsetzen.

Auch die gegenteilige Beckenposition, das Hohlkreuz, ist nicht korrekt und erlaubt dem Reiter ebenso wenig Einwirkung auf sein Pferd. Weder die Sitzbeinhöcker noch das Kreuzbein werden belastet, der Reiter sitzt auf seinem Schambein. Dies kann im Kontakt mit dem Sattel schmerzhafte Reizungen entstehen lassen. Die **richtige Beckenposition** findet man am besten, indem man die Hände unter das Gesäß legt und in die verschiedenen Beckenpositionen bewegt. An der Stelle, an der die Hände den meisten Druck von den Sitzbeinhöckern bekommen, ist das Becken aufgerichtet. Eine weitere Möglichkeit ist es, zwischen Rundrücken und

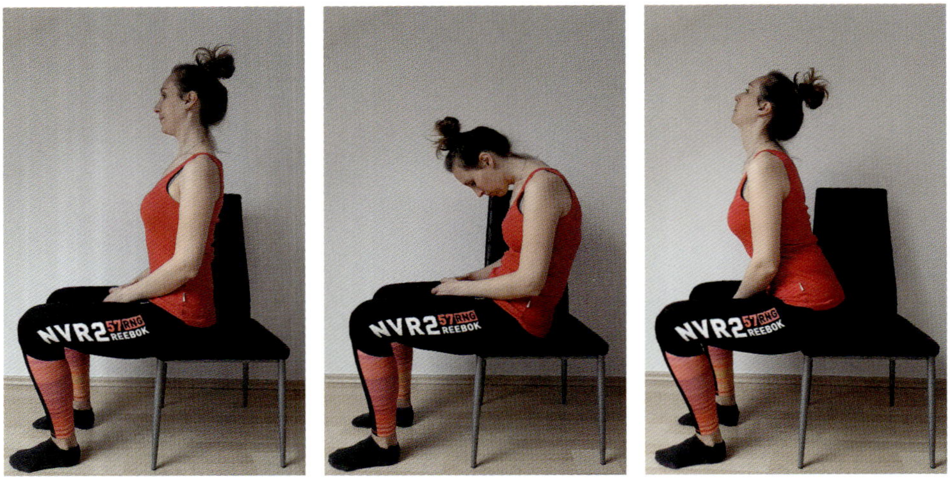

Beckenpositionen auf dem Stuhl: 1. aufgerichtetes Becken, 2. rückwärts gekipptes Becken (Stuhlsitz), 3. vorwärts gekipptes Becken (Spaltsitz)

Hohlkreuz im Sitzen auf der vorderen Stuhlkante hin- und herzubewegen. Dabei kommt in der Aufrichtung des Beckens der Punkt, an dem man seine beiden Sitzbeinhöcker am deutlichsten spürt. Diese Position benötigt der Reiter im Sattel: Die Gewichtshilfen werden über die Sitzbeinhöcker eingeleitet, nicht über das Steißbein!

Dehnung großer Muskelgruppen

Zum Erhalt der allgemeinen Beweglichkeit ist es sinnvoll, alle Muskeln geschmeidig zu halten. Das bedeutet, die großen Muskelgruppen zu dehnen. Nur wenn die Muskeln großer Gelenke geschmeidig sind, lassen sie das Federn der Gelenke zu. Nur dann können der Reiter und auch sein Pferd durch den Körper schwingen. Wenn der Körper eine Bewegung jedoch nicht weiterleitet, sondern ein plötzlicher Stopp im Gewebe entsteht, kann der Schwung des Pferdes nicht abgefangen werden. Befindet sich das Pferd in einer Gangart mit Schwebephase (Trab oder Galopp), fehlt dem Reiter die Möglichkeit, die Bewegung zuzulassen, und das Gesamtbild wirkt hölzern, steif und nicht mehr harmonisch. Das Pferd wird dadurch in seiner Bewegungsausführung ausgebremst und kann an Ausdruck verlieren.

Zu den großen Muskelgruppen zählen die **vordere und hintere Oberschenkelmuskulatur**. Diese leitet die federnde Bewegung aus der Wirbelsäule, dem Becken und Hüftgelenk weiter über das Knie in das Sprunggelenk. Wenn diese Kette physiologisch weiterläuft, bekommt der Reiter den tiefen, federnden Absatz. Bei der **Dehnung der vorderen Oberschenkelmuskulatur** ist darauf zu achten, dass der Oberkörper gerade aufgerichtet bleibt, der Blick ist nach vorne gerichtet. Der Reiter darf keinen »Entenpo« machen. Das gebeugte Knie bleibt am anderen angelehnt. Die Dehnung soll im Verlauf des vorderen Oberschenkels zu spüren sein. Um die Dehnung zu verstärken, kann der Oberkörper leicht nach hinten geneigt werden, die Leiste wird gestreckt. Wem es im Stand schwerfällt, der kann die Dehnung auch in Bauchlage durchführen.

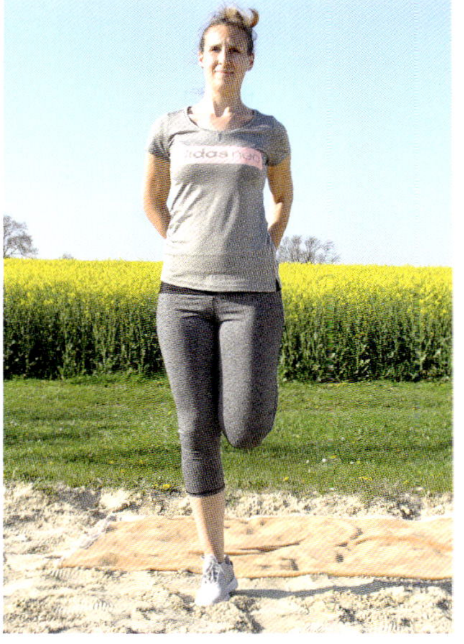

Dehnung vorderer Oberschenkel

Die **Dehnung der hinteren Oberschenkelmuskulatur** ist ebenso wichtig. Diese gehört mit zur treibenden Muskulatur. Wenn sie verspannt oder verkürzt ist, kann sie nicht optimal arbeiten und Leistung bringen. Darunter leiden sowohl die Gewichts- wie auch die Schenkelhilfen. Als Kompensation einer zu schwachen, aber auch verspannten oder verkürzten hinteren Oberschenkelmuskulatur sieht man häufig ein klemmendes Knie. Der Reiter versucht so, das eigentliche Problem auszugleichen. Die Dehnung soll im Verlauf des hinteren Oberschenkels zu spüren sein. Verstärkt werden kann die Dehnung über mehr Beugung im Oberkörper oder über das Hochlegen der Ferse (z. B. auf den Putzkoffer).

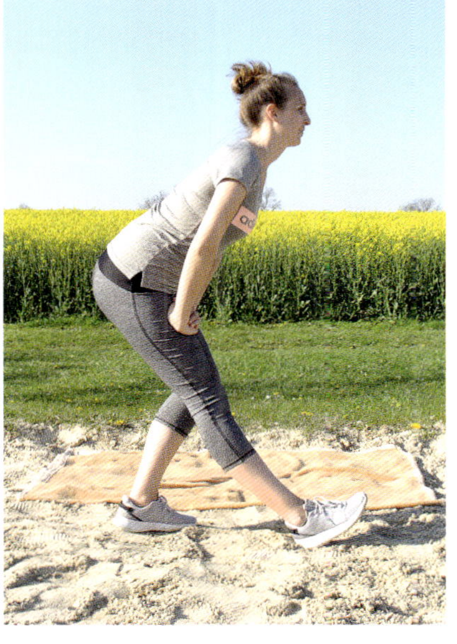

Dehnung hinterer Oberschenkel

Auch die **Dehnung der inneren Oberschenkelmuskulatur** ist für den Reiter unabdingbar. Viele Reiter pressen ihre Knie regelrecht an das Sattelblatt heran, wodurch diese Muskelgruppe stetig unter Stress gesetzt ist. Die Funktion der inneren

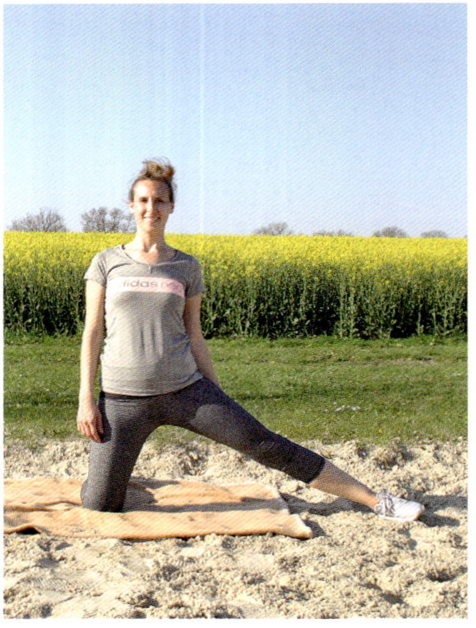

Dehnung innerer Oberschenkel

Oberschenkelmuskulatur ist eine Innenrotation im Hüftgelenk. Um den Weg in die Außenrotation und Anspannung der tiefen Gesäßmuskeln freizugeben, muss diese Muskulatur locker und frei beweglich sein. Verspannte Muskulatur kann auch durchaus schmerzhaft sein. Die Dehnung soll an der Innenseite des Oberschenkels zu spüren sein. Um sie zu verstärken, kann die Hand weiter auf dem ausgestreckten Bein Richtung Fuß geschoben werden. Dabei entsteht ein bewusstes Einknicken im seitlichen Rumpf. Dies ist notwendig, um einen größeren Dehnreiz zu erzielen, und hat nichts mit dem »Einknicken in der Hüfte« auf dem Pferd, also dem Sitzfehler zu tun.

Eine weitere Muskelgruppe, die mehr gedehnt werden sollte, ist die **Gesäßmuskulatur**. Sie verläuft direkt hinter den Hüftgelenken nach außen zum sogenannten *Trochanter major* des Oberschenkels. Wenn der Reiter im Alltag überwiegend sitzt, wird sie regelrecht plattgesessen. In den meisten Fällen ist sie deshalb zu schwach und häufig verspannt. Die tiefe Gesäßmuskulatur ist dafür zuständig, das Hüftgelenk im Stand und im Gehen in der Standbeinphase zu sichern (s. »aktiver Stand«, die Erläuterung erfolgt im Kapitel Kraft). Ist sie geschwächt, sackt das Hüftgelenk bei jeder Standbeinphase in die passiven Strukturen. Der Bewegungsablauf ähnelt dem von Models auf dem Laufsteg – sie lassen sich aus ästhetischen Gründen absichtlich in die »passiven Strukturen« hinein-

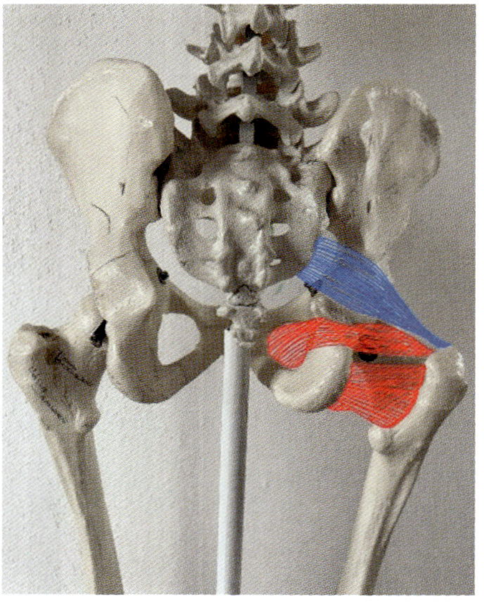

Tiefe Gesäßmuskulatur

sacken. Nur die Bänder und Gelenkkapsel können das Gelenk noch »halten« und stabilisieren. Dies bringt auf Dauer einen hohen Verschleiß mit sich. Im Sattel bekommen bei schwacher tiefer Gesäßmuskulatur schnell die innenliegenden Oberschenkelmuskeln die Oberhand. Da diese mit zu den stärkeren Muskeln gehören, die im Fall eines Angriffs zum Schutz des Körpers genutzt werden, verdreht sich das Hüftgelenk automatisch mehr in die Innenrotation. Die tiefen Gesäßmuskeln machen funktionell allerdings eine Außenrotation. Ab diesem Moment wird die Weiterleitung der Spannung in der Kette der rückwärtigen treibenden Muskulatur nahezu vollständig außer Kraft gesetzt. Zu dieser Kette zählen die Waden-, hintere Oberschenkel- und tiefe Gesäßmuskulatur. Die Spannung im Gesäß kann nicht weiter über den Rumpf bis in den Schultergürtel geleitet werden. Wiederum kompensiert der Reiter dies über ein klemmendes Knie. Weitere Sitzfehler schleichen sich ausgehend von diesem Problem ein. Die Gesäßmuskulatur sollte außerdem gedehnt werden, weil der Ischiasnerv unter der tiefen Gesäßmuskulatur verläuft. Sitzt man zu viel und wird der Druck für das Gesäß zu hoch, kann die verspannte Muskulatur auf den Nerv drücken und ihn reizen. Ausstrahlungen in das Bein können die Folge sein. Diese äußern sich durch Parästhesien, kleine Stromschläge oder sogar Taubheitsgefühl. Gedehnt wird der Muskel in Rückenlage.

Zur **Dehnung der Gesäßmuskulatur** wird der Fuß über das gegenüberliegende Knie gelegt. Diese Position kann schon eine Dehnung hervorrufen (ist das der Fall, dort die Dehnung halten). Die Hände umgreifen den Oberschenkel des aufgestellten Beins. Der Oberschenkel wird nun auf den Bauch gezogen, bis im Gesäß ein

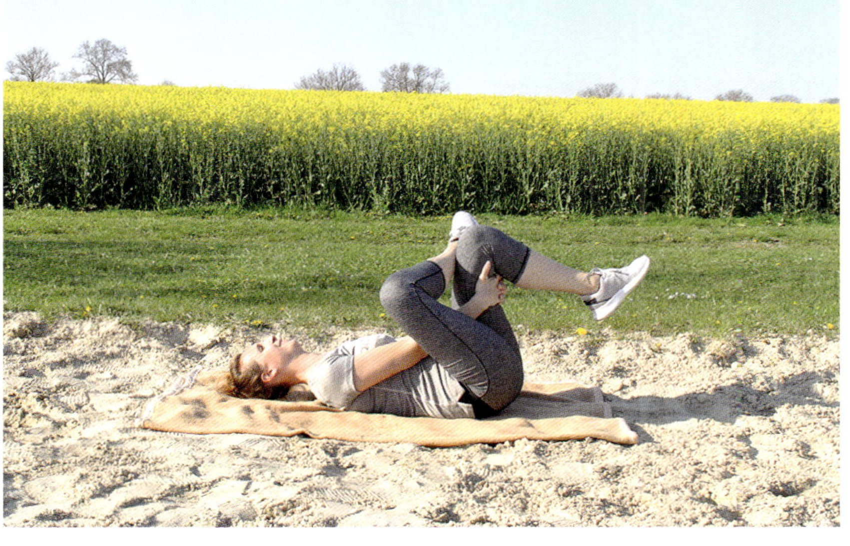

Dehnung Gesäßmuskulatur

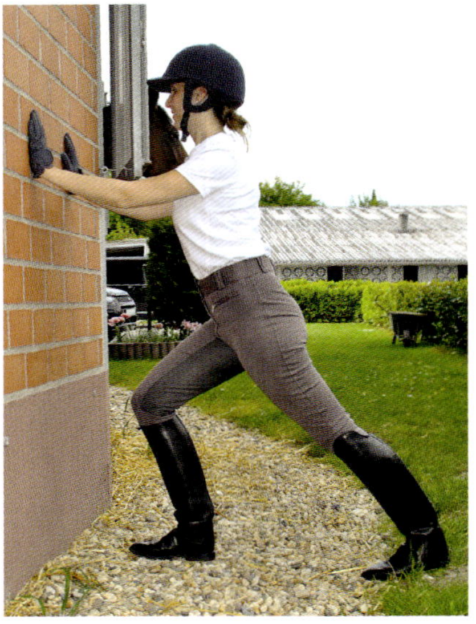

Dehnung Wadenmuskulatur

Dehnreiz zu spüren ist. Oberkörper und Kopf bleiben auf dem Boden liegen. Diesen Muskel empfehle ich dynamisch zu dehnen, da er nicht zu Verkürzungen neigt, sondern zu Verspannungen.

Die **Wadenmuskulatur** wird von Reitern ebenfalls zu selten gedehnt. Doch nur wenn die Achillessehne genügend in der Länge nachgibt und das obere Sprunggelenk freies Bewegungsausmaß hat, kann beim Reiter der Absatz zum Federn kommen. Ein gleichmäßiges An- und Entspannen der Wadenmuskulatur ist wichtig für das Treiben und den korrekten Einsatz der Schenkelhilfe. Die Wade soll geschmeidig am Pferdebauch anliegen und das Treiben unterstützen. Zu beachten ist, dass die Ferse beim Dehnen den Kontakt zum Boden behält. Die Dehnung soll im Muskelbauch, *nicht* in der Kniekehle zu spüren sein.

Die am meisten spürbar verspannte Muskulatur ist die des **Schultergürtels** und der **Halswirbelsäule**. Reiter, die viel am Schreibtisch vor dem Computer sitzen, sind häufig betroffen. Büroplätze sind oft noch immer nicht ergonomisch eingerichtet. Sobald der Bildschirm zu niedrig eingestellt ist, muss der Kopf permanent gehalten werden. Diese Aufgabe übernimmt die Muskulatur der Halswirbelsäule und des Schultergürtels. Der Kopf eines ausgewachsenen Menschen wiegt zwischen fünf bis sechs Kilogramm. Wenn die Muskulatur dieses Gewicht täglich mehrere Stunden über Jahre hinweg ausgleichen soll, führt dies zu starken Verspannungen und Schmerzzuständen. Das gleiche Prinzip gilt natürlich auch für die Dauerbenutzung eines Handys und wird beim Reiten fortgeführt, wenn der

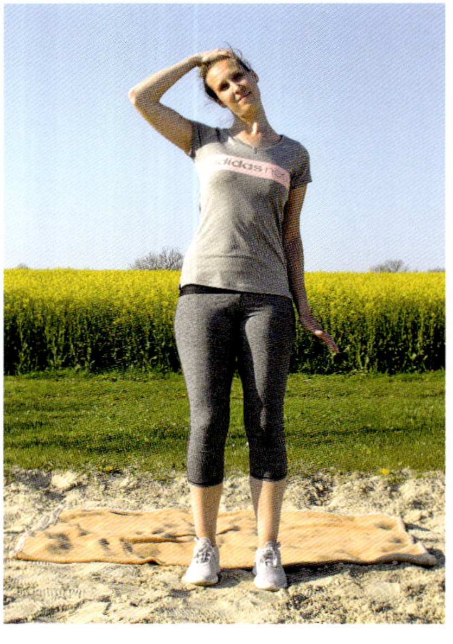

Dehnung Schulter-/ Nackenmuskulatur

Blick permanent auf den Pferdehals gerichtet ist. Die Dehnung der Schultergürtel- und Nackenmuskulatur kann im Stand wie auch im Sitz durchgeführt werden. Es ist beim Dehnen aber eine gewisse Vorsicht geboten: Die Hand soll nicht am Kopf reißen! Sie soll lediglich den Zug sanft unterstützen. Der frei hängende Arm kann in Richtung Boden geschoben werden. Der Blick bleibt geradeaus gerichtet. Die Dehnung soll im Verlauf vom Ohr bis zur Schulter zu spüren sein.

Die **Banane** eignet sich hervorragend zur **Aufdehnung der seitlichen Rumpfmuskulatur**, die für Reiter enorm wichtig ist. Darauf werde ich beim Thema Kraft spezifisch eingehen. Auch dem Brustkorb tut diese Dehnung gut, vor allem den vielen kleinen Zwischenrippenmuskeln. So wird der Lunge ein guter Gasaustausch und dem Zwerchfell (Hauptatemmuskel) eine physiologisch vorteilhafte An- und Entspannung ermöglicht.

Ausgangsstellung ist die Rückenlage. Die Füße und Beine beginnen so weit zu einer Seite zu krabbeln, bis das Gesäß abzuheben droht. Daraufhin folgen die Arme und der Oberkörper in die gleiche Richtung. Beide Schulterblätter/der Schultergürtel bleiben im Kontakt zum Boden und heben sich nicht ab. Der Kopf folgt der Richtung der Arme. Die Position sollte zu beiden Seiten 2 bis 5 Minuten gehalten werden. Während der Dehnung kann immer wieder versucht werden, ob sich Arme und Beine ein kleines Stück weiterbewegen lassen. Um zusätzlich eine Entspannung im Bereich des Zwerchfells zu erreichen, empfehle ich die Bauchatmung. Beim Einatmen wird der Bauch groß wie ein Luftballon. Auch die gleichmäßige Atmung in Richtung der

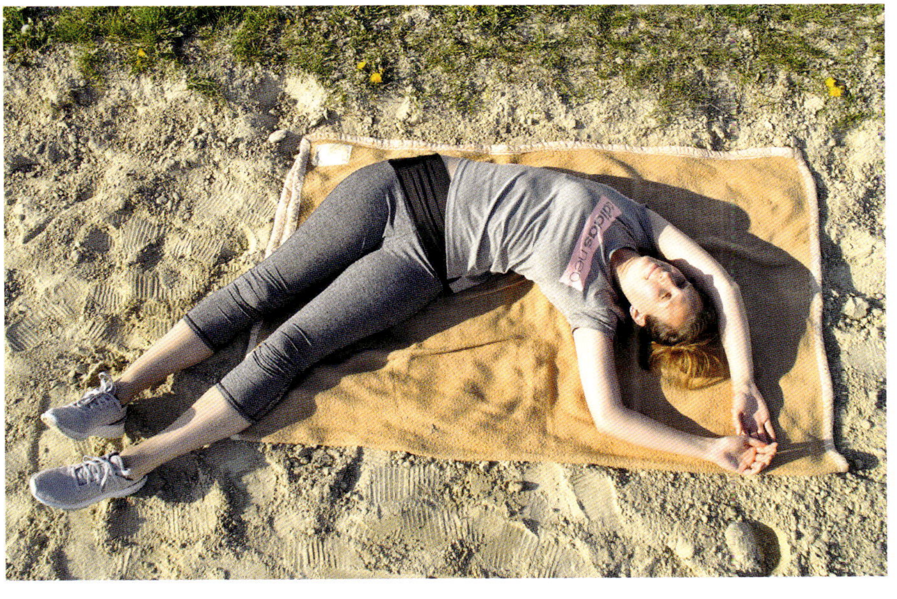

Banane

unteren freien Rippen der aufgedehnten Seite ist zu befürworten, dies bewirkt eine rhythmische Eigenmobilisation des Zwerchfells und der Rippen.

Die Position wird zum Beenden sehr langsam aufgelöst, am besten mit geschlossenen Augen. Wenn man das Gefühl hat, gerade zu liegen, werden die Augen geöffnet und die eigene Lage überprüft. Meistens wird man von seiner Wahrnehmung stark getäuscht und liegt nicht ganz gerade. Dieses Phänomen hat etwas mit der persönlichen Tiefenwahrnehmung zu tun. Ist diese gemindert ausgeprägt, denkt man, man liegt gerade, tut es aber nicht.

Beweglichkeit für die Wirbelsäule

Die Wirbelsäule ist die Stütze des menschlichen Körpers. Sie besteht aus 33 (teilweise auch 34) Wirbeln und ist unterteilt in Halswirbelsäule, Brustwirbelsäule, Lendenwirbelsäule, Kreuzbein und Steißbein. Beugung/Streckung, Seitneigung und Rotation sind die Bewegungen der Wirbelsäule. Sie lebt von Bewegung. Bewegt sie sich zu wenig, treten über kurz oder lang Beschwerden auf, die einen Gang zum Arzt unvermeidlich machen.

Die Wirbelsäule dient dem Körper als Stoßdämpfer und schützt das Rückenmark. Dies wird ihr durch die doppelte S-förmige Krümmung und die Bandscheiben als Puffer ermöglicht. Auch das vegetative Nervensystem hat seinen Sitz in der Wirbelsäule. Das vegetative Nervensystem können wir nicht willentlich beeinflussen. Es steuert zum Beispiel das Empfinden für Hunger oder Durst, den Schlafrhythmus und den Wärmehaushalt. Dies ist ein wichtiger Punkt, den Reiter sich zum Vorteil machen können: Alle Mobilisationsübungen der Wirbelsäule können auch zur Aufwärmung genutzt werden. Der Reiter kann so zwei Fliegen mit einer Klappe schlagen.

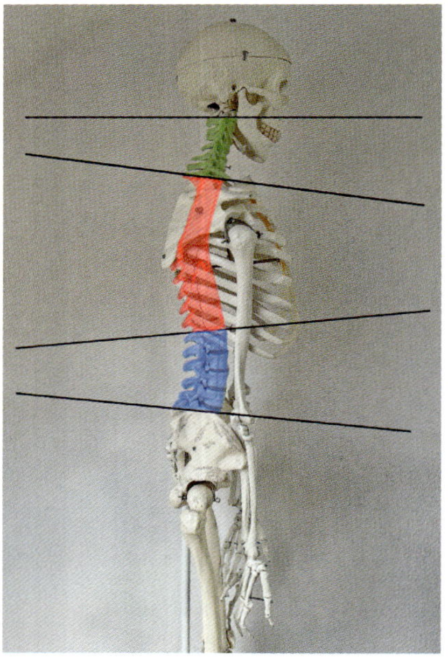

Wirbelsäulenanatomie, grün: Halswirbelsäule, rot: Brustwirbelsäule, blau: Lendenwirbelsäule

An der Wirbelsäulenbeweglichkeit können wir ab dem frühen jugendlichen Alter nicht mehr viel verändern. Man kann aber durch die Mobilisation die passiven Strukturen (Sehnen, Bänder, Gelenkkap-

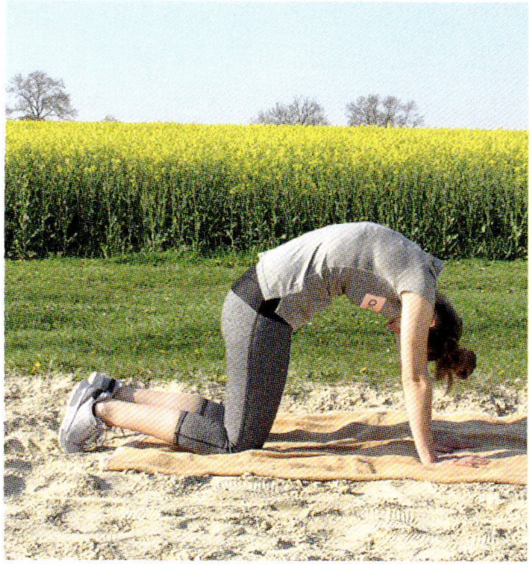

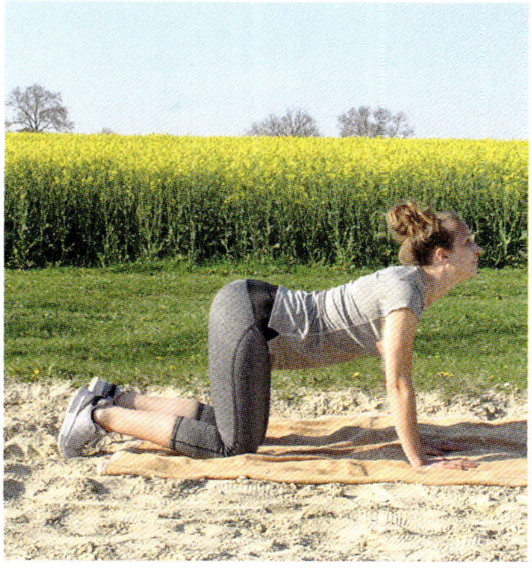

Links: Katze
Rechts: Kuh

seln, Faszien) die Muskulatur und das vegetative Nervensystem anregen. Diese Systeme helfen dem Reiter, dass der Körper »wacher« wird. Die Übung **Katze-Kuh** dient dazu, die **Beugung und Streckung der Wirbelsäule** zu mobilisieren. Sie beginnt im Vierfüßlerstand. Alle Gelenke der unteren und oberen Extremitäten stehen gerade untereinander. Jede Bewegungsrichtung wird mindestens 60-mal wiederholt, langsames Tempo. Das klingt zunächst viel, die Wiederholungen können sich aber durchaus über einen Tag hinweg verteilen und lassen sich auch in den Büroalltag einbauen. Die Hände werden auf den Schreibtisch gestützt und der Rücken auf- und abgewölbt. Wichtig zu beachten ist, dass der Kopf immer in die Bewegungsrichtung mitgenommen wird. Diese Übung zählt ebenso mit zu den Faszienübungen.

Nicht nur die Beugung und Streckung der Wirbelsäule ist wichtig, sondern auch die **Rotation**, die Drehbewegung – für das Reiten von Wendungen wie Volten oder

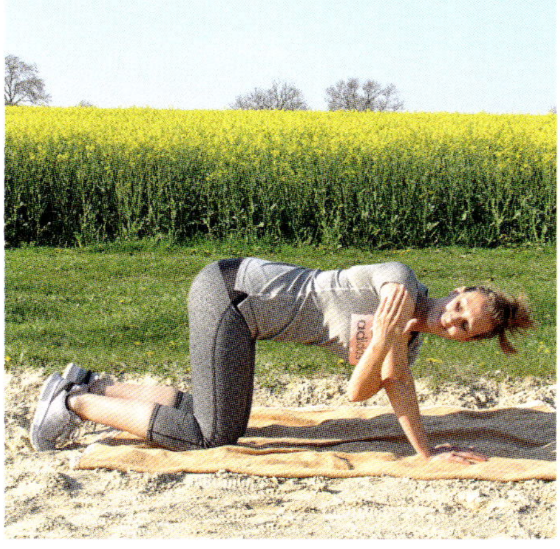

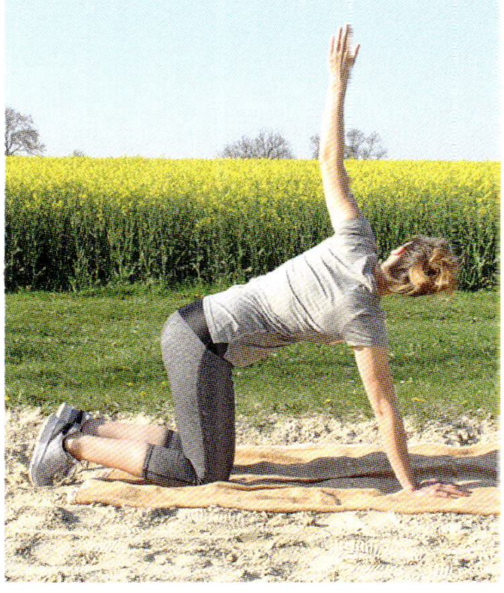

Rotation der Wirbelsäule aus dem Vierfüßlerstand

Schlangenlinien, aber auch für Seitengänge wie die Traversale. Mit dem Blick beginnt bei jeder Wendung die Bewegung, die über die Wirbelsäule bis in das Becken geleitet wird. Dadurch verändert sich der Druck auf die Sitzbeinhöcker, woraus dann ein Teil der Gewichtshilfe entsteht. Um die Rotation zu verbessern, wird wieder die Ausgangsstellung Vierfüßlerstand gewählt. Die Hand wird mit dem Blick verfolgt, der Kopf dreht sich mit in die Bewegung hinein. Jede Bewegung wird pro Seite mindestens 60-mal wiederholt, ruhiges Tempo. Diese Mobilisationsübung sollte ebenso wie die Übung Katze-Kuh über den Tag verteilt immer wieder gemacht werden.

Auch die **Verdrehung der Wirbelsäule** ist eine nützliche Übung für Reiter. Alle Wirbelsäulenabschnitte drehen sich gegeneinander ein, bis ein knöchern gegebener Stopp eintritt. Dies mobilisiert und lockert alle passiven (Kapsel-Band-Apparat) wie auch aktiven Strukturen (Muskulatur) und regt wiederum das vegetative Nervensystem an. Die Übung beginnt in Rückenlage, ein Bein ist angestellt, das andere ausgestreckt. Die Arme bilden ein V. Das angestellte Bein wird über das liegende gelegt, sodass in der Hüfte und dem Kniegelenk ca. 90° Beugung sind. Ziel ist es, dass das obere Knie auf dem Boden liegt, wie auch beide Schultern. Ich empfehle, diese Position 1 bis 2 Minuten einzunehmen, außerdem einen Seitenwechsel. Diese Übung kann ein wenig abgewandelt werden. Der Arm auf der Seite des lang ausgestreckten Beins kann zwischen diesem und dem Kopf langsam über den Boden bewegt werden, wie ein Scheibenwischer. Dies beeinflusst das Fasziensystem zusätzlich positiv.

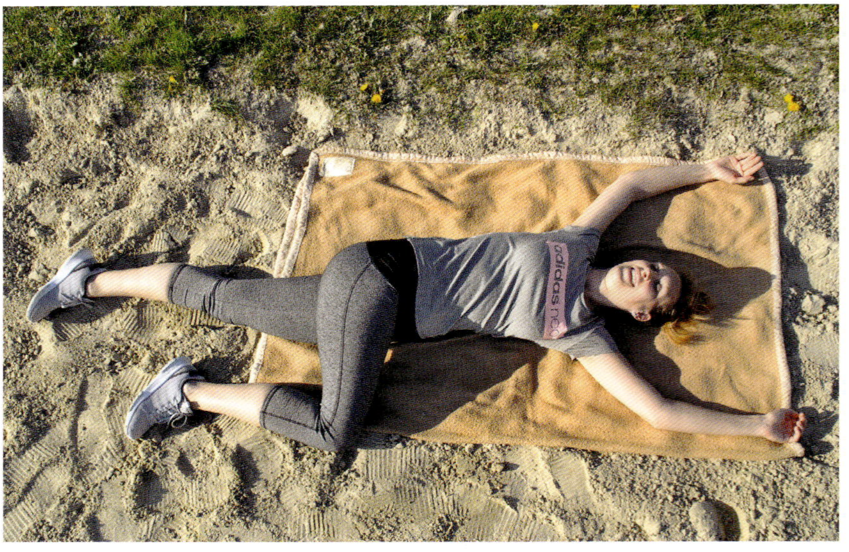

Drehdehnlagerung

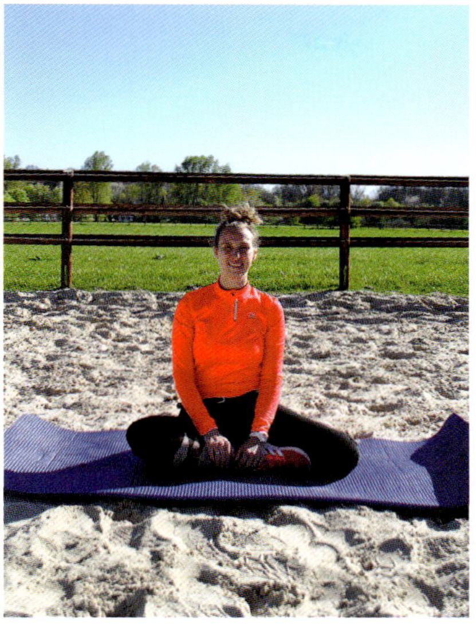

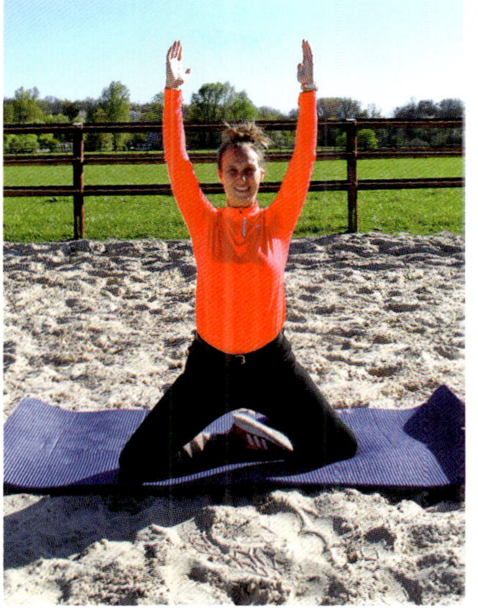

Links: Ausgangsstellung Stern

Rechts: Endstellung Stern

Eine weitere nützliche Übung ist der **Stern**: die **Mobilisation der Hüftgelenke** und des Beckens in Kombination. Dabei wird das Hüftgelenk sowohl in die Innen- als auch in die Außenrotation bewegt. Die Außenrotation im Hüftgelenk ist notwendig, damit die treibende Muskelkette physiologisch arbeiten kann und der Reiter somit seine Gewichts- und Schenkelhilfen einzusetzen vermag. Da die Hüftpfanne Teil des Beckens ist, findet zusätzlich eine Mobilisation im Becken statt. Die Übung hilft Reitern dabei, ihre Sitzbeinhöcker deutlicher zu spüren, ihr Becken dadurch aufzurichten und auch leichter mitzuschwingen.

Der Reiter setzt sich auf den Boden, beide Beine sind vor ihm angewinkelt aufgestellt. Ein Bein wird nach hinten angewinkelt gelegt, das andere Bein nach vorne vor den Körper. Die Arme sind gerade nach vorne auf Brusthöhe in den Raum gestreckt. Jetzt beginnt der Reiter die Bewegung des Leichttrabens. Dabei nimmt er die Arme mit nach oben zur Decke. Ziel ist es, den Rückweg zum Sitzen so zu gestalten, dass der Körper nicht »plumpsen« gelassen, sondern kontrolliert hingesetzt wird. Jede Seite sollte am Stück oder über den Tag verteilt 30- bis 40-mal wiederholt werden.

TIPP:

Der Stern kann auch genutzt werden, um das Leichttraben zu üben, vor allem das sanfte Einsitzen in den Sattel.

Mobilisation auf dem Pferd

Reiter können nicht nur auf der Matte etwas für sich tun, sondern auch am und auf dem Pferd. Die Einheiten am Boden sind dabei genauso wichtig wie die während des Trainings. Im Idealfall sollten vor dem Reiten eine kurze, knackige Aufwärmphase und Mobilisationsübungen absolviert werden. Ich empfehle jedem Reiter, sich mindestens 5 Minuten zusammen mit seinem Pferd warmzulaufen und währenddessen Übungen einzubauen, bevor er sich in den Sattel schwingt (s. Thema Aufwärmung). Auch dem Pferd kommt dies entgegen. Es hat Zeit, sich an Sattel und Gurt zu gewöhnen. Gerade dann, wenn es direkt aus der Box kommt, sollte es die Chance bekommen, sich auch einige Minuten ohne den Reiter bewegen zu dürfen.

Die erste Übung auf dem Pferd ist eine **Rotationsübung für die Brustwirbelsäule**. Man kann oben an der Halswirbelsäule arbeiten und erreicht auch unten an der Lendenwirbelsäule eine Anregung. Genauso gut ist dies andersherum möglich.

Der Reiter nimmt beide Hände in den Gebetsgriff und streckt die Arme vor sich auf Brusthöhe aus. Die Arme bleiben lang gestreckt, der Blick bleibt stetig auf dem obenliegenden Daumen. Dann dreht sich der Reiter nach rechts so weit, wie er kommt, dann nach links, immer im Wechsel. Wichtig zu beachten ist, dass man zum Ende der Bewegung langsamer wird, um konkret nachspüren zu können, wo der Stopp-Punkt eintritt. Merkt man sich den weitesten Drehpunkt der ersten Bewegungen, stellt man fest, dass man schon nach ein paar Rotationen deutlich weiter kommt: Wenn das umliegende Gewebe durch das Bewegen erwärmt wird, lässt es ein weiteres Bewegungsausmaß zu. Jede Seite sollte mindestens 60-mal wiederholt werden. Diese Übung kann man zu Beginn einer Reiteinheit machen, aber auch mittendrin, um sich zu lockern, wenn man merkt, dass man sich verkrampft. Allgemeine Rotationsübungen für die Wirbelsäulenbeweglichkeit helfen dem Reiter, sich in Wendungen besser in die Bewegung mit hineinzudrehen. Ist ein Reiter nicht beweglich genug, wird zum Beispiel eine Volte schnell ein Ei,

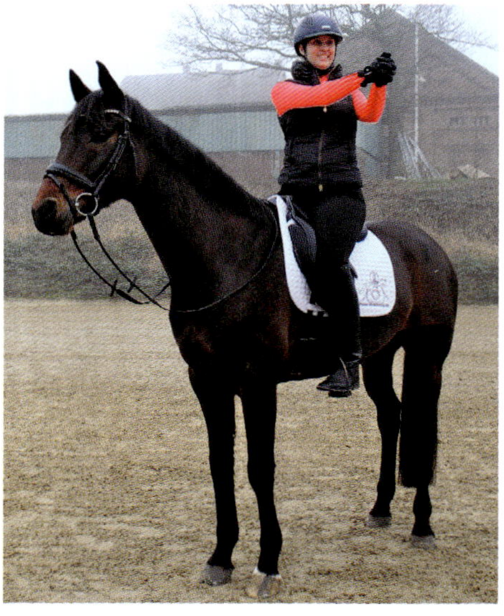

Rotation der Wirbelsäule auf dem Pferd

das Pferd läuft über die äußere Schulter weg, wird schief, verliert den Takt und noch vieles mehr. Dieses komplexe Zusammenspiel aus dem Wissen, wie der Körper funktioniert und reagiert, gepaart mit der korrekten Hilfengebung ermöglicht dem Reiter, sein Pferd so einzurahmen, dass aus beiden Lebewesen eine Einheit wird! Auch muss die Wirbelsäule im Trab und Galopp fähig sein, die entstehenden Bewegungen aufzufangen und zu stabilisieren. Dafür sollte sie frei beweglich sein und keine Blockaden aufweisen.

Diese Übung ist für die Reiter mit einer sitzenden Schreibtischtätigkeit auch einfach zwischendurch im Büro umzusetzen – mit wenig Zeitverlust, dafür sehr effektiv.

TIPP:

Je mehr der Reiter Übungen zwischendurch in den Alltag integriert, desto geschmeidiger und losgelassener wird er sich im Sattel bewegen können.

Die nächste Übung lässt sich vielfältig einsetzen und regt die gesamte Wirbelsäule an. Man kann sie wie die vorherige Übung zu Beginn einer Reiteinheit einbauen oder auch zwischendurch zum Lockern. Auf dem Bürostuhl ist sie ebenfalls eine gelungene Abwechslung. Der Reiter fasst die Hände wieder in den Gebetsgriff. Beide Hände starten an einem Knie. Die Arme werden gestreckt Richtung gegenüberliegende Schulter in den freien Raum bewegt, neben das Ohr, langsames Tempo. Wiederholen sollte der Reiter jede Seite vor dem Reiten mindestens

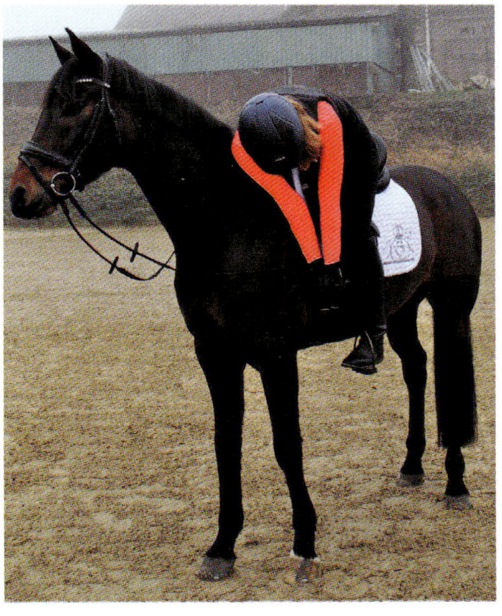

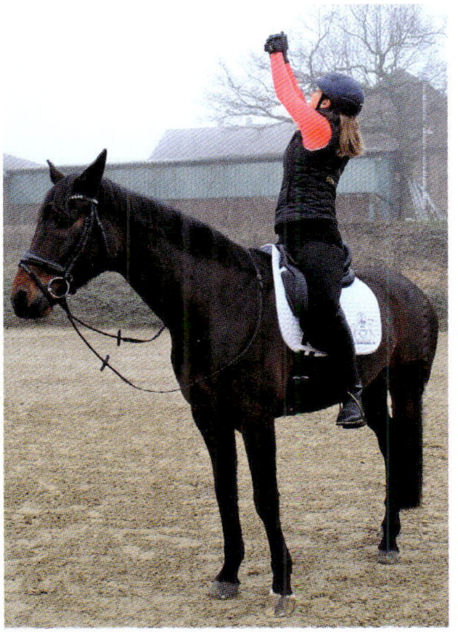

Mobilisation der Wirbelsäule in Anlehnung an PNF, Ausgangsstellung/Endposition

10-mal, über den Tag verteilt wieder mindestens 60-mal. Der Blick haftet während der gesamten Bewegung auf den Daumen. Dann wird die Seite gewechselt. Es sollte nicht tiefer als auf Höhe des Knies gestartet werden, da sonst der Sattel vom Reitergewicht verzogen werden kann und dies langfristig dem Pferd schaden würde.

Dieses Bewegungsmuster ist eins von vielen und angelehnt an das Training **PNF**. PNF steht für **p**ropriozeptive **n**euromuskuläre **F**azilitation. Hierbei wird nicht nur die Wirbelsäule mobilisiert, sondern auch Muskelketten können gekräftigt werden, was besonders effektiv ist (zur Kräftigung kann zum Beispiel eine Wasserflasche oder ein Theraband genutzt werden). Warum jeden einzelnen Muskel trainieren, wenn man auch viele gleichzeitig ansprechen kann. Das Training soll schließlich möglichst einfach gestaltet werden. Wenn es zur Kräftigung genutzt wird, stärkt es nicht nur die Rückenmuskulatur: Die Bewegung der Arme kann nicht unbegrenzt ausgeführt werden, da es einen natürlichen Stopp im Schultergelenk gibt. Diese muskuläre Anspannung wird dennoch weitergeleitet. Die Spannung verläuft von der Armmuskulatur über den Schultergürtel diagonal über den Rücken in das hintere gegenüberliegende Bein. Mit dieser Übung wird also *auch* der Rücken und die hintere Beinmuskulatur des diagonalen Beins trainiert. Es gibt noch viele weitere Bewegungsmuster, die über die Arme, die Beine, das Becken und den Schultergürtel eingeleitet werden können. Jede Muskelpartie im Körper kann über dieses Prinzip angesteuert und im Anschluss gekräftigt werden. Die Wirbelsäule wird dadurch immer maximal mit mobilisiert. Sogar für das Gesicht existieren Muster. Hat beispielsweise ein Schlaganfallpatient keine richtige Kontrolle über seinen Mundwinkel, so dass der Speichel herausläuft, kann man die gesunde Gesichtshälfte über gezielte Bewegungsmuster dazu nutzen, um die betroffene Seite wieder in eine Aktivität zu versetzen. Diese Therapiemethode wird häufig bei Menschen mit neurologischen Störungen genutzt. Auch in der Orthopädie findet sie ihren Einsatz: Haben Patienten nach Knieoperationen Schwierigkeiten, ihren vorderen Oberschenkel anzuspannen, nutze ich dieses Prinzip ebenso.

Es gibt immer wieder Situationen während einer Reiteinheit, in denen man an seine Grenzen stößt. Man wiederholt eine Lektion immer wieder, sie will aber irgendwie nicht richtig gelingen. Woran kann das liegen? Häufig ist der Grund, dass der Reiter sich selbst durch den aufkommenden Frust blockiert. Dafür sind **allgemeine Mobilisations- und Lockerungsübungen** hilfreich.

Die erste Mobilisationsübung ist die für die **Außenrotation des Hüftgelenks**. Das Hüftgelenk besteht aus dem Hüftkopf (Teil des Oberschenkels) und der Pfanne (Teil des Beckens). Da das Gelenk auch anteilig mit zum Becken gehört, beeinflussen wir dieses durch Bewegung im Hüftgelenk mit. Eine gute Beckenmobilität ist unter anderem zuständig für das Zulassen der Pferdebewegung beim Mitschwingen. Beide Füße werden ohne Steigbügel zeitgleich so weit wie möglich nach außen gedreht und wieder gelöst. Es sollten mindestens 20 Wiederholungen im langsamen Tempo erfolgen. Nach Beendigung der Übung die Füße einige Minuten aus den Steigbügeln nehmen und frei hängen lassen. Eine weitere Variante ist, die Spannung 10 Sekunden zu halten, und dies 10-mal. Beide Beine sollen die Übung zeitgleich machen. Dabei wird das Gesäß fest angespannt, der Oberkörper aufgerichtet, das Brustbein angehoben. Das Kinn formt ein leichtes Doppelkinn. Der Kopf wird nach oben Richtung Himmel rausgeschoben (das Kinn bleibt aber immer in der vorgegebenen Position). Dies aktiviert die positive Körperspannung für einen gestreckten aufrechten Sitz und macht alle Muskeln wach.

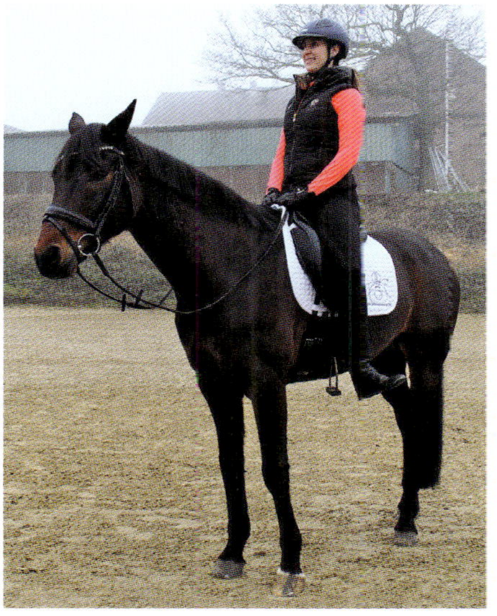

Außenrotation des Hüftgelenks auf dem Pferd

Der **Kamelreiterrennsitz** lockert ebenso den Hüft- und Beckenbereich. Dabei wird abwechselnd ein Knie Richtung Widerrist hochgezogen und wieder gelöst. Wichtig ist, dass der Oberschenkel mit dem Knie leicht nach innen Richtung Pferd gedreht wird. So entsteht eine maximale Innenrotation zur Mobilisation. Wer diese Übung im Schritt macht, schult gleichzeitig sein Gleichgewicht und seine Koordination. Zusätzlich mobilisiert die Pferdebewegung im Schritt die Beckenschaufeln. Der Schritt des Pferdes ist nämlich, genau wie das Gehen bei einem Menschen, kreuzkoordiniert. Das bedeutet, dass immer das linke Bein und der rechte Arm und umgekehrt zusammen bewegt werden. Deswegen eignet sich der Schritt auch so gut für therapeutisches Reiten. Eine Beckenschaufel rotiert leicht nach vorne, während

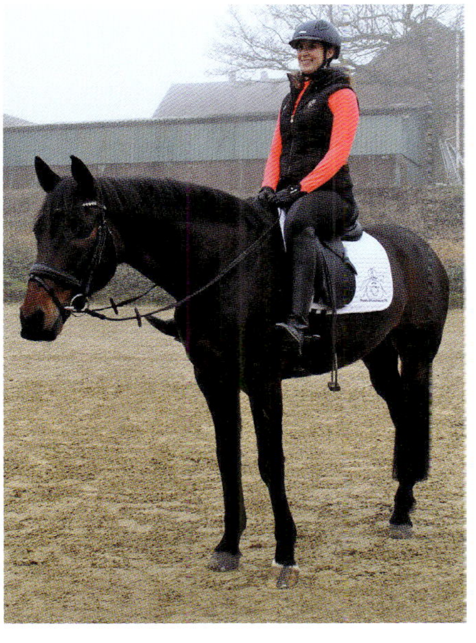

Der Kamelreiter

die andere nach hinten kommt. Dies nennen Therapeuten die Nutations- und Gegennutationsbewegung des Beckens. Jedes Bein soll 10-mal wiederholt werden. Zu empfehlen ist nach dieser Übung, wie auch nach der Übung für die Außenrotation, einige Minuten ohne Bügel Schritt zu reiten. Dabei werden die Beine locker hängen gelassen. Im Hüftgelenk entsteht dadurch eine zusätzliche Entlastung aller Strukturen. Durch das Beingewicht und die Schwerkraft zieht sich der Hüftkopf leicht aus der Pfanne. Wenn der Reiter die Bügel wieder aufnimmt, kommen sie ihm oft zu kurz vor. Die Steigbügellänge sollte dann neu angepasst werden.

Wir haben überall im Körper Rezeptoren, die aufnehmen, wo sich der Körper im Raum befindet. Es gibt Rezeptoren, die uns Informationen über den Hautkontakt geben, und welche, die für die **Tiefenwahrnehmung** zuständig sind, etwa im Fuß. Er bekommt einen Druck vom Steigbügel, der dem Gehirn eine Rückmeldung gibt. Der Fuß im Bügel ist neben dem Becken im Sattel die druckintensivste Kontaktstelle zum Pferd: Da der Steigbügel eine deutlich kleinere Auflagefläche als der Sattel hat, ist der Druck im Fuß automatisch höher als der des Beckens. Dies kann man anhand von High Heels verdeutlichen. Wenn man aus Versehen jemandem mit einem Pfennigabsatz auf den Fuß tritt, ist es schmerzhafter als mit einem Blockabsatz, bei dem sich der Druck besser verteilen kann. Der Körper nimmt Regionen deutlicher wahr, in denen höherer Druck vorhanden ist. Wenn die Bügel nach der Übung weggelassen werden und der Druck entfällt, muss das Becken die Aufgabe übernehmen, ankommende Informationen weiterzuleiten. Dies schult die Beckensensibilität im Unterbewusstsein und dadurch die Beckenbeweglichkeit. Deshalb ist es von Vorteil, beim Warmreiten zu Beginn die Füße zwischendurch aus den Bügeln herauszunehmen. Auch in Trainingspausen, wenn der Schritt nicht aktiv geübt wird, die Füße aus den Bügeln nehmen und einige Lockerungsübungen durchführen. Wenn die Füße einmal aus den Bügeln sind, können sie auch gleich noch etwas tun: große, langsame Kreise in beide Richtungen ziehen. Kreisende Bewegungen lockern das obere und untere Sprunggelenk. In jede Richtung sollte mindestens 20- bis 30-mal gekreist werden. Wichtig ist, die Bewegungen langsam auszuführen, damit das gesamte Bewegungsausmaß genutzt wird. Nur so kann der Schwung des Pferdes kompensiert werden und ein weicher Fluss in allen Gelenken und im ganzen Körper entstehen. Als Erfolgsindikator sieht man dann **den federnden, mitschwingenden Absatz**.

Es sollten jedoch nicht nur die Füße gekreist werden, sondern auch die Arme und die Schultern. Als Varianten können beide Arme gleichzeitig nach vorne und/oder nach hinten gekreist werden – wie die Füße auch in jede Richtung mindestens 20- bis 30-mal in großen, langsamen Bewegungen. Auch die entgegengesetzte Bewegung schult die Koordination. Die Schultergelenke des Reiters benötigen kein so großes Bewegungsausmaß wie bei einem Schwimmer oder Turner. Ihre Beweglichkeit unterstützt dennoch die Weiterleitung der muskulären Anspannung aus dem Rumpf in den Schultergürtel. Die Schultergelenke müssen maximal beweglich bleiben, da sonst die

Brustmuskulatur verkürzt und dies den Reiter in seiner aufrechten Haltung stark beeinflusst. Der Schultergürtel muss regelmäßig in alle seine Richtungen bewegt werden. Dies beinhaltet das Hochziehen der Schultern zu den Ohren und das Herunterdrücken (Gegenrichtung), das Zusammenschieben der Schultern nach vorne und das Zusammenziehen der Schulterblätter nach hinten. Zur Lockerung kann der Reiter gut zwei Richtungen kombinieren, zwischen denen er hin- und herbewegt, hoch und runter, vor und zurück. In jede Richtung sollte mindestens 10-mal bewegt werden.

Häufig unterschätzt: eine gute Kopfhaltung

Fehlt nur noch die Mobilisation der oberen Gelenke im Bereich des Kopfes. Was hat die Beweglichkeit der **Halswirbelsäule**, der **Kopfgelenke** und die der **Kiefergelenke** mit dem Reitersitz zu tun? Ich kann schon einmal so viel verraten: eine ganze Menge! Es gibt im menschlichen Körper viele Problematiken, die aufsteigend wie auch absteigend wirken. Was bedeutet das? Es gibt einige Sitzfehler, die im Becken entstehen und sich weiter nach oben hin in der Halswirbelsäule, im Kiefer oder in den Kopfgelenken äußern – oder aber auch weiter unten, mit klemmendem Knie oder gar klopfendem Unterschenkel. Die Mobilisation der Kopfgelenke kann dabei helfen, einige Sitzfehler zu verbessern.

Beispiel: Ein Reiter hat eine Okklusionsstörung (d. h. keinen physiologischen Zahnaufbiss). Die Ursache kann sein, dass ein Zahn fehlt, eine Schiefstellung vorliegt oder auch dass der Reiter mit den Zähnen knirscht. Verspannte Muskulatur kann den Kiefer ebenfalls so verziehen, dass ein korrekter Zahnaufbiss nicht möglich ist. Dies bezeichnet man als *craniomandibuläre Dysfunktion* (CMD, Cranio ist der Schädel, Mandibula der Unterkiefer, zusammen bilden sie das Kiefergelenk). Um dies auszugleichen, erhöht die Nackenmuskulatur ihre Spannung, was sich auf die Kiefermuskulatur überträgt und umgekehrt. Der Trigeminusnerv (dreiteiliger Gesichtsnerv) bekommt wiederum von der Kiefermuskulatur Druck. Alle umliegenden Muskeln versuchen, die Gesamtsituation auszugleichen: Vom Körper wird in den meisten Fällen mit einer Erhöhung der Muskelspannung gegengesteuert, wenn knöchern etwas nicht im Lot ist. So überträgt sich die Spannung auf das gesamte muskuläre System rund um die Wirbelsäule. Dies geschieht auch über das Bindegewebe (Faszien). Der weitere Verlauf im Reiterkörper bedingt eine Krümmung in der Brustwirbelsäule. Auch können als Folge ein Beckenschiefstand sowie eine Beinlängendifferenz entstehen. Fazit: Der Reiter sitzt schief auf dem Pferd. Er kann mit der Pferdebewegung nicht mehr mitschwingen und nicht ökonomisch einwirken. Deswegen sollte man regelmäßig zum Zahnarzt gehen, der dann auch mit Physiotherapie für den Kiefer und eventuell einer Aufbiss-Schiene weiterhelfen kann.

Dieses Beispiel ist nur grob und kurz erklärt. Es macht jedoch sehr deutlich, was eine kleine Ungleichheit bewirken kann und wie komplex die Zusammenhänge sind. Diese Funktionen im Ganzen erkennen zu können, benötigt jahrelange Erfahrung. Ein Reitlehrer bekommt in seiner Ausbildung den Schwerpunkt »Pferd« gelehrt und leider viel zu wenig den Schwerpunkt »Mensch und Reiter«, so dass er bei komplexen biomechanischen Problematiken oft keine Lösung hat.

Die Okklusion (Aufbiss) des Menschen ist sehr komplex. Viele Zahnkontaktpunkte müssen exakt aufeinandertreffen und passen. Der Zeitpunkt, zu dem die Zähne Kontakt haben sollen, ist beim Kauen/Essen und beim Schlucken, sonst *nicht*! Viele Reiter sind im Alltag und vor allem auf dem Pferd sehr gestresst. Sie kommen meistens direkt von der Arbeit in den Stall. Beim Reiten sind sie häufig frustriert, weil etwas nicht gut funktioniert. Auch ein durch die Halle brüllender Reitlehrer verursacht Stress, ebenso wie der Druck während einer Turnierteilnahme. Viele pressen dann unbewusst die Zähne aufeinander und beißen sich buchstäblich fest. Die Kettenreaktion, die daraus entsteht, simuliert eine Abwehrhaltung. Menschen zeigen nur die Zähne, wenn sie ängstlich, wütend und oder aggressiv sind. Umgangssprachlich sagt man nicht umsonst »die Zähne zusammenbeißen«. In unserer Gesellschaft ist es leider ein Tabuthema, in der Öffentlichkeit Gefühle zu zeigen. Wenn wir Gefühle unterdrücken, lassen wir auch keine Bewegungen mehr zu. Es entwickelt sich ein Hypertonus (hohe Spannung) der gesamten Körpermuskulatur. Dieser wird nach innen weitergeleitet und kann sich durchaus **negativ auf die Psyche auswirken**.

Komplexe Zusammenhänge: Faszien- und Muskelketten

Eine Vielzahl von Verbindungen im Bewegungsapparat ist über Faszien- und Muskelketten nachweisbar. Auf den Bildern auf S. 79 erkennt man gut, welche Muskeln in einer Kette zusammen funktionieren. Bei der Betrachtung stellt man fest, dass die Kiefermuskulatur eine Verbindung über die Brust- und Bauchmuskulatur zur Beckenbodenmuskulatur hat. Je nach Spannungslage im Körper beeinflussen sich die Muskeln positiv oder auch negativ. Somit ist plausibel, dass beispielsweise ein Reiter mit der Problematik Okklusionsstörung der Pferdebewegung mit dem Becken nicht nachgehen kann. Der Reiter blockiert sich nachweislich selbst – wie auch sein Pferd.

In gewisser Weise nehmen die Kiefergelenke sogar Einfluss auf das Gleichgewicht. Die Kiefergelenke liegen auf der gleichen Ebene am Kopf wie das Kleinhirn, das im Hinterhaupt seinen Platz hat. Weiterhin entsteht eine Beeinflussung der Kopfgelenke und des Kehldeckels, der verhindert, dass beim Schlucken Speichel in die Luftröhre gelangt. Verbunden sind die beiden Bereiche darüber hinaus durch fasziale Strukturen. Diese sind auch im Gehirn zu finden und unterteilen die ein-

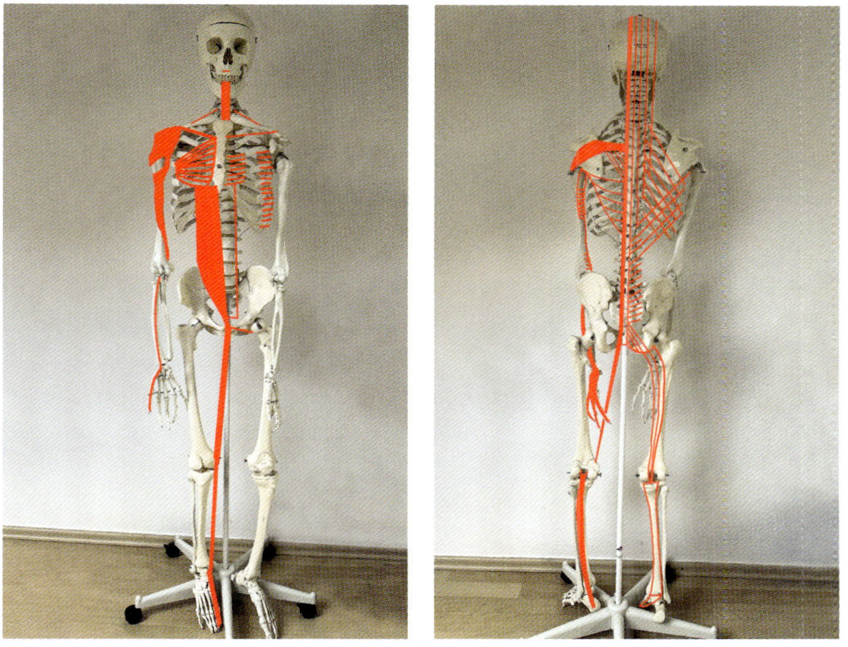

Muskelfunktionsketten, links von vorne, rechts von hinten

zelnen Hirnabschnitte. Eine zu hohe Muskelspannung beeinflusst diese Faszien und auch das Kleinhirn. Letzteres ist zusammen mit dem Innenohr und der Halswirbelsäule zuständig für das Gleichgewicht im Körper. Im Gehirn können diese Strukturen über die sogenannte craniosacrale Therapie positiv beeinflusst werden. Daraus folgt zum Beispiel, dass man sich vor dem Reiten gut aufwärmen sollte. Die Mehrdurchblutung im Körper führt zu einer optimalen Beweglichkeit der Muskulatur sowie des Bindegewebes. Wenn das Bindegewebe das Kleinhirn in seiner Aktivität anregt und positiv beeinflusst, minimiert dies das Sturzrisiko des Reiters. Gutes Gleichgewicht bedeutet einen schnellen Reaktionsausgleich – erschrickt das Pferd, bleibt der Reiter im Sattel sitzen. Dies ist ein wichtiger Aspekt zur **Sturzprophylaxe**.

Um die Kiefergelenke frei beweglich, ohne übermäßige Spannung geschmeidig zu halten, hier einige Übungen für zwischendurch. Die Übungen regelmäßig, am besten mehrfach täglich durchführen – ob auf dem Pferd beim Warmreiten oder im Büro während einer kurzen Kaffeepause, Hauptsache, bewegen, bewegen, bewegen.

TIPP:

Wenn das Aussitzen beim Reiten einfach nicht klappen will, mobilisiere die Kiefergelenke und löse die Kaumuskulatur.

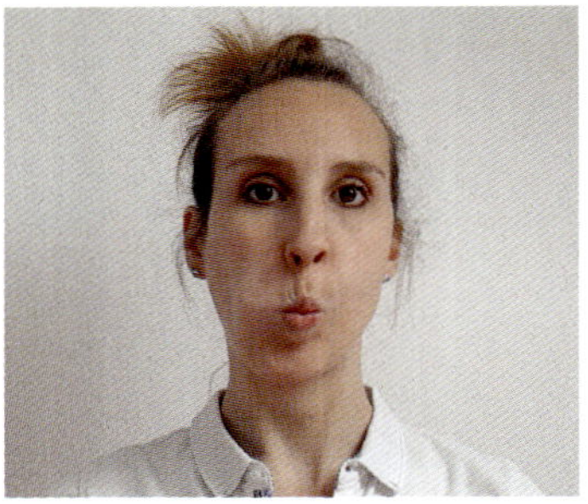

Zunge kreisen in der Wangeninnenseite

Übung 1 Die Zunge wird sanft in die Wangeninnenseite gedrückt. Entweder für 10 bis 30 Sekunden halten oder 10 bis 30 kleine Kreise malen. Es ist spürbar, wie anstrengend dies ist, daher der Spielraum in der Wiederholungszahl. Die Seite wechseln.

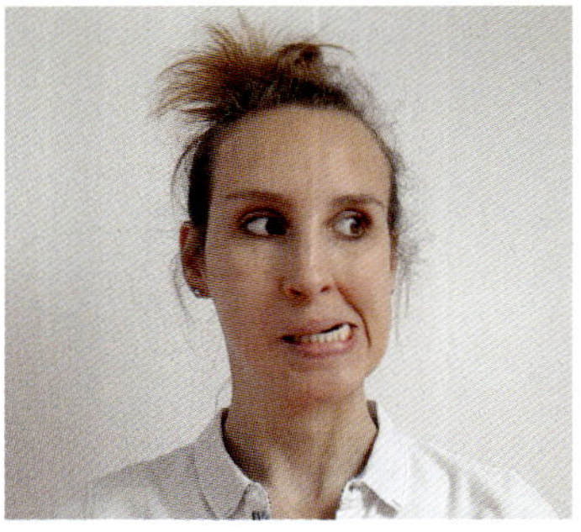

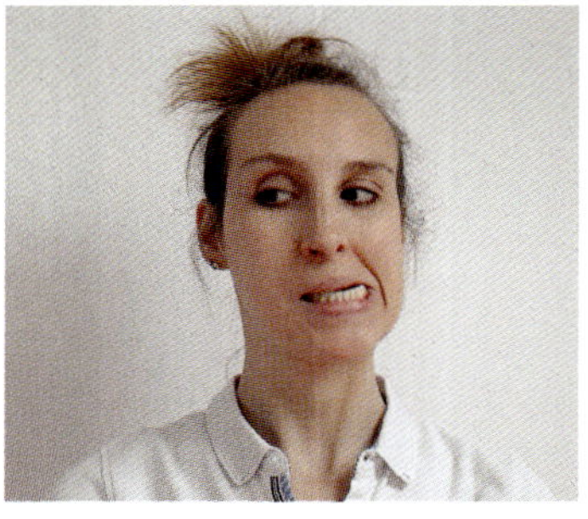

Verschieben des Unterkiefers mit Blickrichtung gleichsinnig und gegensinnig

Übung 2 Der Unterkiefer wird abwechselnd nach links und rechts geschoben. Nur so weit, wie es locker geht. Wenn ein Schmerz entsteht, nicht provozieren. Jede Seite 30- bis 60-mal. Es dienen zwei weitere Übungen als Variationen. Die Augen folgen dem Unterkiefer in die gleiche Richtung oder die Augen bewegen sich entgegengesetzt. Wenn der Unterkiefer die Seite wechselt, wechseln die Augen mit. Eine Option ist es, den Unterkiefer für ca. 10 Sekunden in dieser Position zu halten, ebenso die Augen. Übung 1+2 können durchaus in das Reittraining in alle Grundgangarten und Lektionen integriert werden. Dies fördert auch die Koordinationsfähigkeit des Reiters und hilft, wenn er dazu neigt, sich in bestimmten Situationen zu verspannen.

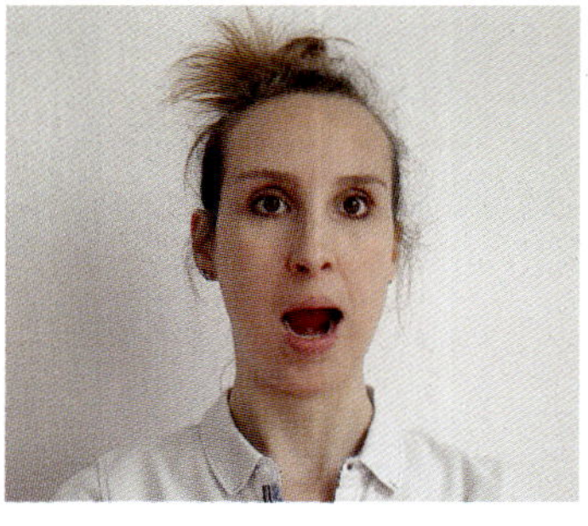

Mund öffnen und schließen

Übung 3 Der Mund wird langsam maximal geöffnet und wieder locker geschlossen. Beim Schließen nicht auf die Zähne beißen. Ich empfehle, die Bewegung 30- bis 60-mal durchzuführen.

Übung 4 Bitte vorher unbedingt die Hände waschen oder einen Einmalhandschuh benutzen! Vor allem, wenn die Übung im Stall gemacht wird, sollte auf saubere Hände geachtet werden. Der Daumen drückt sanft gegen die Wangeninnenseite. Immer wechseln zwischen Drücken und leicht Lösen. Nur so stark drücken, wie es auszuhalten ist. Wichtig ist, dass der Mund locker gelassen wird, nicht auf die Zähne beißen. In etwa 2 bis 3 Minuten auf einer Stelle verweilen. Danach die Höhe in der Wangeninnenseite variieren. Die Seite wechseln. Damit massiert man die Kaumuskulatur von innen.

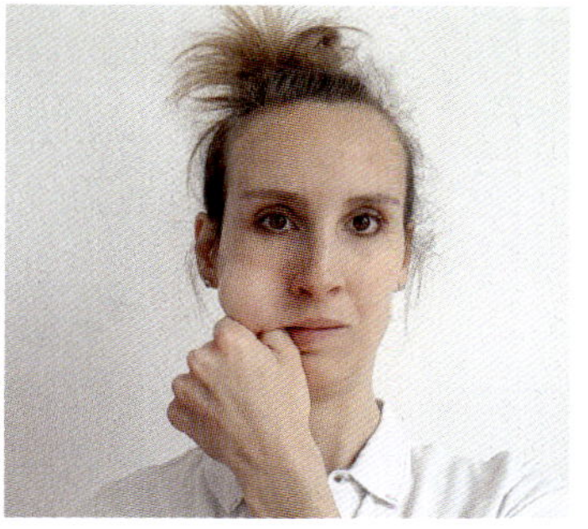

Massage der Wange von innen

Übung 5 Die Daumen werden unterhalb vom Unterkieferknochen angelegt. Der Mund soll leicht geöffnet oder locker geschlossen bleiben, Zähne nicht aufeinanderbeißen! Die Daumen drücken mit sanftem, anhaltendem Druck in die Muskulatur und massieren diese. Der ganze Unterkiefer wird gelockert, indem die Daumen am Unterkiefer entlang die Postion zwischendurch verändern. Verspannungen der Zungengrundmuskulatur können einen negativen Einfluss auf den Beckenboden haben. Beim Reiten kann sich das zum Beispiel darin äußern, dass harmonisches Mitschwingen beim Aussitzen nicht möglich ist.

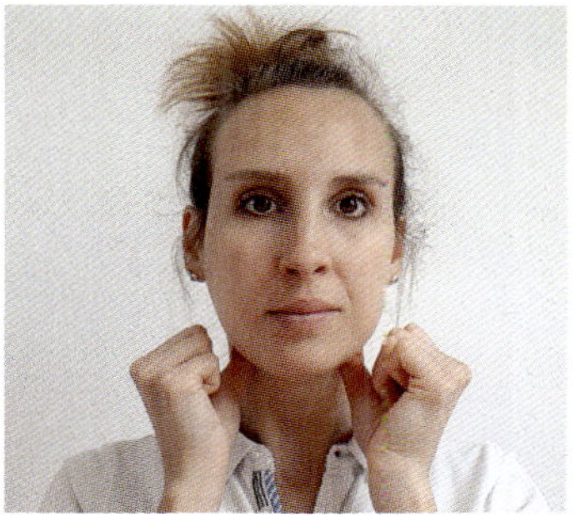

Massage Unterkiefer

Übung 6 Die Finger oberhalb der Schläfen auflegen. Wenn beim Aufbiss das Anspannen des Muskels (*M. temporalis*) zu spüren ist, ist dies die richtige Stelle! Den Mund locker geschlossen oder leicht geöffnet lassen und die Stelle sanft mit kreisenden Bewegungen massieren, bis der Druck nachlässt. Die Seite wechseln. Dieser Muskel gehört mit zu den Kau- und Kieferschlussmuskeln. Ist er verspannt, kann dies zu Kopfschmerzen führen.

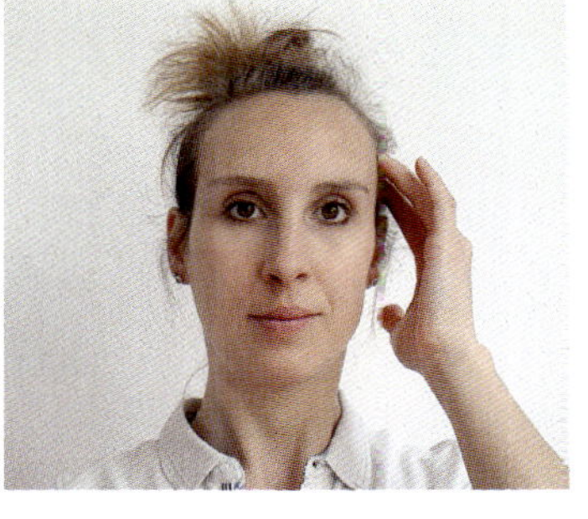

Massage der Schläfe

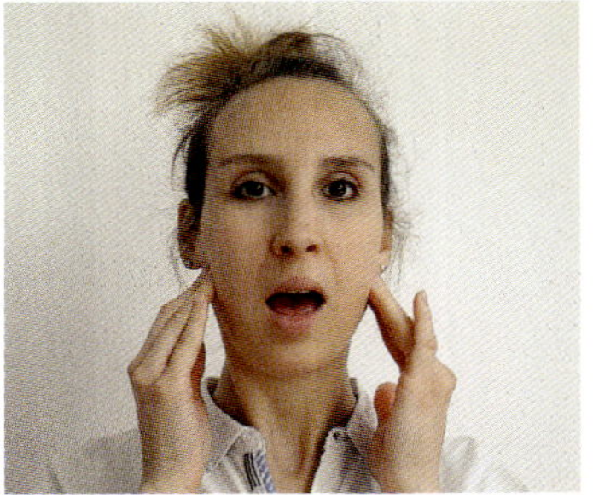

Massage der Wange von außen

Übung 7 Der Mund bleibt locker geschlossen oder leicht geöffnet. Die Muskeln, die über dem Unterkieferknochen liegen, leicht massieren oder ausstreichen, bis die Spannung nachlässt. Dies löst die Kaumuskeln von außen.

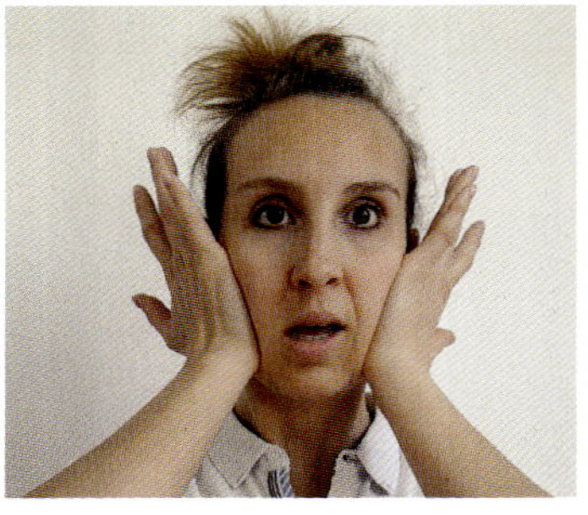

Traktion der Kiefergelenke

Übung 8 Beide Hände werden flach auf beide Unterkieferknochen gelegt. Dabei die Hände leicht zusammendrücken und den Unterkiefer nach vorne unten »herausziehen« wollen. Dies nennt man Traktion. Der Mund bleibt locker/leicht geöffnet. Die Spannung für 30 bis 60 Sekunden halten, 3-mal wiederholen. Dadurch entfernt man beide Gelenkpartner des Kiefergelenks voneinander, was Entspannung im Gelenkraum bringt. Es ist das gleiche Prinzip, das wirkt, wenn man das Bein locker ohne Bügel hängen lässt.

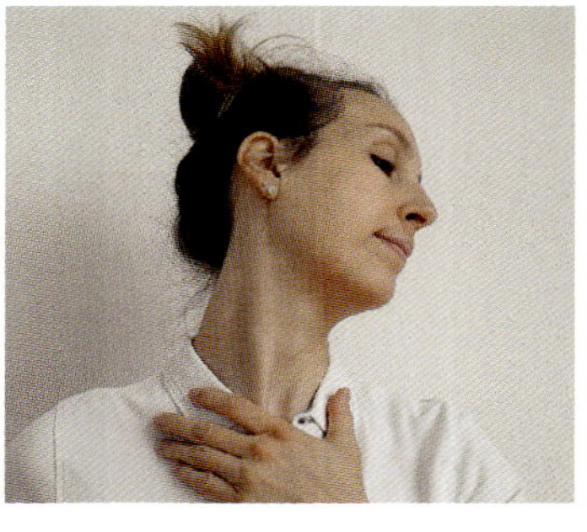

Dehnung der vorderen Halsmuskulatur

Übung 9 Die flache Hand wird unterhalb des Schlüsselbeins gelegt. Der Kopf neigt sich zurück und von der Hand weg, bis ein sanfter Zug in der vorderen Halsmuskulatur zu spüren ist. 30 bis 60 Sekunden halten, jede Seite 3-mal wiederholen.

Man kann immer wieder beobachten, dass Reiter den Kopf gesenkt und den Blick auf den Pferdehals gerichtet haben, dies nennt man Anteroposition (Schildkrötenhals).

Die Halswirbelsäule bildet ein komplexes System mit den Kopfgelenken, Kiefergelenken, Schultergelenken und dem Hyoid, dem Zungenbein. Dieses sitzt als klei-

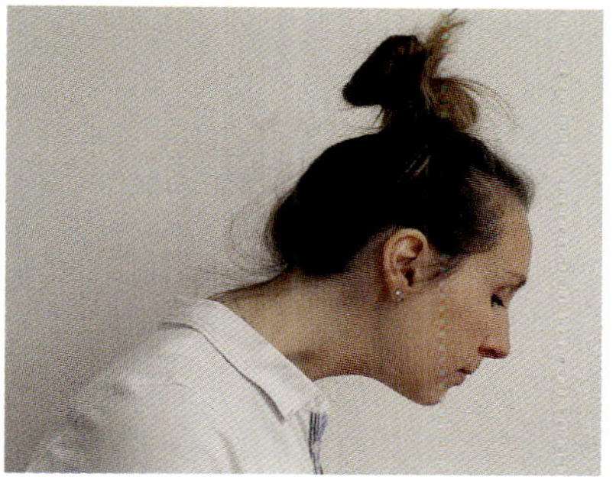
Anteroposition des Kopfes

ner hufeisenförmiger Knochen unterhalb der Zunge am Mundboden und wird rein durch Muskelkraft gehalten. Oft entstehen Blockaden in den Kopfgelenken, die durch die oben genannten Körperverbindungen den Reitersitz negativ beeinflussen können. Die Blockade muss nicht zwingend knöchern sein. Auch verspannte Muskulatur kann eine Blockade darstellen, wenn sie Bewegungen einschränkt. Vielfach ist eine zu hohe Spannung der Schultergürtel- und rückwärtigen Halswirbelsäulenmuskulatur die Ursache für die Anteroposition. Zeitgleich ist die vordere Halswirbelsäulenmuskulatur zu schwach. Hypertone sowie hypotone Muskeln neigen zu Verspannungen. Nur wenn die umliegende Muskulatur eine physiologische Spannung aufweist, stellen sich die Gelenke eigenständig wieder ökonomisch ein. Die gesamte Körperaufrichtung geht dem Reiter sonst verloren, wie auch die Einwirkung auf sein Pferd. Adäquate Gewichts-, Schenkel- und Zügelhilfen sind nicht mehr möglich.

Wie mittlerweile deutlich geworden sein sollte, betrachtet man für eine optimale Analyse den Reiter im Ganzen. Hängen Reiter wie ein Schluck Wasser in der Kurve auf ihrem Pferd und steht ähnlich wie bei einer Schildkröte der Kopf vor dem Thorax (Brustkorb), kommt auf die vordere Halswirbelsäulenmuskulatur, die auch das Zungenbein hält und stabilisiert, enormer Zug. Eigentlich müsste der Mund in dieser Position geöffnet bleiben. Die Kaumuskulatur, die auch für die Mundschließung zuständig ist, muss in der Anteroposition permanent zusätzliche Arbeit leisten, denn es möchte ja schließlich niemand mit offenem Mund auf dem Pferd sitzen. Auch der Vorzug des Unterkiefers ist eine Folge. Auf Dauer kommt es zu einer Überbelastung der Gelenkstrukturen der Kiefergelenke. Im weiter fortgeschrittenen Fall können auch Knackgeräusche entstehen.

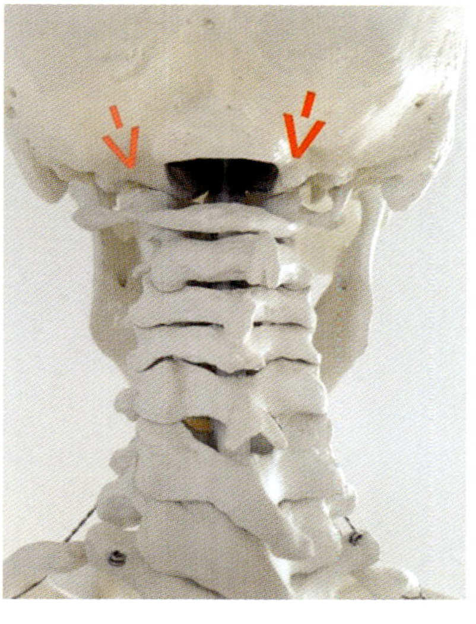
Anatomie der Kopfgelenke

Die Verbindung zwischen dem Schädel und dem ersten Halswirbel (dem Atlas) nennt man **Kopfgelenke**. Der Mensch hat zwei Kopfgelenke (s. rote Pfeile), die in das obere und untere Kopfgelenk unterteilt werden. Zusammen funktionieren sie als eine Einheit. Die Kopfgelenke ermöglichen eine sehr fein abgestimmte dreidimensionale Bewegung des Kopfes. Diese Gelenke haben viel mehr mit dem Reiten zu tun, als man spontan denken könnte: Auf der gegenüberliegenden Seite der Kopfgelenke sitzen die Augen. Diese leiten alle Bewegungen ein, die ein Mensch ausübt. Die Kopfgelenke reagieren sehr sensibel auf jeden Richtungswechsel der Augen. Als weiterlaufende Bewegung geben die Kopfgelenke sie weiter an die Wirbelsäule. Nehmen wir an, der Reiter schaut dauerhaft auf den Hals seines Pferdes, um dessen Haltung zu überprüfen. Dabei senkt sich der Blick von der Augenhöhe nach unten ab. Die Kopfgelenke reagieren und leiten die Beugung der Wirbelsäule ein. Diese wird weitergeleitet in die Halswirbelsäule, Brustwirbelsäule, Lendenwirbelsäule bis in das Becken. Was passiert? Der Reiter sackt zusammen.

Anderes Beispiel: Der Reiter möchte ein 10-Meter-Volte reiten. Seine Kopfgelenke sind blockiert. Das bedeutet, dass er sich mit seinem Blick nicht ausreichend in die Wendung hineindrehen kann. Als Folge läuft ihm sein Pferd möglicherweise über die äußere Schulter weg und kann nicht in seiner Längsachse um den Schenkel gebogen werden.

Wie schafft man es mit einfachen Übungen, seine Kopfgelenke zu lockern?

Übung 1 Die erste Möglichkeit ist, eine **Ausgangsstellung** zu erreichen, in der die Gelenkflächen der Kopfgelenke optimal zueinander gestellt sind. Dies funktioniert nicht, wenn der Kopf hängen gelassen wird. Der Reiter sucht sich also einen Punkt auf Augenhöhe und blickt in diese Richtung. Dann formt er das Kinn zu einem leichten Doppelkinn, als wollte er eine Apfelsine vorsichtig einklemmen. Ohne diese Position zu verlassen, schiebt er jetzt noch seinen Kopf Richtung Himmel, damit die Halswirbelsäule in eine aufrechte Position gebracht wird (siehe Abb. Aufrichtung der Halswirbelsäule). So können vordere und hintere Halsmuskeln gleichmäßig arbeiten, den Kopf senkrecht über dem Körper stabilisierend ausbalancieren, und die Kopfgelenke sind in neutraler Position. Ziel ist es, diese Position ohne Anstrengung über einen längeren Zeitraum einnehmen zu können, sodass sie sich im Laufe der Zeit automatisiert.

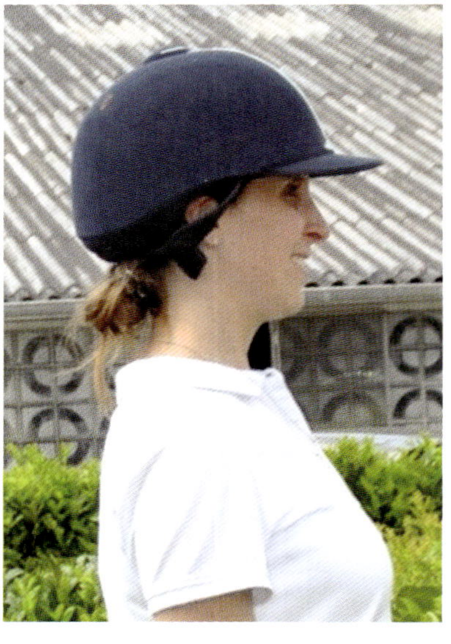

Aufrichtung der Halswirbelsäule

Nicht nur die Muskulatur leidet unter einer nicht aufgerichteten Halswirbelsäule, sondern auch zahlreiche Nervenstrukturen. Das Nervengroßgeflecht, der *Plexus brachialis*, wird in seiner Versorgungslinie negativ beeinflusst. Er versorgt die gesamte obere Extremität. Da Nerven mit zu den sensibelsten Strukturen im Körper zählen, kann eine Dauerreizung zu irreversiblen Schäden führen, so dass die Nerven ihrer Funktion nur noch abgeschwächt oder gar nicht mehr nachkommen können. Sie reagieren mit blitzartigen Impulsen, die sich wie Stromschläge anfühlen, mit Kribbeln oder auch Taubheitsgefühlen. Darunter leiden auch andere Körperstrukturen, wie die Muskulatur, die von den Nerven keine Impulse zur Kontraktion bekommt.

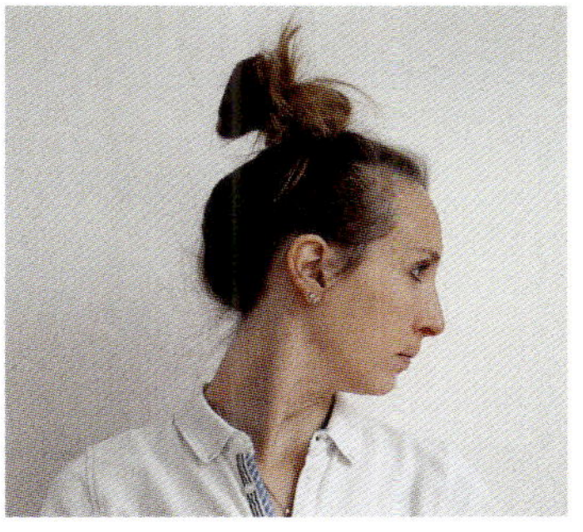

Mobilisation der Kopfgelenke

Übung 2 Der Kopf wird maximal zur Seite gedreht und einem virtuellen Nachbarn 3-mal zugenickt. Dabei braucht man keine Angst zu haben, etwas »kaputt« zu machen. Wenn man ein »Knackgeräusch« hört, ist es wichtig nachzuspüren, ob in dem Moment ein Schmerz aufgetreten ist. Wenn ja, bitte überprüfen, ob bei jeder neuen Bewegung ebenfalls Schmerzen entstehen oder nur einmalig. Bei jedem Mal: bitte ärztlich abklären lassen! Einmalig: Wenn kein Schmerz mehr besteht, hat sich häufig nur eine Struktur gelöst. Oft ist es das Bindegewebe, welches »knackt«, wenn es loslässt. Es geht darum, den Kopf nur so zu bewegen, wie es ohne große Kraft möglich ist. Die Übung immer abwechselnd je Seite 40- bis 60-mal ausführen. Sie kann auf dem Pferd, im Büro oder an jeder roten Ampel auf dem Weg zum Stall durchgeführt werden. Die Wiederholungen können am Stück oder über den Tag verteilt durchgeführt werden.

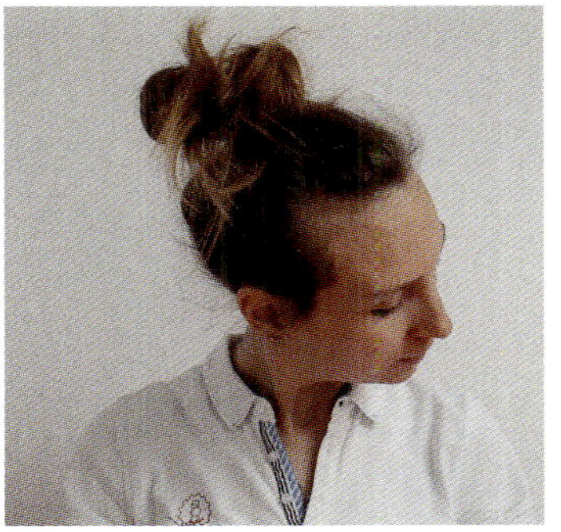

Abschauen beim Nachbarn

Übung 3 Der Kopf wird nach vorne locker hängen gelassen und so zur Seite gedreht, als wolle man beim Nachbarn abschreiben. Die Übung wird abwechselnd 40- bis 60-mal pro Seite durchgeführt. Auch diese Übung kann wie die vorige in den Alltag integriert werden.

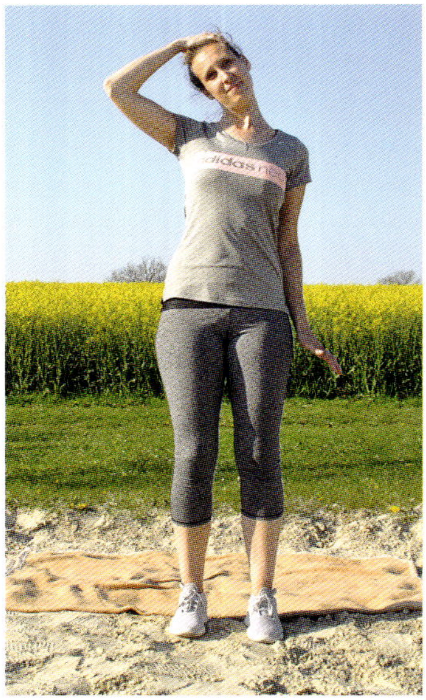

Die Dehnung der Schulter- und Nackenmuskulatur

Übung 4 Diese Übung wird auf S. 66 erläutert. Die Übungsbeschreibung kann übernommen werden.

Die Faszien – das Bindegewebe

Auch das **Bindegewebe** beeinflusst die körperliche Beweglichkeit ungemein. Heutzutage wird es auch **Faszien** genannt. Faszien haben einen großen Einfluss auf den gesamten menschlichen Bewegungsapparat. Die aus Eiweiß und Wasser bestehenden Fasern ziehen sich dreidimensional durch den Körper, wie ein Spinnennetz. Faszien enthalten viele Signalgeber. Sie leiten Spannungszustände des Gewebes an das Gehirn weiter. Bindegewebe findet man als Muskel- und Organhüllen sowie in Sehnen, Bändern und Gelenkkapseln. Wenn Faszien zu viel Spannung enthalten, können sie Schmerzen verursachen. Dies passiert meistens, wenn sie »verklebt« sind. Unter dem Mikroskop kann man unterschiedliche Oberflächen deutlich erkennen. Zur Veranschaulichung kann man sich gut zwei Glasscheiben vorstellen, zwischen die Wasser geträufelt wurde. Sie bilden so starke Unterdruckkräfte, dass man die Scheiben nicht voneinander gelöst bekommt.

Das Verkleben kommt bei älteren Menschen häufig vor, wie auch bei zu wenig Bewegung. Der Körper ist nicht mehr fähig, sich wie eine Sprungfeder zusammenzuziehen und zu entfalten. Gezieltes Training kann die Leistung verbessern, auch im hohen Alter. Wer seine Faszien fit hält, kann seine Regenerationszeit positiv unterstützen. Ein gesundes und intaktes Bindegewebe kann die Koordination und Bewegungsabläufe zunehmend verbessern. Faszien bewegen, versorgen, formen und kommunizieren (s. Reizweiterleitung zum Gehirn).

Das Wissen über Faszien ist ebenso auf unsere Pferde übertragbar. Auch sie benötigen Faszientraining und Faszienmobilisation.

Auch Operationen beeinflussen Fasziengewebe. Es wird, wenn möglich, minimalinvasiv operiert. Man versucht, große Narben im Inneren wie außen zu vermeiden. Narbengewebe ist ein Ersatzgewebe. Die Fasern sind bei der Neubildung nicht strukturell organisiert. Sie gleichen einem Wollknäul. Erst durch Belastung, Entlastung und Zug organisiert sich das Gewebe neu. Passiert das nicht, bilden sich Verklebungen. Diese können Bewegungen einschränken und auch Schmerzen verursachen. Wenn großflächige Verklebungen entstehen, werden diese häufig durch erneute operative Eingriffe gelöst, wodurch leider unvermeidlich zum wiederholten Male Verklebungen entstehen. In solchen Fällen kann ich nur raten, einen Osteopathen aufzusuchen, der von außen Verklebungen nachhaltig positiv beeinflussen kann. Dies gilt auch für Blinddarmnarben, Kaiserschnittnarben, Darmoperationen sowie Totaloperationen oder ähnliches. Eine Operation ist für

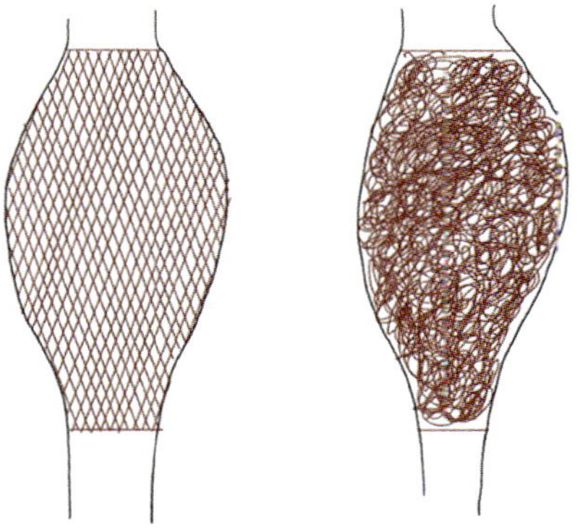

Faszienstruktur bei einem jungen und einem älteren Menschen (rechts)

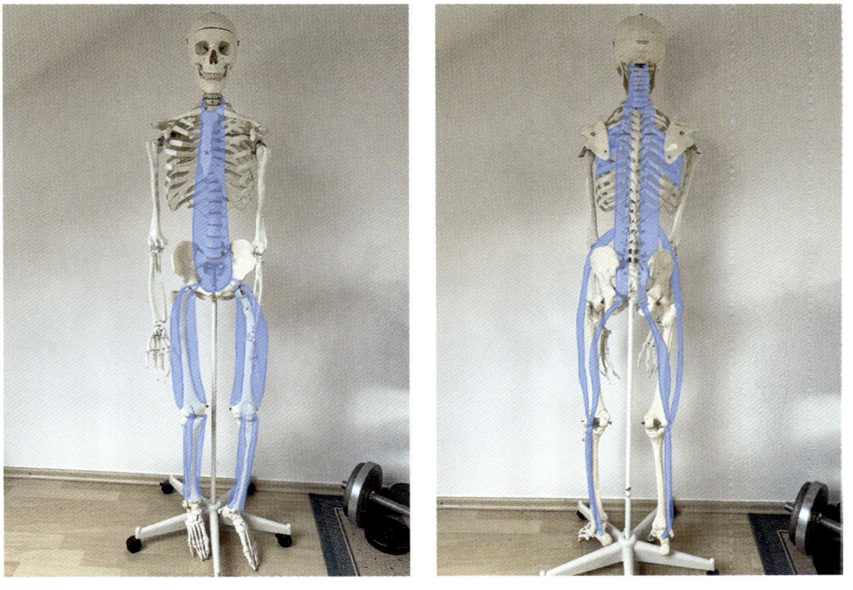

Frontallinie und Rückenlinie Faszien

mich immer das letzte Mittel der Wahl, wenn konservativ alle Behandlungsmöglichkeiten ausgeschöpft sind, um genau solche Beeinflussungen der Faszien zu vermeiden. Die Einzeichnungen im Skelett machen deutlich, wie gut vernetzt das Fasziensystem ist. Im Körper bilden Faszien eine Frontallinie, eine Rückenlinie, eine Laterallinie und eine Spirallinie.

Zu den Gefahren im Alltag für die Faszien gehören neben fehlender Bewegung Rauchen, Übergewicht, ein nicht ausreichendes Trinkverhalten, mangelnde Eiweißzufuhr, unzureichender Schlaf und Vitaminmangel. Vitamine sind ein wichtiger Baustoff für Faszien, aber dienen auch als Klebstoff für einzelne Fasern im positiven Sinn, um die nötige Spannung im Gewebe zu gewährleisten.

Wie fast jedes System im Körper lässt sich auch das Fasziensystem durch spezielle Übungen, vor allem Dehnübungen beeinflussen. Im Idealfall sind diese dreidimensional konzipiert, wie das Gewebe selbst. Einige Übungen habe ich schon gezeigt, etwa die Banane, die Drehdehnlagerung oder die Wirbelsäulenrotation. Die Übung Katze-Kuh beeinflusst die Nackenfaszie, die über den Nacken bis zu den Augenbrauen verläuft (Rückenfaszie). Diese kann unter anderem für Verspannungen im Nackenbereich wie auch entstehende Spannungskopfschmerzen verantwortlich sein.

Im Alltag und durch Dauersitzen ist der menschliche Körper schlichtweg unterfordert. Wir bewegen uns alle viel zu wenig. Da wir die meisten Bewegungen vor dem Körper machen, sind wir in alle anderen Bewegungsrichtungen häufig noch deutlicher eingeschränkt. Hier setzt die **Faszienübung Banane** an. Sie beansprucht die gesamte Laterallinie. Sie wird im Alltag leider mit am wenigsten gefordert und

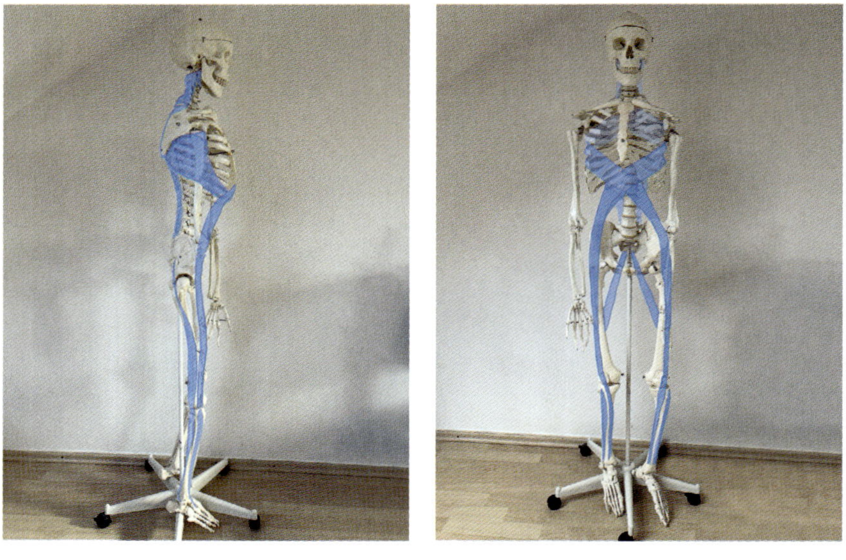

Laterallinie und Spirallinie Faszien

sollte deutlich mehr Aufmerksamkeit bekommen, denn alle Systeme, die schräg und in Diagonalen verlaufen (Faszien, Muskeln), stabilisieren den Körper am besten, um sich gegen die Schwerkraft aufzurichten. Ein gutes Beispiel: Die meisten einfachen Regale haben auf der Rückseite eine Querverstrebung, die wie ein X verläuft. Dieses X macht das Regal stabil. Sonst würde es nach links oder rechts seitlich wegbrechen. So funktionieren auch die Verstrebungen im Körper. Sie verhindern, dass wir in uns zusammenfallen.

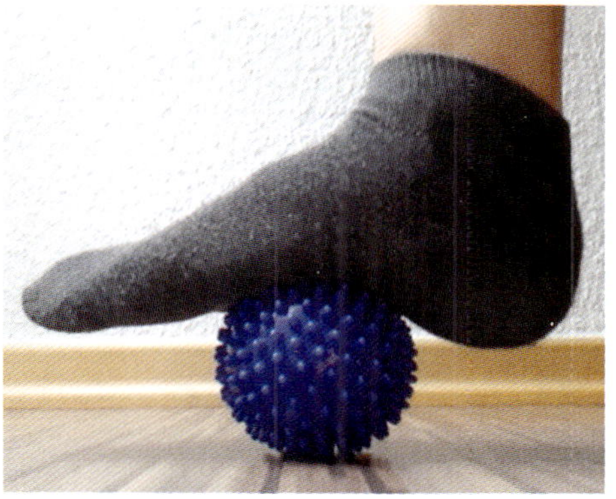

Ausrollen des Fußes mit dem Igelball

Eine weitere Übung für das fasziale System ist das **Ausrollen des plantaren (unteren) Fußes**. Diese Übung kann jeder gut morgens unter dem Frühstückstisch, beim Zähneputzen oder auch im Büro unter dem Schreibtisch machen. Wichtig ist, dass jeder für sich entscheidet, wie viel Druck er ausübt. Faszienübungen können durchaus sehr unangenehm bis teilweise auch schmerzhaft sein. Es darf maximal an die persönliche Schmerzgrenze gegangen werden, die auszuhalten ist. Schmerz ist immer ein Signal des Körpers: »Achtung! Sonst geht etwas kaputt!« Auch Faszien können durch zu viel Druck einen Schaden erleiden oder sogar reißen (durch z.B. Unfälle im Sport). Jeder Mensch hat ein anderes Schmerzempfinden. Was für den einen noch zu ertragen ist, ist für den anderen schon reine Qual. Der Fuß kann ausgerollt werden oder man stellt sich für einige Sekunden auf den Ball. Gerollt werden sollte um die 5 Minuten (plus/minus). Der Druck soll nachlassen. Wenn ein Schmerz stärker wird und nicht nachlässt, weniger Druck ausüben, ansonsten die Übung beenden. In der Regel sollte aber jeder Fuß ein vorsichtiges Ausrollen zulassen.

Für elastische Achillessehen, Waden, Füße und die Wirbelsäule bieten sich **Drehsprünge** an. Sie sind ein spezielles Training für den ganzen Unterschenkel. Vor allem wird hierbei der komplette Faszien- und Muskelapparat wie auch die Achillessehne positiv beeinflusst. Die rückwärtige Oberschenkel- und Unterschenkelmuskulatur gehört mit zur treibenden Muskulatur. Wenn das Fasziensystem nicht geschmeidig ist und die Achillessehne den Weg des oberen Sprunggelenks nicht freigibt, kann der Reiter seine treibenden Schenkelhilfen nicht einsetzen. Daraus entstehen und folgen wiederum Kompensationsmechanismen, die mit hoher Wahrscheinlichkeit Sitzfehler verursachen.

Wer sich noch unsicher ist, kann die Übung erst zwischen zwei Stühlen machen und sich an den Stuhllehnen festhalten. Ziel ist es, sie frei, ohne Festhalten durchzuführen. Wichtig ist, dass die Übung rhythmisch ausgeführt wird, im Idealfall bis zu

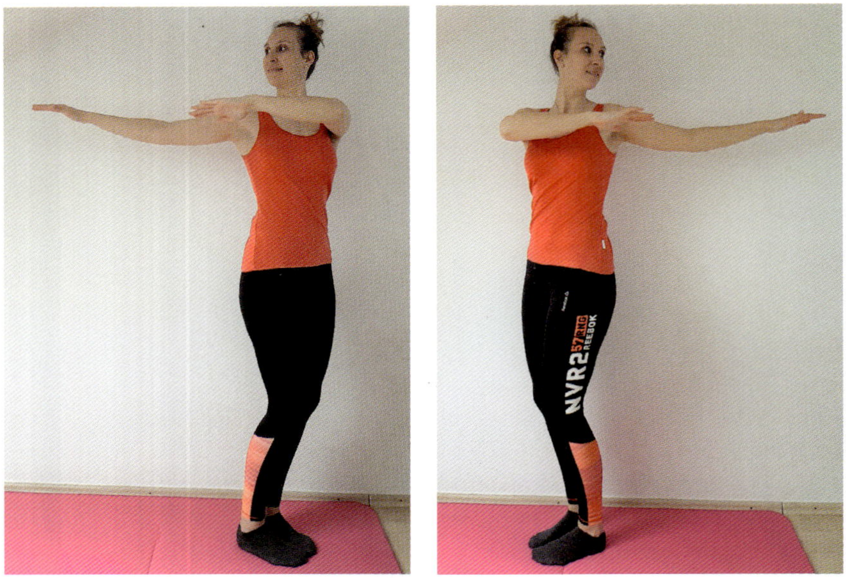

Drehsprünge Faszienfitness

3 Minuten. Wer das noch nicht schafft, tastet sich langsam an die Vorgabe heran. Bindegewebige Strukturen benötigen teilweise diese Zeit, um sich zu lösen, was bei Behandlungen in der Physiotherapie und Osteopathie entsprechend berücksichtigt wird.

Zusammenfassend lässt sich zum Thema Beweglichkeit sagen, dass sie leider zu häufig von Reitern unterschätzt wird. In den meisten Fällen stellen sich die Gelenke physiologisch ein, wenn auch die Muskelspannung physiologisch ist. Nur so kann die Muskulatur ihre Kraft entfalten. Daraus erschließt sich, dass die Beweglichkeit für den Reiter eine entscheidende körperliche Voraussetzung darstellt und jederzeit mit in das Training integriert werden sollte. **Das Gleiche gilt im Übrigen auch für das Pferd, dessen Fasziensystem durch eine nicht reelle Reitweise schnell negativ beeinflusst werden kann. Dies geschieht häufig dann, wenn es sich nicht eigenständig vorwärts-abwärts tragen kann oder über Hilfsmittel wie Schlaufzügel in eine Position gezwungen wird, die es freiwillig aus guten Gründen nicht einnehmen würde!**

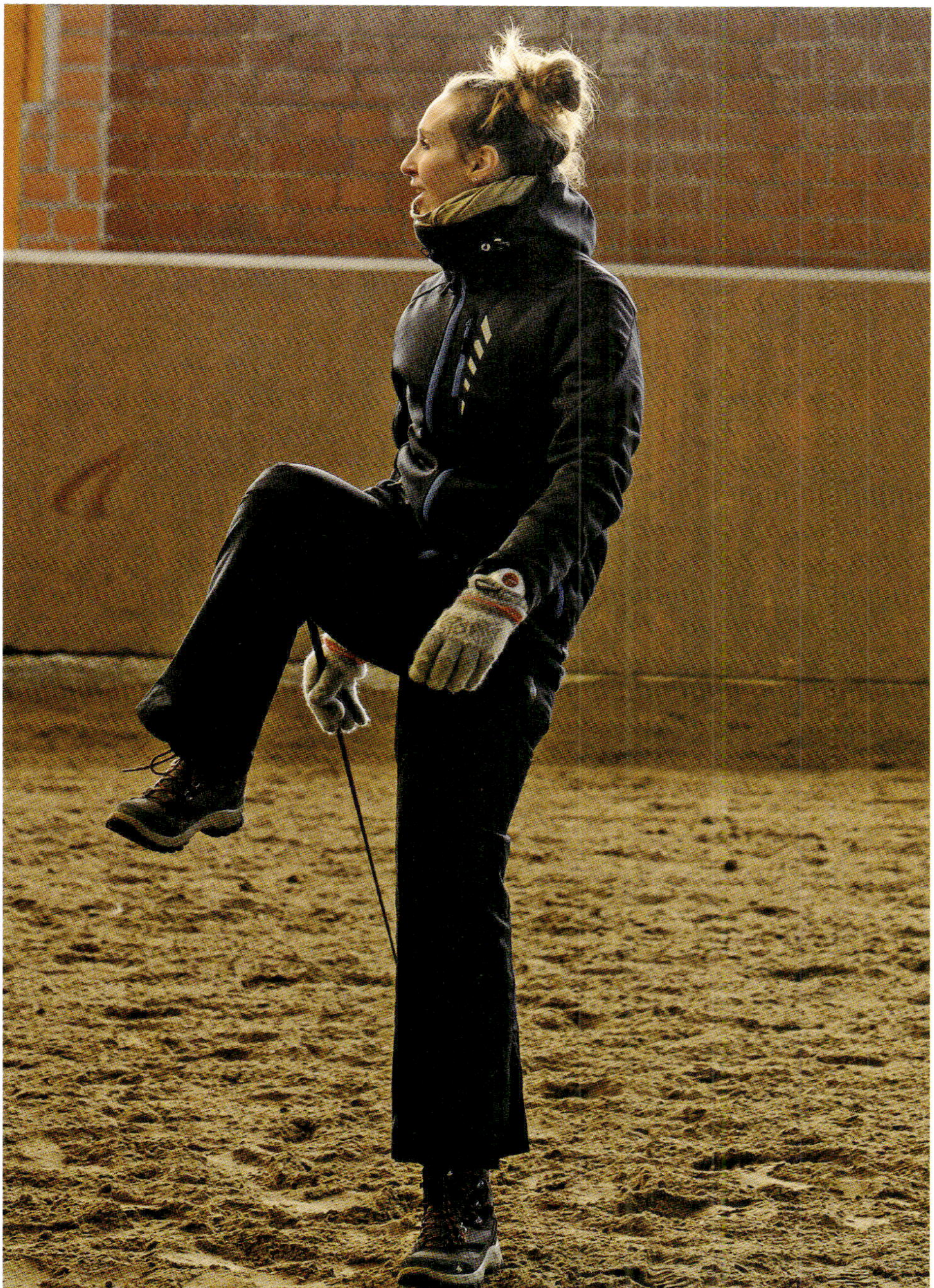

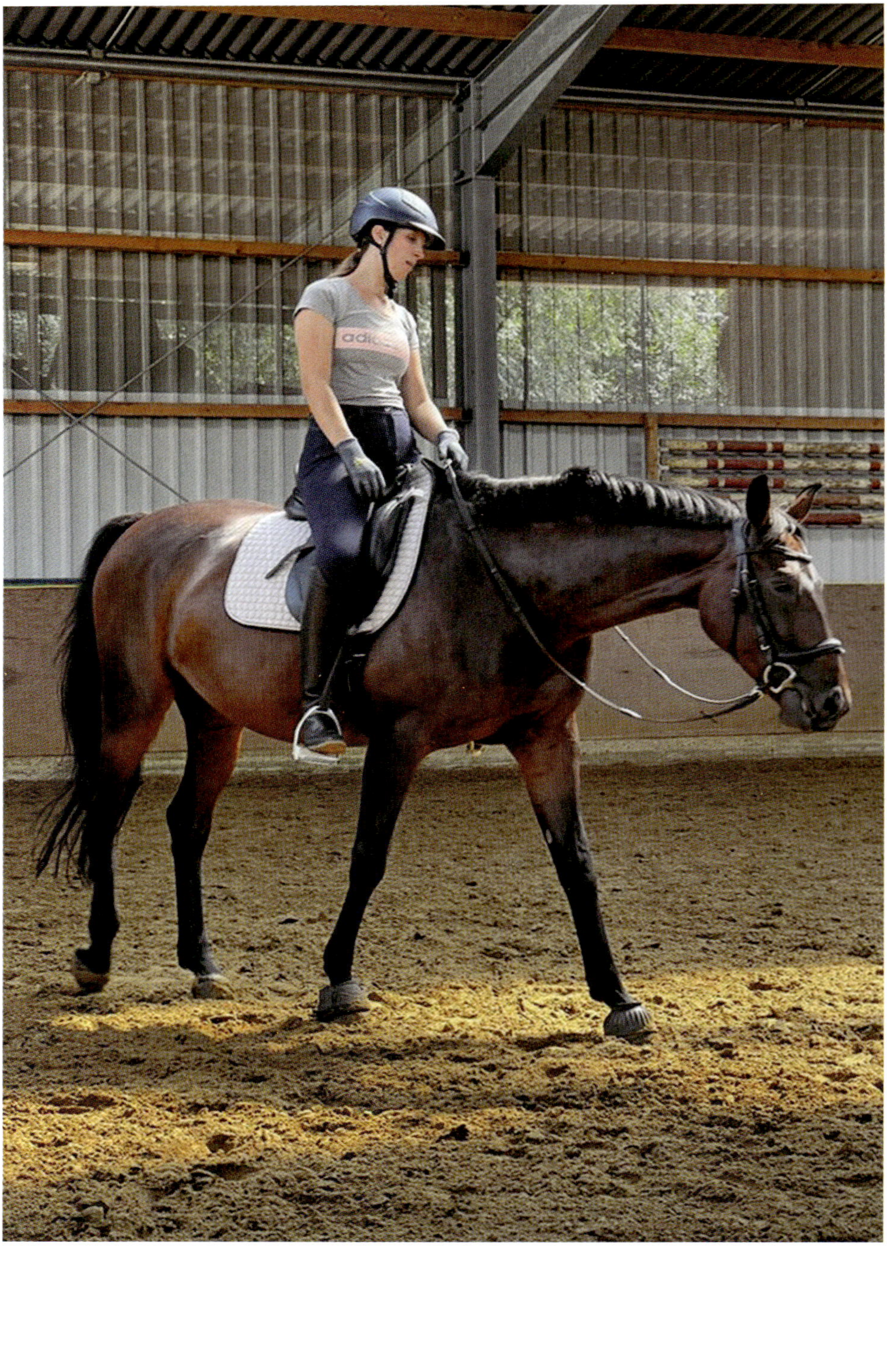

Koordination und Gleichgewicht – Werde ein Multitaskingspezialist!

Was ist Koordination?

Koordination ist das Zusammenspiel des zentralen Nervensystems und der Skelettmuskulatur. Das zentrale Nervensystem bekommt Reize aus dem Körper über das Rückenmark, welche dann vom Gehirn verarbeitet werden. Danach werden Bewegungsaufträge vom Gehirn an den Körper zurückgeschickt und ausgeführt. Bewegung entsteht. Koordination im Allgemeinen ist (ab dem Grundschulalter) trainierbar.

Die Wahrnehmung, aus der Reize entstehen, beinhaltet das Gleichgewicht, den Geruchssinn, den Geschmackssinn, das Sehen, das Hören wie auch Reize über die Haut.

Die Koordination führt zur zielgerechten Nutzung von Kraft, Beweglichkeit, Schnelligkeit und Ausdauer und setzt sich aus sieben verschiedenen Fähigkeiten zusammen:

- Gleichgewicht
- Orientierung im Raum (räumliches Sehen)
- Rhythmus
- Kopplung (Kombination mehrerer Tätigkeiten)
- Differenzierung
- Reaktion
- Umstellung auf eine neue Situation

Diese Fähigkeiten bilden die Basis von menschlicher Bewegung und sind für den Reiter sowohl im Umgang mit dem Pferd wie auch im Sattel von großer Bedeutung. Reiten ist eine Koordinationssportart durch und durch! Das Gleichgewicht wird als Basis benötigt, um einen ausbalancierten Grundsitz zu erreichen. Wenn sich viele Reiter auf dem Platz oder in der Halle befinden, ist es nötig, sich im Raum Orientierung zu verschaffen, um nicht mit anderen Paaren zusammenzustoßen. Wer schon einmal auf einem Abreiteplatz auf dem Turnier war, weiß, was damit gemeint ist.

Auch im Winter zur Hallensaison wird es manchmal knapp mit dem Platzangebot. Das Rhythmusgefühl sollte gut ausgeprägt sein, denn der Takt steht als Grundstein in der Ausbildungsskala des Pferdes an erster Stelle. Die Kopplung erlaubt es uns, mehrere Tätigkeiten zu kombinieren und gleichzeitig Eindrücke zu verarbeiten: Beim Reiten sind das Gewichts-, Schenkel-, Zügelhilfe und uns umgebende Umwelteinflüsse plus die Reaktion des Pferdes. Damit das Gehirn alle Reize sinnvoll verarbeiten kann, sind Differenzierung, Reaktion und das Einstellen auf die Geschehnisse um einen herum Voraussetzungen für gutes Reiten.

DAS KOORDINATIONSTRAINING HAT FOLGENDE ZIELE:

- Beweglichkeit verbessern
- Körperhaltung und Bewegungsabläufe optimieren
- Bewegungsabläufe ökonomisch gestalten (sparsamer Einsatz von Kraft)
- Tiefenmuskulatur aktivieren und stärken
- Stabilität in Gelenken und der Wirbelsäule erlangen
- Sensomotorik und Propriozeption (Tiefensensibilität) verbessern
- Reaktionsoptimierung zwischen verschiedenen Muskelgruppen (Verbesserung des Zusammenspiels der Muskeln)

Koordinationsstörungen und Propriozeption

Oft ist ein fehlendes oder falsches Zusammenspiel zwischen einem Muskel und seinem Gegenspieler (Agonist und Antagonist) der Hauptgrund für eine Koordinationsstörung. Dabei kann die Grobmotorik (z. B. Gehen) wie auch die Feinmotorik (z. B. Schreiben/Malen) betroffen sein.

Ursachen für solche Koordinationsstörungen gibt es viele. Häufig liegen sie im Zentralnervensystem bzw. in einer beeinträchtigten Übermittlung von Reizen. Das bedeutet, dass Informationen nicht vollständig im Gehirn verarbeitet werden können oder aber Bewegungsaufträge an den Körper herausgeschickt werden, diese aber fehlerhaft und/oder nicht vollständig ausgeführt werden. Dies kann durch Störungen im Kleinhirn, Toxine wie Alkohol, Schädigungen des Rückenmarks sowie Störungen in der **Propriozeption** ausgelöst werden.

Die Propriozeption stellt für den Körper eine unheimlich wichtige Informationsquelle dar. Überall im Körper befinden sich kleine Schaltzentralen, die Informationen sammeln und dann an das Gehirn weiterleiten, wie sich der Körper im Raum bewegt und wo er sich befindet. Man bezeichnet die Propriozeption auch als Tiefenwahrnehmung. Selbst mit geschlossenen Augen weiß der Mensch, dass er zum Beispiel den rechten Arm Richtung Decke streckt und mit den Fingern die Zahl Drei zeigt. Reiter bekommen auf diese Weise stetige Informationen über das Becken im Sattel, die angelegten Beine am Pferd, den Druck des Steigbügels und den Kontakt zum Zügel. Die Propriozeption reagiert jedoch nicht nur auf mechanische Berührungsreize, sondern auch über thermische Reize in Form von Wärme oder Kälte.

Studien haben ergeben, dass Mädchen und Frauen mit einer Skoliose starke Defizite im Bereich der Propriozeption aufweisen. Diese haben häufig große Schwierigkeiten, mit geschlossenen Augen mit dem Finger von der Nase auf einen vor ihnen stehenden Gegenstand zu tippen. In diesem Fall ist die Propriozeption trainierbar.

Koordination und Gleichgewicht beim Reiten

Das Gleichgewicht lässt sich für den Reiter in das körperliche Gleichgewicht (in Ruhe wie auch in Bewegung) und das mentale Gleichgewicht unterteilen. Die vestibuläre Wahrnehmung (Gleichgewichtssinn) ist eine Sinneswahrnehmung. Sie dient der körperlichen Orientierung im Raum. Der Sitz dieses Systems liegt im Innenohr des Menschen. Die visuelle Wahrnehmung und die Propriozeption tragen zum Gleichgewichtssinn bei. Das mentale Gleichgewicht wird später im Kapitel mentale Fitness aufgegriffen.

Beim Reiten gibt es viele Aspekte, die eine gut ausgebildete Koordination fordern, besonders offensichtlich ist das in der Jungpferdeausbildung und auch beim Antrainieren nach einer längeren Verletzungspause. Junge Pferde müssen erst lernen, den Reiter zu balancieren. Dies fällt ihnen deutlich leichter, wenn der Reiter selbst eine ausgeglichene Koordination vorgibt.

Das oberste zu erreichende Ziel des Reitersitzes ist es, das Pferd so wenig wie möglich in seiner Bewegung zu stören. Dazu gehört ein ausgeglichenes Zusammenspiel von Gewichts-, Schenkel- und Zügelhilfen. Auch das von der Hand unabhängige Reiten ist ein übergeordnetes Ziel in Bezug auf die Koordination. Der Körper soll koordinativ so trainiert werden, dass er seine Arme und Hände nicht benötigt, um selbst im Gleichgewicht zu bleiben: Die Hände möchten sich gerne an irgendetwas festhalten, im Fall des Reiters sind das die Zügel. Es kann verschiedene Ursachen haben, weshalb der Reiter nicht in Balance ist: z. B. mangelnde Beckenmobilität, eine nicht aufrechte Körperhaltung, eine schwache stabilisierende Tiefenmuskulatur – oder der Reiter hat die Bewegungsabläufe des Pferdes oder seine eigenen Bewegungsabläufe bei der Hilfengebung noch nicht verinnerlicht. Ein weiterer Grund kann sein, dass er die Hilfen nicht kraftsparend an sein Pferd weitergibt und die feine Hilfengebung noch nicht ausgereift ist. Ein sehr wichtiger Punkt ist die Aufnahme und Verarbeitung der Tiefenwahrnehmung, der Propriozeption, um ein Gefühl zu entwickeln, was mit sich selbst und dem Pferd beim Reiten passiert, um kleinste Spannungsveränderungen wahrnehmen und auch darauf reagieren zu können. Die Kunst liegt dann darin, die Reaktionen so zu optimieren, dass das Zusammenspiel aller Muskeln und Körperfunktionen wie aus einem Guss ineinandergreift. Das ist der ersehnte Moment, in dem Pferd und Reiter wirklich zu einer Einheit werden.

In der heutigen Zeit werden diese Fähigkeiten noch wichtiger, denn die moderne Zucht bringt immer mehr Dynamik und Athletik in die Pferdebewegung. Je spektakulärer die Bewegungsabläufe im Gesamtbild erscheinen, desto attraktiver für den Betrachter. Für den Reiter, wie auch das Pferd, hat dies jedoch viel mehr Nachteile als Vorteile. Kaum ein Freizeitreiter kann diese überdurchschnittliche Beweglichkeit körperlich kompensieren! Viele üben eine sitzende Tätigkeit im Job aus und bewegen sich auch in ihrer Freizeit viel zu wenig. Ab dem Kindesalter werden koordinative Ausprägungen geschult. Wenn Kinder nur noch vor dem Tablet oder Handy sitzen, anstatt draußen in der Natur ihren Körper spielerisch zu schulen, können aus ihnen keine guten Reiter werden. Aber auch die Profireiter kommen deutlich an ihre Grenzen, diese Dynamik körperlich zu verpacken. Es ist für einen Reiter äußerst anspruchsvoll, ein Pferd mit einer hypermobilen Bewegung muskulär so zu trainieren, dass dessen Bewegungsapparat überhaupt die Stabilität erlangt, sich selbst plus den Reiter zu tragen. Solche Pferde verlangen dem Reiter nicht nur einen ausbalancierten Sitz, sondern auch ein biomechanisches Wissen und sehr viel Geduld und Zeit ab. Zeit, die heutige Bereiter und Ausbilder nicht haben, da von den Besitzern schnell große Fortschritte erwartet werden. Die Folge sind Pferde in häufig jungem Alter, die »kaputt« in die Ecke gestellt werden, weil sie den körperlichen Anforderungen nicht gerecht werden können! Bei ihnen leidet der gesamte Rumpftrageapparat und die Lastaufnahme der Hinterhand zugunsten spektakulärer Bewegungen der Vorhand – sogenannte »Lampenaustreter«. Der Rumpf als Zentrum ist jedoch der Teil, der den Reiter tragen können muss. Ist dieser zu schwach, leiden andere Strukturen so sehr, dass das Pferd häufig in eine Verletzungsserie gleitet.

TIPP:

Beim Pferdekauf nicht das Hauptaugenmerk auf außerordentliche Bewegungen setzen, sondern vielmehr darauf, ob sich in allen drei Grundgangarten ein angenehmes Reitgefühl einstellt.

Weitere koordinative Herausforderungen sind auch das korrekte Reiten von Bahnfiguren, das Achtgeben auf seine Mitreiter, ebenso der hohe Anspruch beim Reiten nach Musik in einer Kür oder Quadrille.

Nur wenn ein Reiter ausbalanciert sitzt, kann er in seiner täglichen Arbeit mit dem Pferd auch die Ausbildungsskala (Takt, Losgelassenheit, Anlehnung, Schwung, Geraderichtung und Versammlung) als roten Faden nutzen.

Bei den folgenden Übungen ist zu beachten, dass das Gleichgewicht zunächst statisch (ohne Bewegung) und erst dann dynamisch (mit Bewegung) trainiert und geübt werden sollte. Übungen mit Bewegung sind deutlich anspruchsvoller und eine Steigerung. Dieser Grundsatz ist aus der kindlichen Entwicklung des Menschen abgeleitet (nachzulesen im Kapitel Kraft: der »aktive Stand«).

Um die Koordination zu verbessern, sind auf den nächsten Seiten Übungen zu finden, die sowohl ohne Pferd als auch im Sattel durchgeführt werden können. Die Koordination kann täglich trainiert werden. Zu beachten ist jedoch, dass dies zu einer mentalen Erschöpfung führen kann. Daher sollte nach einem auf die Koordination abgestimmten Training durchaus eine längere Erholungsphase einkalkuliert werden. Dies gilt für Mensch und Tier. Ein Pferd kann zum Beispiel nach einem Stangentraining ebenso mental ermüden wie sein Reiter. Jede Übung schult die sieben Fähigkeiten der Koordination.

Die erste Übung ist der **Einbeinstand**. Schon auf diese einfache Weise lassen sich nicht nur Gleichgewicht und Balance, sondern auch Rumpfmuskulatur und treibende Muskulatur trainieren. Es geht in erster Linie nicht darum, wie hoch das Bein genommen wird, sondern darum, dass nur ein Fuß auf dem Boden steht. Für die Zeitdauer gibt es keine Richtlinie. Das Ziel ist es, so lange auf einem Bein zu stehen wie möglich. Um die Übung zu erschweren, kann man sich eine Putzbürste aus dem Putzkoffer nehmen und sie erst mit seiner »guten« und dann mit seiner »schlechteren« Hand hochwerfen. Je höher sie geworfen wird, desto schwieriger. Die Putzbürste kann auch um den Körper herumgegeben werden oder unter dem freien Bein hergeführt werden. Aus dieser Übung lassen sich sehr viele Variationen entwickeln. Hierbei darf und soll der Kreativität freien Lauf gelassen werden. Zu eintönige, immer gleich wiederholte Übungssequenzen fördern die Koordination nach einiger Zeit nicht mehr, sondern lassen sie eher auf bestehendem Niveau abstumpfen. Aus diesem Grund sollten immer neue Anreize geschaffen werden.

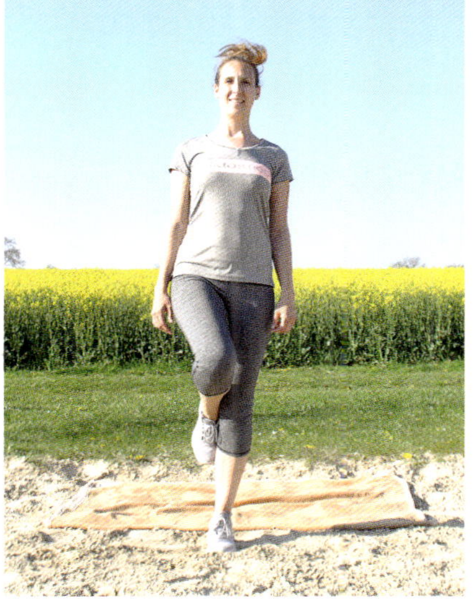

Einbeinstand

Diese Übung kann man spielerisch in den Tagesablauf einbauen: einfach morgens und abends beim Zähneputzen abwechselnd auf einem Bein stehen. Durch die Bewegung der Zahnbürste über die Hand leistet der Körper eine koordinative Tätigkeit. Funktioniert auch beim Putzen des Pferdes!

Die zweite Koordinationsübung kennt der ein oder andere eventuell noch aus dem Kindergarten oder der Grundschule, das bekannte **»Piss-Pott«**-Spielchen. Früher auf dem Schulhof gingen immer zwei Kinder aufeinander zu, jeder setzte in gerader Linie einen Fuß direkt vor den anderen. Der, der seinen Fuß nicht mehr vor den anderen stellen konnte, weil der Fuß des Gegners schon da war, hatte verloren. Beim Üben geht es jedoch nicht ums Gewinnen, sondern darum, ganz gerade auf einer gedachten Linie zu laufen, ohne einen Ausfallschritt zur Seite zu provozieren oder umzufallen. Man kann auch den Führstrick auf den Boden legen und darauf vor und zurück balancieren.

An dieser wackeligen Angelegenheit kann man sich ebenso wie am Einbeinstand beim Zähneputzen versuchen, sie als kleinen abwechslungsreichen Spaß mit den Kollegen im Büro einbauen oder auch allein beim Telefonieren.

Auch diese Übung kann anspruchsvoller gestaltet werden, indem man eine Socke, einen Ball oder das Putzzeug aus dem Stall einbezieht und während des Laufens hochwirft oder das Vor- und Zurücklaufen mit geschlossenen Augen versucht.

Die letzte Übung ohne Pferd ist die **Standwaage**. Dafür benötigt man zwar etwas Platz, man kann sie aber genau wie die ersten beiden Übungen grundsätzlich überall durchführen und in den Alltag einbauen. Der stehende Fuß, das Knie und das

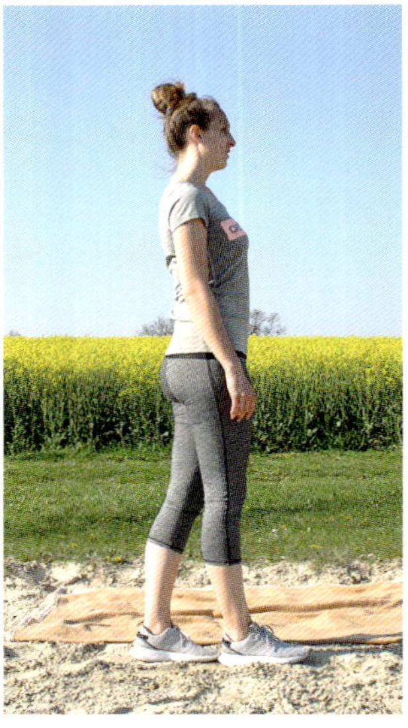

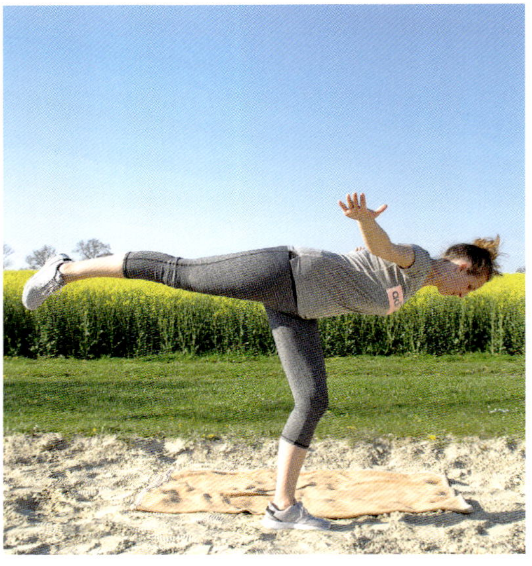

Links: Piss-Pott-Spiel
Rechts: Standwaage

Hüftgelenk werden in einer Linie untereinander positioniert. Ziel ist es, den Körper möglichst in einer waagerechten Position zu halten. Der Blick ist dabei auf den Boden gerichtet, wobei der Kopf dennoch getragen und nicht hängen gelassen wird!

Auf dem Pferd die Koordination üben

Generell ist zu empfehlen, vor dem Reiten ein paar Minuten Koordinationsübungen durchzuführen. Sie können hervorragend mit Übungen in der Aufwärmungsphase kombiniert werden. Wie? Ganz einfach: das Pferd einfach mal auf einem Bein stehend putzen, ja, von den Ohren bis zu den Hufen. Weitere Variationen sind auf einem Bein zu satteln, zu trensen oder die Box zu misten.

Die erste Übung mit Pferd sieht folgendermaßen aus: **ohne Sattel oder mit einem Pad reiten**. In der Kindheit ist man viel öfter ohne Sattel geritten als heute. Es wurden einfach keine Gedanken an einen passenden Sattel verschwendet, denn es gab keinen. Viele der kleinen Shettys hatten gar keinen eigenen Sattel. Also hieß es putzen und ab, drauf ohne Sattel. Viele Sättel, die man heute sieht und die verkauft werden, kann man nur noch als »Sitzprothesen« bezeichnen. Sie haben viel zu große und lange Pauschen, eine zu kleine Sitzfläche, und dem Pferd passen sie auch nicht richtig. In der Sattelindustrie wird immer weiter produziert und produziert, ohne wirklich zu verstehen, was der einzelne Reiter benötigt (vom Pferd ganz zu schweigen). Die meisten Sättel machen den Reiter fast bewegungsunfähig. So kann der Reiter der Bewegung des Pferdes niemals folgen und mit ihm zu einer Einheit verschmelzen. Wenn man hingegen ohne Sattel reitet, hat man keine Polster zwischen sich und seinem Pferd. Jede noch so kleine Hilfe über Gewicht und Schenkel kommt direkt an. Hier kann man beobachten, wer wirklich ein Team mit seinem Pferd bildet und dessen Bewegungen koordinativ kompensieren kann. Es ist nicht die Aufgabe, direkt einen starken Galopp über die Diagonale zu zeigen. Kleine Schritte sind in dieser Übung viel mehr wert. Es gilt erst, Vertrauen zu finden und sich wohlzufühlen. Steigern kann man die Anforderungen immer noch... Denn: Viele Reiter trauen sich heutzutage noch nicht einmal, ihr Pferd mit Sattel am komplett hingegebenen Zügel zu reiten. Sobald ihnen jede Form von Stütze genommen wird, werden sie unsicher und wackelig. Das bedeutet, dass sie im Sattel sehr instabil werden, die Körperspannung verloren geht und sie schnell aus dem Takt kommen.

Das Reiten ohne Sattel kann man mit der nächsten Übung hervorragend kombinieren: **Reiten mit einer Hand**. Die Zügel sind bekanntlich *nicht* dafür da, um sich daran festzuhalten, sodass man nicht herunterfällt. Die Zügelhilfen sollen minimal gegeben werden. In der Regel reicht es schon, die locker geschlossene, aufrechte Faust leicht zusammenzudrücken und wieder zu lösen, als wollte man ein Schwämmchen auspressen. Dies hat nichts mit Riegeln (was unerwünscht ist) zu tun und

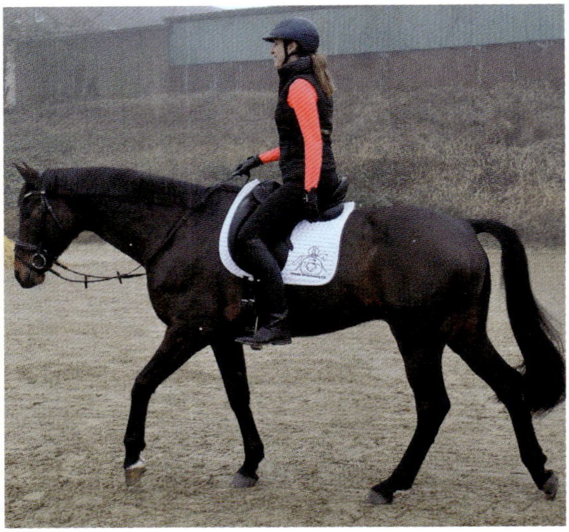

Reiten mit einer Hand

soll auch nicht permanent durchgeführt werden. Im Zusammenspiel mit Gewichts- und Schenkelhilfen dient das »Schwämmchenausdrücken« als Zügelhilfe für halbe oder ganze Paraden. Viele Reiter halten sich jedoch krampfhaft an den Zügeln fest und verursachen bei ihrem Pferd pure Schmerzzustände im Maul, die sich auf den gesamten Körper negativ auswirken. Auch bei dieser Übung ist Koordination notwendig: Einmal ist die Grobmotorik gefragt, um nicht vom Pferd zu fallen, nur weil man die Zügel in einer Hand hat, zum anderen die Feinmotorik für eine weiche, stetig federnde, anlehnende Verbindung zum Pferdemaul. Viele Pferde reagieren sehr positiv auf diese Übung. Es fällt ihnen leichter, die Anlehnung zu suchen. Zur Unterstützung kann die eine Hand, in der die Zügel gehalten werden, sich Kontakt zum Hilfsriemen suchen, der nochmal mehr Ruhe und Konstanz bietet.

Einhändig muss man nicht nur mit durchhängendem Zügel reiten, die Zügel können durchaus auch aufgenommen werden, um dann die Führung einhändig zu übergeben. Wichtig ist, dass die Zügel in die äußere Hand genommen werden, um hier eine imaginäre Verbindung als Bandenersatz zu gewährleisten. Weiterhin kann durch wegfallenden Zug des inneren Zügels das innere Hinterbein frei beweglich nach vorne unter den Schwerpunkt fußen. Das einhändige Reiten ist auch eine gute Möglichkeit, zu überprüfen, ob das Pferd in der Lage ist, ohne jeden Druck und Zwang reell vorwärts-abwärts zu laufen und sich eigenständig zu tragen. Dies ist eine Grundvoraussetzung, um das Reitergewicht zu tragen. Darauf sollte stetig hingearbeitet werden, diese Basisarbeit ist unabdingbar für die Gesunderhaltung des Pferdes.

Die folgende Übung betrifft die Steigbügel. Gerade beim Warmreiten oder zwischendurch in entspannten Schrittpausen, aber auch in der Arbeitsphase die **Füße aus dem Bügel nehmen** und sie locker baumeln lassen. Ein gut im Gleichgewicht sitzender Reiter benötigt keine Steigbügel, um Halt zu finden. Es ist wichtig, dass das Bein frei und locker nach unten fallen kann. Dies mobilisiert zeitgleich das Hüftgelenk (bestehend aus dem Oberschenkelkopf und der Beckenpfanne) und fördert somit parallel die Beckenbeweglichkeit. Auch das Kniegelenk und die Sprunggelenke entspannen sich sichtlich und können in der Bewegung wieder mitfedern. Die Schwerkraft und das Gewicht des Beins führen dazu, dass sich alle soeben genannten Gelenke leicht auseinanderbewegen. Dies nennt man Traktion und ist eine entlastende Position, die auch parallel die Muskeln entspannt.

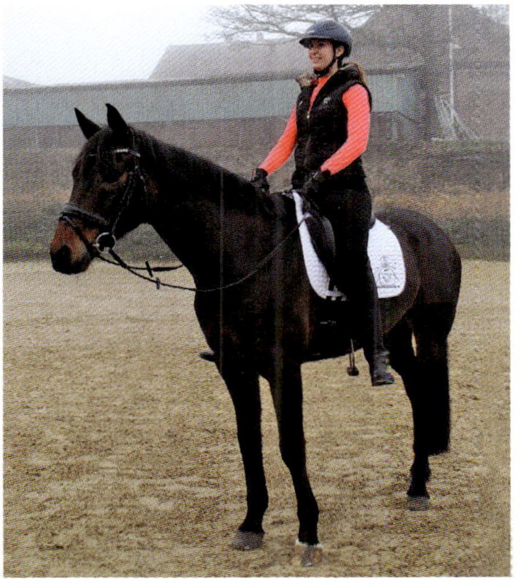

Reiten ohne Steigbügel

Die Fußunterseiten bekommen durch den wegfallenden Druck keine Informationen mehr über den Steigbügel (Tiefenwahrnehmung). Dadurch ist das Becken gezwungen, diese Aufgabe der Reizaufnahme zu übernehmen. Dies fördert die physiologischen Beckenbewegungen und schult die Propriozeption. Generell fördert das Reiten ohne Bügel im Trab und Galopp die Koordination ungemein. Jeder Reitanfänger sollte das Reiten ohne Steigbügel erlernen.

Eine weitere Übung, um die Koordination und das Gleichgewicht zu schulen, könnte man als **Leichttraben im Galopp** bezeichnen. Es ist eine meiner persönlichen Lieblingsübungen, da sie tatsächlich viel Positives für das Pferd und den Reiter bringt. Die Bügel sollten für diese Übung 2 bis 5 Löcher kürzer geschnallt werden. Der Reiter galoppiert ganze Bahn und beginnt damit, sich vier Galoppsprünge in die Steigbügel in den leichten Sitz zu stellen. Danach sitzt er vier Galoppsprünge im Sattel ein. Dieser Ablauf wird immer wieder im Wechsel vollzogen. Der Reiter soll dabei schnell reagierend aus dem Sattel kommen, wenn er sich in die Steigbügel stellt, und sich ebenso schnell, aber sanft in den Sattel zurücksetzen. Der Reiter darf sich vorne am Sattelzwiesel festhalten oder kann die Zügelbrücke zur Unterstützung nutzen. Wenn die Übung

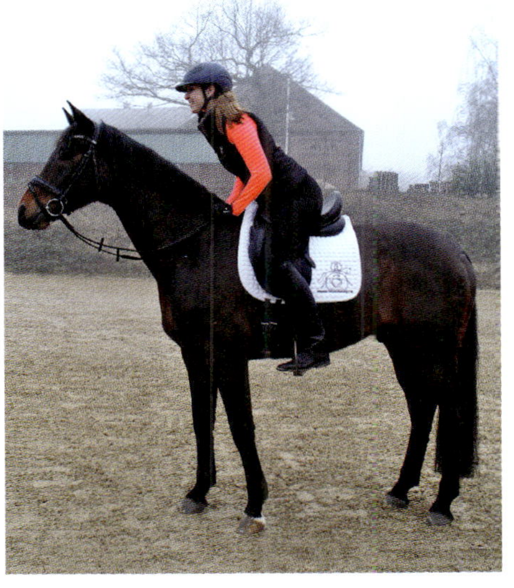

Der leichte Sitz im Stand

mit vier Galoppsprüngen flüssig funktioniert, geht der Reiter in die Frequenz von drei, dann zwei und schließlich einem Galoppsprung über. Dies ähnelt dann dem Leichttraben, nur eben im Galopp. Das Pferd reagiert auf diese Übung in den meisten Fällen durchweg positiv. Durch die vielen langen Runden des Galoppierens aktiviert es seine Hinterhand sowie die Muskulatur des Rumpftrageapparats und wird unheimlich schnell locker. Wichtig ist, dass man die Übung auf beiden Händen ausführt. Eine Richtung geht dem Reiter meistens leichter von der Hand.

Die Übung fördert die koordinativen Fähigkeiten, vor allem das Gleichgewicht, das Rhythmusgefühl, die Kopplung (Kombination der sieben verschiedenen Koordinationselemente) und – ganz wichtig für einen Reiter – die Reaktionsfähigkeit! Weiterhin ist diese Übung ein Ausdauertraining für Pferd und Reiter wie auch ein integriertes Krafttraining beider Partner.

Die letzte Übung ist das **»Jonglieren« auf dem Pferd**. Wer sich frei nicht traut, kann es natürlich auch zuerst im Stand und dann an der Longe testen. Für den Anfang wirft der Reiter einen Ball mit der Hand, mit der er auch schreibt, und fängt ihn mit der anderen oder auch nur mit der gleichen Hand. Der Ball sollte erst nur ein wenig hochgeworfen werden. Wer sich sicher fühlt, darf ihn ruhig richtig fliegen lassen. Einzuplanen ist dabei jedoch die Bewegung des Pferdes. Es können auch zwei Bälle parallel als Steigerung geworfen werden. Wer ein sicheres Händchen beweist und sich traut, kann diese Übung auch im Trab und oder Galopp ausführen. Vorher ist jedoch sicherzustellen, dass das Pferd nicht erschrickt, wenn ein Ball sich Richtung Hallenboden verabschiedet.

Eine einfachere Version ist es, statt des Zügels den Ball in die innere Hand zu nehmen und nicht zu werfen. Damit können erst einfache große Bahnfiguren geritten werden, später dann auch einhändig Lektionen. Ziel ist es, den Reiter dazu zu bewegen, sich unbewusst mehr auf seine Gewichts- und Schenkelhilfen zu konzentrieren, um eine möglichst feine Zügelführung der inneren Hand zu gewährleisten. Die äußere Hand mit beiden Zügeln dient dem Pferd als Anlehnung. Selbstverständlich kann der Zügel auch an der Schnalle angefasst werden.

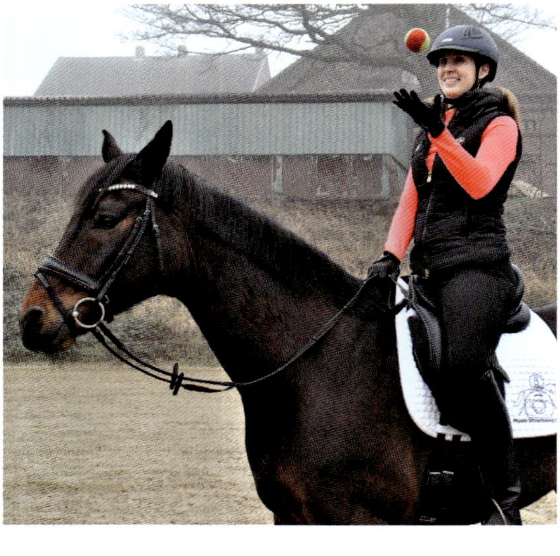

Jonglieren beim Reiten

Diese Übung ist sehr hilfreich, um die Hilfengebung fein zu justieren und abzustimmen und das von der Hand unabhängige Reiten zu fördern.

Aufwärmen: Unerlässlich vor dem Reiten!

Reiter werden von anderen Sportlern oft als Nichtsportler angesehen. Um ehrlich zu sein, sind Reiter daran auch oft selbst schuld. Ich kenne keinen Tennisspieler, Schwimmer, Turner oder Triathleten, der sich vor dem Training oder Wettkampf nicht aufwärmt – außer uns Reiter. Ich beobachte immer wieder, dass ein Reiter mit seinem Pferd in die Halle kommt, sich die Aufstiegshilfe schnappt und sich direkt aufs Pferd setzt. Komisch! Wir wärmen unseren Partner Pferd auf, aber uns selbst nicht? Dabei ist die Aufwärmung für den Reiter unglaublich wichtig. Wenn Reiter wüssten, wie viel es nützt, würden sie sich vor jedem Training oder Wettkampf aufwärmen. Im »kalten Zustand« können wir nicht 100 % verlangen und schon gar nicht geben. Der menschliche Körper benötigt nach wissenschaftlichen Erkenntnissen ca. 10 Minuten Zeit, um etwa 60 % der Körpermuskulatur zu erwärmen.

Aufwärmung fördert die Durchblutung im gesamten Körper, die Herzaktivität steigt, wie auch die der Atmung. Das Blut wird in der Lunge mit frischem Sauerstoff angereichert, welcher von der Muskulatur zur Energiegewinnung benötigt wird. In unseren Zellen ist zu Beginn einer Aktivität noch ein Rest Sauerstoff gespeichert. Wenn dieser aufgebraucht ist, benötigen die Zellen Nachschub. Bei der Energieherstellung fällt allerdings ein Abfallprodukt an, das Laktat. Es kann nur abgebaut und abtransportiert werden, wenn eine gute Durchblutung besteht (s. Thema Kraft). Durch erhöhte Belastung kann es dazu kommen, dass sich vermehrt Kohlenstoffdioxid im Blut anreichert. Eine schnellere Atemfrequenz hilft, dieses besser abzuatmen. Bei Reitern, die zum Beispiel unter Asthma leiden, kann es passieren, dass dieser physiologische Weg nicht funktioniert. In schlimmen Fällen führt das zu einer Hyperventilation (übermäßige Belüftung der Lunge häufig in Kombination mit Luftnot und Panikattacken, auch in Stresssituationen möglich). Alle physiologischen Reaktionen im menschlichen Körper laufen bei Ende 30 Grad am effektivsten ab. Das Blut fließt schneller und Nährstoffe wie auch Sauerstoff gelangen schneller in die Muskulatur. Das bedeutet, dass alle Funktionen, die wir für das Reiten benötigen, nur dann positiv für uns arbeiten, wenn wir uns aufgewärmt haben und die Körpertemperatur erhöht ist. Eine vermehrte Durchblutung verbessert zudem die Nervenleitgeschwindigkeit im Körper, wodurch die Muskulatur schnellere Impulse zur Anspannungsaktivität bekommt. Einfach gesagt: Die Muskeln können höhere Leistungen erbringen.

Auch die Elastizität von Band- und Sehnenapparaten wird optimiert. Sie gehören zum passiven Teil des Gelenkapparats und sind von Natur aus teilweise deutlich schlechter durchblutet. Durch den Aufwärmungsprozess und die Mehrdurchblutung werden Bänder und Sehnen geschmiert. So können Verletzungen vermieden, die Gelenksysteme geschützt und Verschleißerscheinungen reduziert werden. Sehnen sind die Verbindungsstellen zwischen Muskulatur und Knochen. Daher ist es auch für die Muskulatur enorm wichtig, dass der angegliederte Sehnenapparat Halt gibt.

Die Aufwärmung fördert somit auch die Beweglichkeit aller Gelenke im Körper. Durch die Mehrdurchblutung wird vom Körper mehr Gelenkschmiere (Synovia) produziert. In ihr schwimmen kleine Nährstoffteilchen für den Gelenkknorpel. Dieser kann nur bei einem guten Ausgleich zwischen Be- und Entlastung optimal ernährt werden. Die Nährstoffe werden während der Belastung in den Knorpel eingewalkt.

Das Bindegewebe und die Faszien profitieren ebenfalls vom Aufwärmungsprozess. Durch die erhöhte Durchblutung ist es ihnen möglich, sanft aneinander vorbeizugleiten. Sind Gewebe und Muskulatur geschmeidig und locker, stellen sich die Gelenke häufig selbst wieder ein.

Der Körper weiß bei einer erhöhten Aktivität sofort, dass die Arbeit der Verdauungsorgane zurückgefahren werden muss. Der Körper ist wach, der Sympathikus aktiv. Das Blut wird nicht nur der Muskulatur und den Gelenken zur Verfügung gestellt, sondern auch das Gehirn wird stärker durchblutet. Koordination und Gleichgewicht sind nicht nur für harmonisches Reiten erforderlich, sondern auch für unsere Sicherheit! Es ist beim Reiten manchmal überlebenswichtig, in Bruchteilen von Sekunden Entscheidungen zu treffen. Diese Aufgabe übernimmt unter anderem das Kleinhirn. Es sitzt im hinteren Teil des Schädels über der *Medulla oblongata*, dem Hauptatemzentrum. Erschrickt das Fluchttier Pferd, muss ein Reiter blitzschnell reagieren können, sonst findet er sich auf dem Hallenboden wieder. Stürze und Unfälle können schwerwiegend sein. Knochenbrüche gehören da noch zu den harmloseren Verletzungen. Leider gibt es im Reitsport immer wieder Stürze mit Todesfolge! Nicht nur in der Jungpferdeausbildung ist die Gefahr erhöht und nicht nur unerfahrene Reiter haben ein größeres Risiko zu tragen.

Das Herunterfallen kann also minimiert werden, wenn der Reiter sich zuvor aufgewärmt hat und die Reaktionszeit durch die Mehrdurchblutung im Gehirn möglichst kurzgehalten wird. Das bedeutet, **Aufwärmung vor dem Reiten ist Unfallprävention!** Es gilt: Safety first – Sicherheit zuerst! Dazu zählt auch die Aufwärmung!

Meine Lieblingsübungen zur Aufwärmung möchte ich Euch mit auf den Weg geben. Man kann sie einfach auf der Stallgasse oder in der Halle machen.

Ich empfehle außerdem, etwa 5 bis 10 Minuten mit seinem Pferd mitzulaufen, bevor man sich in den Sattel schwingt. Auch das Pferd sollte die Möglichkeit erhalten, ohne Gewicht auf dem Rücken warm zu werden.

Die erste Übung ist der **Hampelmann**. Der Rhythmus findet in einer springenden Bewegung statt. Die Arme werden seitlich am Körper nach oben geführt, gleichzeitig springen die Füße auseinander. Während die Arme dann nach unten genommen werden, springen die Füße wieder in den Parallelstand.

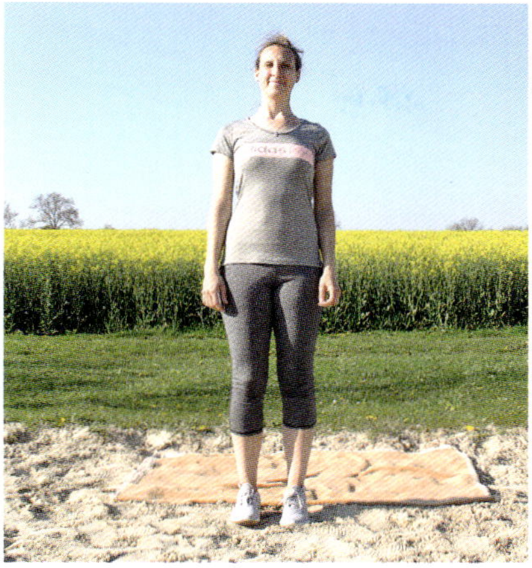

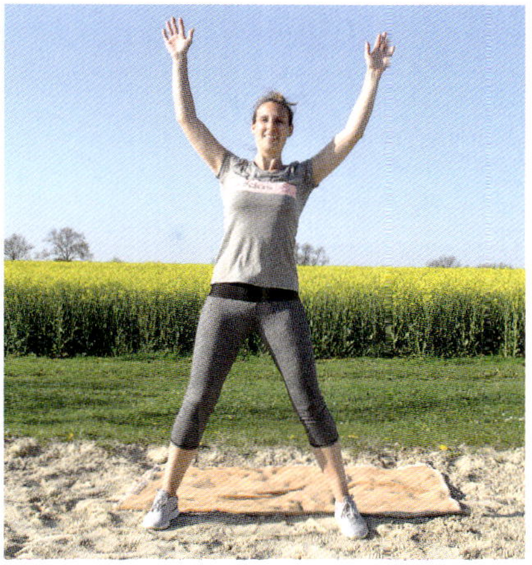

Links: Ausgangsstellung

Rechts: Hampelmann

Der Hampelmann ist eine super Aufwärmübung. Er bringt alle Muskeln in Schwung, die der Reiter benötigt. Um auf die erwähnten 10 Minuten Aufwärmung zu kommen, empfehle ich, die Übungen immer wieder hintereinander weg zu machen und kurze Pausen einzubauen (30 bis 60 Sekunden Belastung, 60 Sekunden Pause, das auf 10 Minuten verteilt).

Man kann die Übung auch leicht abwandeln. Eine Alternative ist es, in die Hocke zu gehen und daraus mit lang gestreckten Armen in Richtung Himmel zu springen (Wiederholungsanzahl wie beim Hampelmann). Diese Übung nennt sich dann **Strecksprung**.

Die zweite Übung ist der **Drehsprung**. Dabei wird von Kopf, Armen und angewinkeltem Bein für jeden neuen Sprung die Seite gewechselt. Dadurch entsteht eine Art Hopserlauf auf einer geraden Linie. Für den Hopserlauf bietet sich die Stallgasse oder die lange Seite der Halle an.

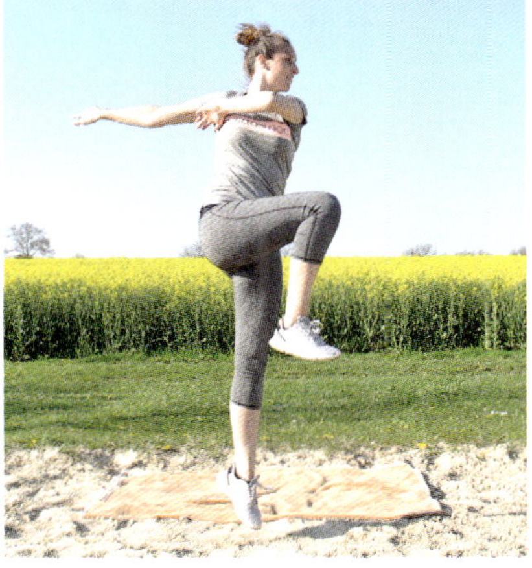

Drehsprung

In der dritten Übung ist der **Ausfallschritt** das Fundament. Die Arme werden parallel über den Kopf Richtung Himmel gestreckt. Der Oberkörper bewegt sich in der maximalen Streckung und Drehung/Rotation der Wirbelsäule abwechselnd nach rechts und links. Diese Übung kann so gestaltet werden, dass die Ausfallschritte wie eine Kette hinter-

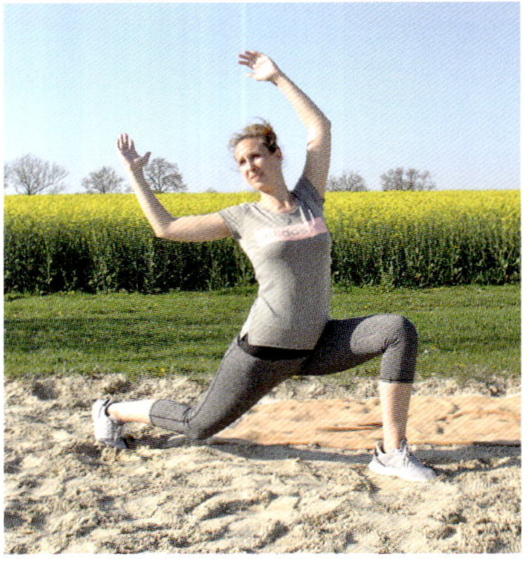

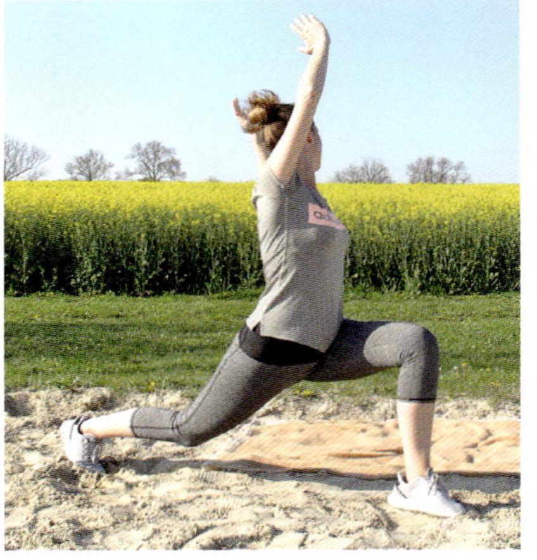

Ausfallschritt Variante 1 und Variante 2

einander gereiht werden. Dafür kann die Stallgasse oder auch die lange Hallenseite genutzt werden. Optimal ist es, pro Ausfallschritt den Oberkörper einmal in die eine, einmal in die andere Richtung auszurichten, bevor der neue Ausfallschritt folgt (ein Ausfallschritt, zwei Bewegungsrichtungen).

TIPP:

Nutze zur Aufwärmung auch die Übungen aus dem Kapitel Beweglichkeit zur Wirbelsäulenmobilisation.

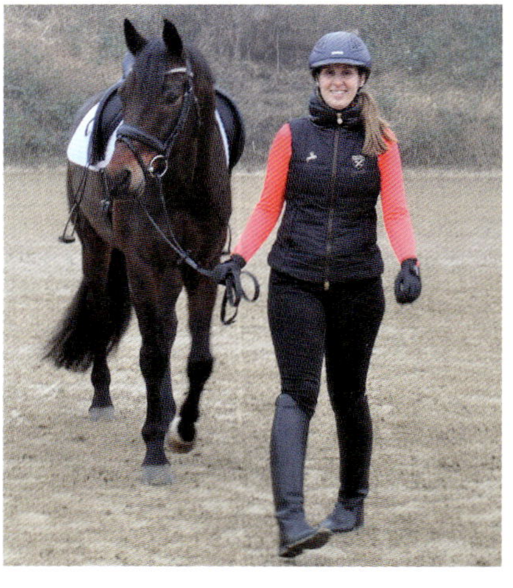

Charlie Chaplin

Zwei weitere Übungen kann man einbauen, wenn man mit seinem Pferd zusammen warmläuft. Die erste Übung ist die **Innen- und Außenrotation beim Gehen**: an der langen Seiten die Füße nach innen drehen, an der nächsten langen Seite nach außen – so wie Charlie Chaplin! Diese lustige Variante des Gehens ist nicht nur sehr spaßig und bringt gute Laune, sondern mobilisiert hervorragend die Hüftgelenke, damit das Reiterbein später im Sattel schön lang wird.

TIPP:

Lockerungsübungen beim Warmlaufen mit dem Pferd sorgen für ein himmlisches Reitgefühl beim Aussitzen und im Galopp.

Die zweite Übung, die **»Fußballübung«**, ist, wie der Name schon verrät, eine Standardübung im Fußball. Das Knie wird beim Laufen nach vorne auf Hüfthöhe hochgezogen und nach außen weg zur Seite bewegt (beide Seiten). Dabei wird nicht nur das Hüftgelenk mobilisiert, sondern auch das Becken. Diese Übung hilft dem Reiter, im Sattel leichter der Pferdebewegung zu folgen und auch beim Aussitzen harmonischer mitzuschwingen.

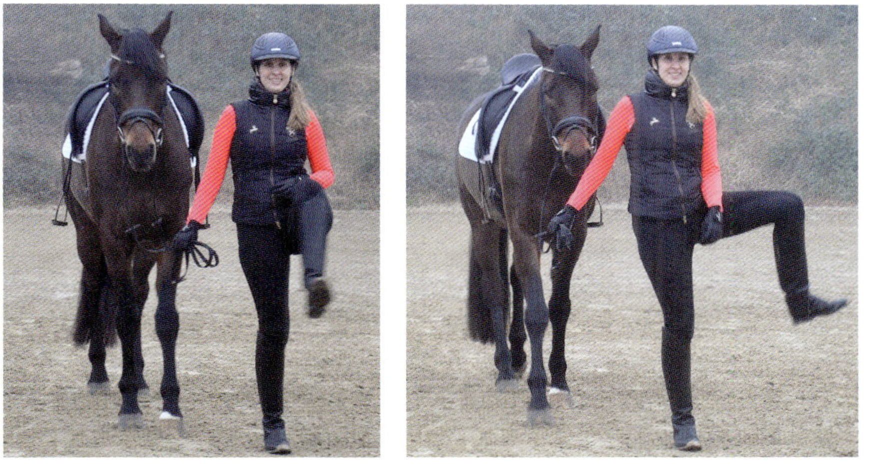

Fußballübung: Ausgangsstellung und Bewegungsweg

Das Wichtigste beim Aufwärmen ist, **keine Scheu vor skeptischen Blicken** zu haben!

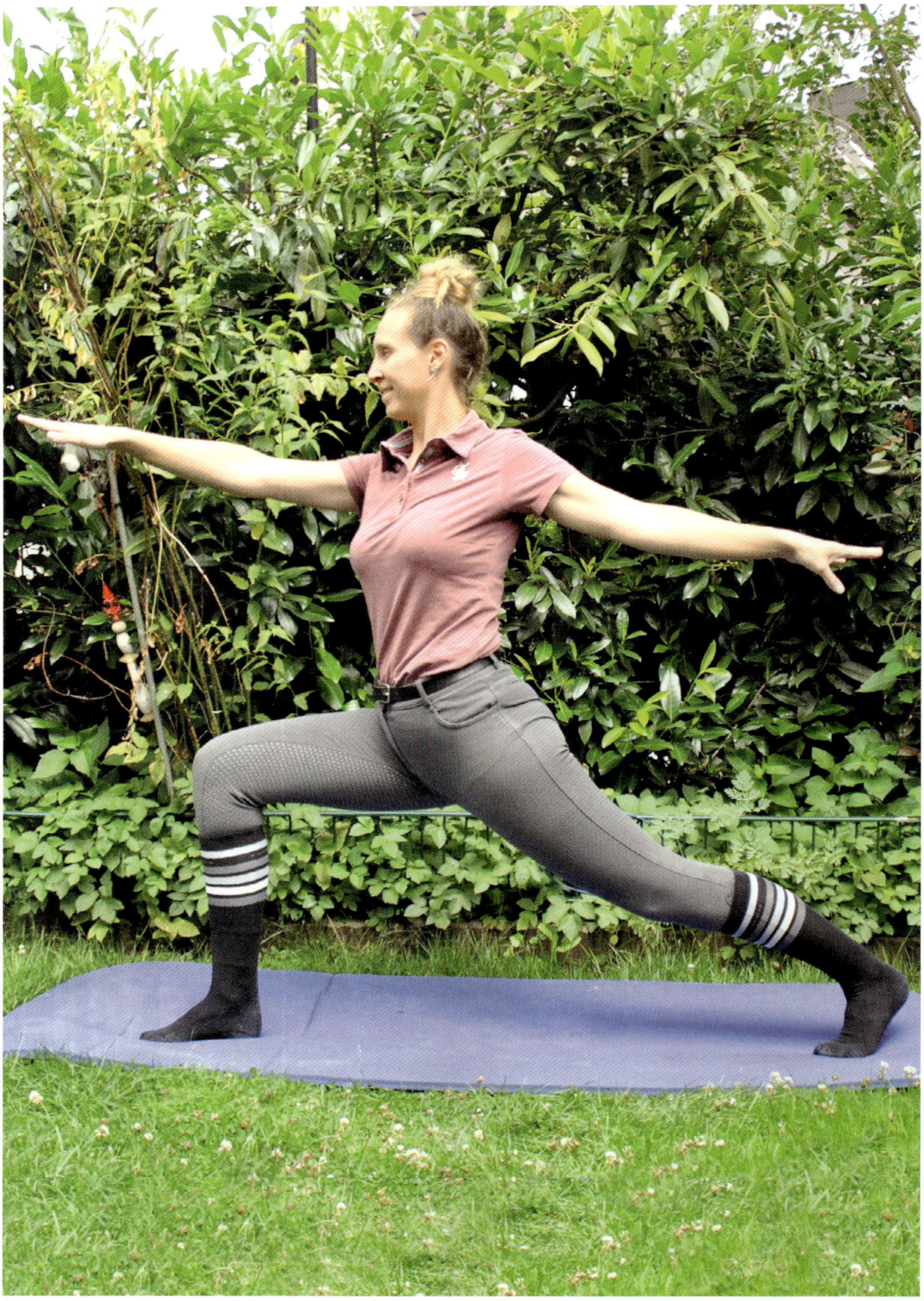

Kraft – klug eingesetzt

»Du sollst doch nicht mit Kraft reiten!« Diesen Satz hört man häufiger von Reitlehrern. Ich sage: ja und nein. Es ist die Frage, an welcher Stelle der Reiter seine Kraft einsetzt. Natürlich ist nicht gemeint, dem Pferd grob im Maul zu ziehen und dafür die Armkraft zu nutzen. Vielmehr gilt es, die vorhandene Kraft klug und feinfühlig anzuwenden, um zum Beispiel das Becken aufrecht zu halten sowie eine aufgerichtete Körperhaltung zu erzielen und um zu treiben.

Was ist überhaupt Kraft? Kraft ist die Fähigkeit des Nerv-Muskel-Systems, durch Muskelkontraktionen Widerstände zu überwinden. Dies nennt man konzentrische Muskelarbeit. Das Potential, Widerständen wie der Schwerkraft entgegenzuwirken (Treppe oder Hügel hinunterlaufen, bremsende und nachlassende Muskelarbeit), bezeichnet man als exzentrische Arbeit, sie zu halten, als statische/isometrische Arbeit. Hierbei spannt die Muskulatur an, ohne eine Bewegung hervorzurufen.

Ziele des Muskeltrainings sind Veränderungen in Form von Kräftigung der Muskulatur, Abbau muskulärer Fehlhaltung, Erweiterung des Muskelquerschnitts und Optimierung des Innervationsvermögens. Die Anpassung im Körper erfolgt in verschiedenen Systemen. Die Nerven erlangen eine höhere Frequenz in ihrer Leitfähigkeit. Die Muskulatur bildet mehr Blutgefäße aus, wodurch Stoffwechselprozesse optimiert werden. Die Muskulatur wächst auch im Querschnitt und erhält somit mehr Kraft. Das Bindegewebe bildet mehr Fasern aus. Dadurch vergrößern sich Sehnenquerschnitte und Bindegewebsfasern, diese werden strapazierfähiger. Die knöchernen Strukturen profitieren ebenso vom Krafttraining. Die Knochendichte erhöht sich und es findet eine positive Anpassung für Gelenke und deren Belastungsfähigkeit statt. Verändern sich die Gelenke, baut sich auch der Gelenkknorpel mit auf. Es entstehen mehr Zellen und es folgt eine Steigerung des Stoffwechsels.

TRAINIERT WIRD MIT VERSCHIEDENEN KRAFTARTEN:

- Maximalkraft
- Kraftausdauer
- Schnellkraft
- Reaktivkraft
- Explosivkraft
- Absolutkraft und
- Relativkraft

Hier ein kurzer Einblick, was die einzelnen Kraftarten ausmacht und wo wir sie im Sport wiederfinden: Die Maximalkraft bezeichnet die größte mögliche Kraft, die das Muskel-Nerv-System bei maximaler Anspannung auszuüben vermag (Gewichtheben). Kraftausdauer ist die Fähigkeit des neuromuskulären Systems, möglichst viele Kraftstöße in einer vorgegebenen Zeit gegen höhere Lasten zu realisieren (Rudern). Schnellkraft nennt man das Vermögen, einen möglichst großen Kraftimpuls in einer vorgegebenen Zeit zu entfalten (Sprinter). Reaktivkraft befähigt den Muskel, bei Dehnung und Verkürzung der Muskulatur einen hohen Kraftstoß zu erzeugen (Dreisprung). Je schneller während einer Muskelkontraktion die erzeugte Kraft ansteigt, desto höher ist die Explosivkraft (Boxen, Fechten). Die Absolutkraft ist die Kraft, die maximal gegen einen Widerstand ausgeübt werden kann (Bankdrücken). Relativkraft umfasst die maximale Kraftleistung im Verhältnis zur Körpermasse.

Reiter benötigen zwei dieser Kraftarten am meisten: zum einen die Kraftausdauer, um den Grundsitz lange Zeit halten, aber auch einen Spring- oder Geländeparcours absolvieren zu können. Auf der anderen Seite brauchen sie auch die Schnellkraft, um beim Springen schnell aus dem Sattel zu kommen.

Wichtig beim Training zu beachten ist die **Reizstufenregel nach Roux**, um optimale Trainingsreize setzen zu können.

- unterschwelliger Reiz → keine Wirkung
- schwach überschwelliger Reiz → funktionserhaltend
- stark überschwelliger Reiz → leistungssteigernd
- zu starker Reiz → funktionsschädigend

Im Verlauf dieses Kapitels wird beschrieben, wie der Reiter seine persönliche Maximalkraft errechnen kann. Daraus kann abgeleitet werden, wie viel Gewicht beim Training genutzt werden soll und/oder wie viele Wiederholungen der Körper benötigt. Diese gezielte Auslotung des Trainings beinhaltet die Reizstufenregel nach Roux. Dabei geht es darum, zu verstehen, weshalb es verschiedene Trainingsprinzipien gibt und es weder von Nutzen ist, sein Training stetig mit einer Wiederholung noch mit 2.000 Wiederholungen durchzuführen. Eine einzige Wiederholung ist noch nicht einmal funktionserhaltend, während 2.000 Wiederholungen ein so großer Reiz sind, dass man dem Gewebe einen langanhaltenden Schaden zufügen wird.

Wenn mit stark überschwelligen Reizen trainiert wird, ist es wichtig, dass der Körper das Prinzip der Gegenregulation nutzt. Dies wird durch das **Superkompensationsmodell** beschrieben:

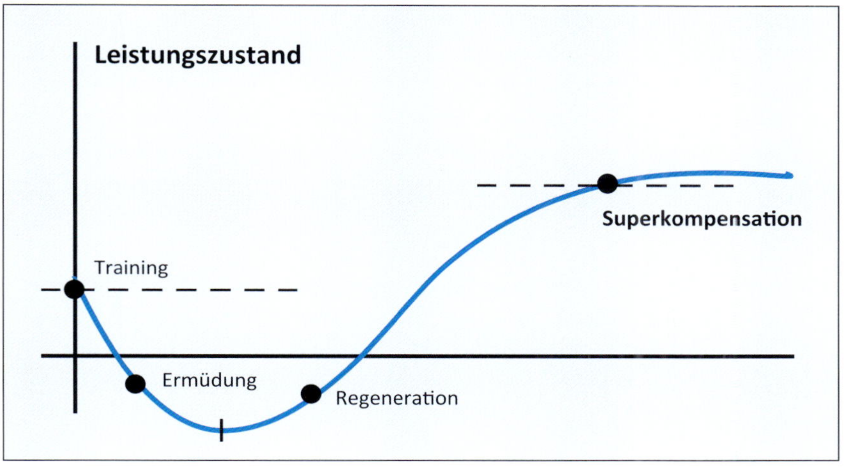

Superkompensationsmodell

Der Körper wird durch einen Trainingsreiz aus seinem inneren Gleichgewicht gebracht, es entsteht eine vorübergehende Leistungseinbuße. Darauf folgt die Erholungsphase des Systems. Im Anschluss reguliert der Körper sich durch die Superkompensation. Das zuvor gestörte innere Gleichgewicht siedelt sich auf einem höheren Niveau an, der Körper wird kräftiger. Durch ein solches optimales Verhältnis zwischen Belastung und Pause erfährt der Körper eine Leistungssteigerung. Hierbei erweist sich: »Nur in der Ruhe liegt die Kraft.« Muskulatur baut sich nur wie gewünscht auf, wenn der Trainingsreiz optimal gesetzt und dem Körper Zeit zur Regeneration gegeben wird. Dies gilt nicht nur für den Menschen, sondern auch für seinen Partner Pferd. Der Reiter ist nach einem anstrengenden Training für eine gute Erholung seines Pferdes verantwortlich. Sehr wichtig ist, dass die Muskulatur während der Erholung in Bewegung bleibt, um die Stoffwechselaktivität erhöht zu halten:

Häufig fällt bei einem »harten« Training **Laktat** an. Wenn der Sauerstoff im Muskelspeicher ausgeschöpft ist, muss neuer herangezogen werden, damit der Muskel mit ausreichend Energie versorgt werden kann. Bei der Energiegewinnung entsteht als Stoffwechselabfallprodukt unter anderem Laktat. Im Volksmund wird es auch »Milchsäure« genannt. Der Begriff Säure lässt es schon ahnen, sie ist für die Muskulatur gefährlich. Der Muskel wird durch die Milchsäure regelrecht zersetzt. Sobald das der Fall ist, drohen starke Leistungseinbußen, da der Körper die angegriffenen Muskelstellen als Verletzung ansieht. Er fokussiert sich somit auf die Wundheilung und nicht mehr auf die Leistung, die erbracht werden soll. Laktat reizt auch die freien Nervenendigungen, lässt den pH-Wert sinken, hemmt Stoffwechselenzyme, verschlechtert Koordination, Technik und Taktik. (Taktik beim Reiten beinhaltet ein Entscheidungsverhalten. Reitet man beispielsweise auf dem Turnier eine Aufgabe in der Abteilung und bemerkt, dass der Vordermann ein zu geringes Grundtempo hat, kann die eigene Taktik darin bestehen, die Ecken tiefer auszureiten oder den Zirkel etwas größer zu gestalten, um mehr Abstand zu erlangen.) Im schlimmsten Fall kann es zu einem Leistungsabbruch kommen. Dies bedeutet, dass der Reiter aufgrund von starker Erschöpfung vom Pferd steigen muss. Das kann zum Beispiel der Fall nach einem langen Distanzritt sein, der vorher nicht ausreichend trainiert wurde und vielleicht auch in einer Umgebung stattfindet, die den Körper zusätzlich belastet (hohe Temperaturen und hohe Luftfeuchtigkeit).

Um das Laktat wieder aus dem Gewebe zu lösen, bietet es sich an, nach dem Reittraining abzusteigen und das Pferd im Schritt zu führen. Durch die Laufbewegung wird die Mehrdurchblutung im Körper gefördert und das Laktat kann abtransportiert werden. Auch das Pferd kann sich ohne Reitergewicht besser erholen.

Für ein optimales Training ist es wichtig, die **Trainingskomponenten** gegebenenfalls anzupassen. Die Komponenten Belastungsintensität, -häufigkeit, -umfang, -dichte und -dauer sollten stetig überprüft werden. Dies gilt für Mensch und Pferd. Die Komplexität einer Belastung ist dabei ebenso zu berücksichtigen. Damit ist gemeint, wie viele Komponenten in einer Übung zusammentreffen. Nehmen wir als Beispiel Seilspringen. Dies beinhaltet Beweglichkeit, koordinative Fähigkeiten wie das Gleichgewicht, Kraft, Ausdauer und die Körperwahrnehmung. Hinzu kommen die Zeitdauer (wie lange springe ich am Stück), die Geschwindigkeit beim Springen und die Dauer der Pausenzeiten. Beim Reittraining hat eine Reihe mit mehreren aufeinander folgenden Cavalettis eine andere Belastungskomplexität für Pferd und Reiter als ein Geländeritt im Schritt.

Mein Ziel ist es, dass Reiter erlernen, sich ihren eigenen Plan für ein individuelles Krafttraining aufzustellen. Es gibt viele Varianten, wie man Muskulatur trainieren kann. Die Frage ist immer, was man erreichen möchte. Will ich mehr Muskelmasse, einen größeren Muskelquerschnitt oder eine höhere Kraftausdauer-Bereitschaft? Für den Reiter ist es wenig sinnvoll, auszusehen wie ein Bodybuilder. Wichtiger als beeindruckende sichtbare Muskeln ist die in den Muskeln enthaltene Kraft. Die Basis dafür ist, einen großen Muskelquerschnitt aufzubauen.

Ratsam ist eine **Mischung aus Maximal-, Hypertrophie- und Kraftausdauertraining**. Hypertrophie (wörtlich »Überernährung«) lässt die Muskulatur im Muskelquerschnitt wachsen und ermöglicht den größten Kraftzuwachs in der kürzesten

Zeit. Die Kraftausdauer hilft dem Reiter dabei, die immer wiederkehrende Anspannung auf einen langen Zeitraum zu halten (zum Beispiel die aufrechte Körperhaltung für eine ganze Reitstunde). Für einen Springreiter ist die Schnellkraft und die Reaktivkraft zusätzlich ein wichtiger Faktor. Er muss vor einem Sprung schnell aus dem Sattel kommen. In einer Kombination aus Schnell- und Reaktivkraft ist der Zyklus aus konzentrischer und exzentrischer Muskelarbeit stark gefordert.

Um nach den Parametern Hypertrophie und Kraftausdauer zu trainieren, muss ich zunächst ermitteln, welchen Wert meine eigene **Maximalkraft** hat: also wie viele Wiederholungen einer Übung ich am Stück ohne Pause schaffe oder wie viele Sekunden/Minuten ich eine Position halten kann, bevor ich diese auflösen muss, weil ich keine Kraft mehr habe. Ich verdeutliche dies anhand der Übung Liegestütz: Angenommen, ein Reiter schafft in einem einmaligen Durchgang 20 Liegestütz, dann sind diese 20 Wiederholungen der Maximalkraftwert. Das heißt: 20 Liegestütz = 100 %.

Ich empfehle, mit der Berechnung nach dem Trainingsprinzip der Hypertrophie zu beginnen, um ein größeres Wachstum im Muskelquerschnitt zu erzielen, welches Kraftzuwachs generiert. Danach ist es sinnig, die neu dazugewonnene Kraft in der Kraftausdauer-Leistung zu verbessern, um dann wieder zu schauen, in welchem Bereich der neue Maximalkraftwert liegt. Wenn diese Überprüfung erfolgt ist, beginnt der Zyklus wieder von vorne.

Bevor mit der Testung für den persönlichen Maximalkraftwert oder auch mit Trainingsübungen begonnen wird, bitte unbedingt vorher ca. 10 Minuten aufwärmen!

DAS SIND DIE HYPERTROPHIE-PARAMETER:

- 70 bis 75 % der Maximalkraft
- 8 bis 12 Wiederholungen
- 5 Serien
- 2 bis 3 Minuten Pause
- 2 bis 3 Einheiten/Woche (alle 72 Stunden)
- insgesamt 10 bis 12 Wochen Trainingsprogramm

Schafft der Reiter 20 Liegestütz, bevor er die Übung abbrechen muss, sind das wie gesagt 100 % seiner maximalen Leistungsfähigkeit, seine Maximalkraft. Er möchte nun mehr Muskelkraft aufbauen und hat sich für ein Hypertrophie-Training entschieden. Dafür benötigt er 75 % seiner Maximalkraft. Bei 20 Liegestütz sind 75 % 15 Liegestütz. (Liegestütz zählen zum Training mit dem eigenen Körpergewicht. Für das Training an Geräten gelten andere Parameter, siehe unten.) Diesen Wert übernimmt der Reiter also in sein Training. Er gestaltet sein Krafttraining mit 5 Serien, in denen er mit jeweils 15 Wiederholungen beginnt. Zwischen den Serien, also nach 15 Wiederholungen, macht er dann 3 Minuten Pause. Dies trainiert er alle 72 Stunden, das entspricht 2 bis 3 Einheiten die Woche. Das können dann die Tage sein, an denen das Pferd zum Beispiel Bodenarbeit macht, longiert wird oder man eine entspannte Schrittrunde ins Gelände geht und die Seele baumeln lässt. Insgesamt läuft das Hypertrophie-Training 10 bis 12 Wochen.

Die oben angegebenen 8 bis 12 Wiederholungen beziehen sich auf ein Training an Geräten mit Gewichten. Zum Beispiel drückt ein Reiter auf der Beinpresse als Maximalkraft 150 kg, seine individuellen 100 %. 75 % davon sind 112,5 kg. Das heißt, er macht ebenso 5 Serien mit jeweils 8 bis 12 Wiederholungen mit einem Gewicht von 112,5 kg sowie einer Pausenzeit von 2 bis 3 Minuten und trainiert dies alle 72 Stunden (2- bis 3-mal pro Woche).

Der Reiter trainiert fleißig und sagt nach 12 Wochen: »Jetzt möchte ich die Kraftausdauerleistung meiner neu dazugewonnenen Muskulatur verbessern!« Hier gilt das gleiche Prinzip wie oben beschrieben. Der Reiter schafft 20 Liegestütz als Maximalkraft, also 100 %. Für das Kraftausdauertraining benötigt er 60 % seiner maximalen Leistung. In diesem Fall sind das 12 Liegestütz. Davon macht er jetzt 4 Serien mit jeweils 30 bis 60 Sekunden Pause und trainiert auch wieder 2- bis 3-mal die Woche. Dieses Trainingsprogramm läuft insgesamt 4 Wochen.

DIE KRAFTAUSDAUER-PARAMETER SIND:

- 60 % der Maximalkraft
- 20 Wiederholungen
- 4 Serien
- 30 bis 60 Sekunden Pause
- 2- bis 3-mal/Woche
- 4 Wochen insgesamt

Nach 16 Wochen Training stellt der Reiter fest, dass er kräftiger geworden ist, dass das Reiten an sich harmonischer wird und er mehr Einwirkung über die Gewichts- und Schenkelhilfen bekommt. Verbesserungen können auch darin bestehen, dass man nicht mehr so außer Atem ist, man leichter und länger aussitzen kann, mehr Spannung im Rumpf erzielt und dadurch eine aufrechte Körperposition zeigt. Bezogen auf das Pferd spürt man, dass man leichter Tempiwechsel in einer Gangart reiten kann, weniger Taktunreinheiten auftreten, da der Reiter vermehrt im Gleichgewicht ist, oder sich das Pferd in die Dehnungshaltung streckt, weil der Reiter sich traut, die Zügel loszulassen und weniger Gleichgewichtsprobleme hat oder beim

Spring-/Geländetraining die Position des leichten Sitzes länger konstant halten kann. Dies ist nur eine kleine Aufzählung von Fortschritten, die durch ein regelmäßiges, richtig koordiniertes Krafttraining entstehen können.

Der Reiter möchte nun das erfolgreiche Training fortsetzen und erneut mit den Parametern der Hypertrophie trainieren. Kein Problem, aber Achtung! Durch das Training hat sich auch der Maximalkraftwert verändert, der wieder neu berechnet werden muss. Daraus ergeben sich dann auch die neuen Parameter für Hypertrophie und Kraftausdauer (Anzahl der Wiederholungen beim Eigenkörpertraining/ Gewicht beim Gerätetraining). Wer seine Maximalkraft nicht anhand von Wiederholungen, sondern an gezählten Sekunden festmacht, für den ist das Prinzip ebenso anwendbar. Dies gilt zum Beispiel für die Übung Planke, die weiter unten folgt. Es ist möglich, dass sich die Angaben der Trainingsprinzipien in der Literatur leicht unterscheiden. Teilweise sind nicht 5 Serien angegeben, sondern mehr oder weniger, ebenso wie die Anzahl der Wiederholungen. Man sollte schauen, was für eine Literatur man vor sich hat, wer sie verfasst hat und ob sie glaubwürdig ist. Nach der derzeitigen Studienlage sind die oben aufgeführten Parameter diejenigen, die standardisiert und erfolgsbringend sind. Ich persönlich arbeite genau mit diesen Werten.

»O je, ich habe Muskelkater« – trotzdem trainieren?

Das oberste Gebot ist es, nicht zu trainieren, wenn man Muskelkater hat. Lieber sollte man in diesem Fall ein bis zwei Tage länger pausieren (s. Superkompensationsmodell). Zu empfehlen ist dennoch, sich zu bewegen, damit die Stoffwechselaktivität hochgehalten wird. Muskelkater entsteht entweder wie beschrieben durch einen zu hohen Laktatwert im Blut oder durch Mikrorisse in Muskulatur und Faszien. Beide Varianten benötigen zur Heilung eine vermehrte Durchblutung. Lockeres Spazierengehen ist in beiden Fällen genau das Richtige, und das klappt auch mit dem Pferd an der Hand.

Ist es zum Beispiel wegen einer Verletzung nicht möglich, zu trainieren, ist dies kein Weltuntergang. In den Muskelzellen finden wir kleine Kraftwerke, genannt Mitochondrien. Sie liefern dem Muskel Energie. Bei adäquatem Training werden mehr von ihnen gebildet. Während längerer Trainingspausen lösen sie sich zum Glück nicht in Luft auf, sondern schrumpfen lediglich zusammen. Wenn das Training wieder aufgenommen wird, wachsen sie erneut heran und können so den Muskel mit Energie versorgen. Wenn eine Verletzung zum Beispiel der unteren Extremität vorliegt, kann man zumindest die oberen Extremitäten und den Rumpf trainieren, ebenso umgekehrt, wenn eine obere Extremität betroffen ist. Beintraining und Rumpftraining ist dennoch möglich und es gibt *keine* Ausrede dafür, nicht zu trainieren.

Welche Muskeln benötigt denn nun der Reiter?

Kurz gesagt: Reiten ist ein Ganzkörpersport – also alle. Viele Reiter unterliegen im Alltag jedoch einseitigen Belastungen, meistens durch ihren Job. So entstehen oft Muskelverkürzungen, **hypotone** (zu schwache Gewebsspannung) **und hypertone Muskelpartien** heben sich hervor (zu hohe Gewebsspannung). Hier fehlt Länge in den Muskeln, Mobilität auf der einen und Kraft auf der anderen Seite. Dieses Ungleichgewicht kann Sitzprobleme hervorrufen. Auch die psychische Verfassung eines Reiters kann dieses Ungleichgewicht bedingen und Muskeln verspannen lassen. Ein zorniger Reiter reitet häufig angespannt mit Krafteinsatz, wodurch schnell Muskelverspannungen entstehen. Ein ängstlicher Reiter zieht sich in sich zusammen, was auch wieder zu krampfender Muskulatur führen kann.

Die Halswirbelsäulen- und Nackenmuskulatur ist bei vielen Reitern zu kurz und hyperton (klassische Sitzposition am Schreibtisch, permanent beim Reiten auf das Pferd schauen oder aufs Handy gucken). Ein Hypertonus wird als pathologisch (krankhaft) angesehen und schadet dem Köper auf Dauer. Die einzige Ausnahme sind Situationen wie ein Sturz vom Pferd. Dabei entsteht ein Hypertonus zum Schutz des Körpers, um gegebenenfalls schlimmere Verletzungen wie Knochenbrüche zu verhindern. Im Gegenzug zur hypertonen Halswirbelsäulen- und Nackenmuskulatur ist die vordere Halswirbelsäulenmuskulatur zu schwach. Durch die vorgeneigte Kopfhaltung, die Anteroposition (Schildkrötenhals), leidet der Schultergürtel häufig unter Verspannungen. Die Schultern »klappen« als Folge in Richtung Brust zusammen und die Brustmuskulatur verkürzt. Achtung! Nicht der große oberflächige Brustmuskel ist primär an der Verkürzung schuld, sondern der kleine tiefliegende Anteil. Dieser setzt am vorderen Schulterblattvorsprung an und zieht den Oberkörper förmlich zusammen. Der Muskel, der unter dem Schulterblatt dieses am Brustkorb fixieren und halten soll, ist in diesem Fall häufig deutlich abgeschwächt. Diese Kette verläuft am Rumpf weiter abwärts bis zum Becken. Die unwillkürliche autochthone Rückenmuskulatur (diese Muskeln verlaufen parallel neben der Wirbelsäule, reagieren *nur* auf Erschütterungen und bauen sich auch nur durch ein Training auf, welches zum Beispiel instabile Untergründe beinhaltet), tiefe und schräge Rumpf stabilisierende Muskeln sind meist ebenfalls hypoton. Im Alltag sitzen wir viel zu viel, statt uns laufend fortzubewegen. Der Kühlschrank steht quasi direkt neben der Couch! Das geht leider, oft deutlich zu spüren, zu Lasten des Haupthüftbeugers, der verkürzt. Durch das überwiegende Sitzen wird auch die Gesäßmuskulatur stark geschwächt. Die gewinkelte Beinposition bringt diese Muskelgruppe in eine Art »Dauerdehnung«. Muskeln, die permanent gedehnt sind, können nicht effizient arbeiten. Somit zählen sie mit zu den hypotonen Muskeln (wie etwa auch die gedehnte Bauchmuskulatur während einer Schwangerschaft oder durch Übergewicht). Die Gesäßmuskeln sind auch teilweise für die Außenrotation des Hüftgelenks zuständig.

Die Hüftgelenksadduktoren (Innenseite Oberschenkel) bestehen aus mehreren Muskeln, die zum Teil zu einem Hypertonus und Verkürzungen neigen (die kurzen Adduktoren). Durch das viele lange Sitzen komprimieren sich auch die Wadenmuskeln. Wie soll ein Reiter mit all diesen aufgezählten muskulären Defiziten eine Traversale reiten oder besser gesagt überhaupt reiten? Viele Reiter haben zusätzlich auch pathologische (krankmachende) Diagnosen, die eine negative Rolle spielen.

Nur in sich gelockerte Muskulatur kann physiologisch optimal gekräftigt werden. Es gilt, verkürzter Muskulatur wieder Länge zu verleihen und geschwächte Muskulatur zu kräftigen. Bevor Reiter beginnen zu kräftigen, sollte die allgemeine Beweglichkeit verbessert werden! Als Zusatz empfehle ich, begleitend zum Muskelaufbau zur Massage beim Physiotherapeutenzu gehen. Danach gilt es, dem Körper Stabilität zu verleihen, bevor als Schwierigkeit die Pferdebewegung on top folgt.

Rumpf ist Trumpf!

Die erste Übung ist die **Anspannungskontrolle der tiefen Rumpfmuskulatur**. Der Mensch hat drei Schichten Bauchmuskulatur: Die erste und oberflächlichste Schicht ist der gerade Bauchmuskel (Sixpackmuskel). Die zweite Schicht verläuft sternförmig von den unteren freien Rippen und den vorderen Beckenknochen zum Bauchnabel. Die dritte, tiefste Schicht verläuft wie ein Nierengurt/Korsett. Sie kommt von der Lendenwirbelsäule und zieht nach vorne Richtung Bauchnabel. Dabei hat dieser Muskel Ansatzpunkte an den unteren freien Rippen entlang, an der Brustbeinspitze, entlang der Beckenkämme bis zum Schambein. Dieser Muskel heißt *M. transversus abdominis*. Er verbindet die obere und untere Körperhälfte, hält alle Organe an Ort und Stelle und ist unser Hauptstabilisator für den Rumpf. Er bildet zusammen mit dem Beckenboden und dem Zwerchfell (Hauptatemmuskel) den

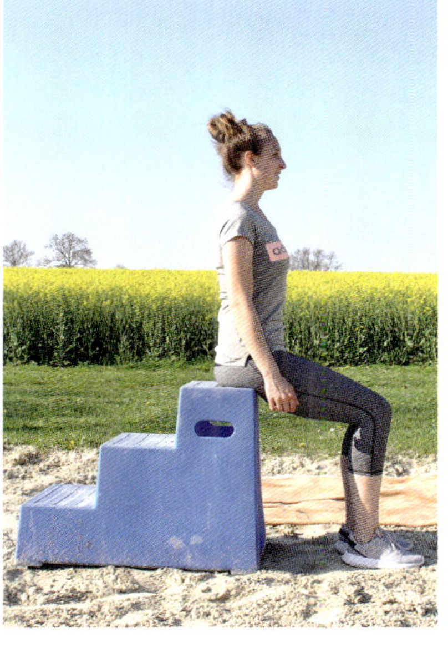

Anspannung der tiefen Rumpfmuskulatur

Rumpfzylinder. Ein aktiv aufrecht gehaltenes Becken ist nur durch ein optimales Zusammenspiel mit dem Zwerchfell, den tiefen Gesäßmuskeln und dem Beckenboden möglich. Das bedeutet: Ein Reiter mit zu schwacher tiefliegender Rumpfmuskulatur kann sein Becken nicht aufrecht stellen und auch nicht aufrecht halten! *Dies ist der Beginn jeden Sitzfehlers!* Die Konsequenz ist, dass ein Reiter nicht in der Lage ist, sein Pferd über den Einsatz von Gewichts- und Schenkelhilfen zu dirigieren.

Den *M. transversus abdominis* aktiv anspannen zu lernen, ist die erste und wichtigste Grundübung für jeden Reiter. Das Ziel ist es, diesem Muskel so viel Aufmerksamkeit zu schenken, dass das Gehirn dessen Anspannung eigenständig steuert und automatisiert. Alle weiteren Übungen bauen auf dieser ersten Übung auf. Nur wer sich diese Muskulatur zu Nutze macht, wird später einen ausbalancierten, harmonischen Reitersitz erlangen, mit dem es möglich ist, unabhängig von der Hand zu reiten und zu einem Team mit seinem Pferd zu verschmelzen.

TIPP:

Stell dir vor, Dein Bauch ist ein Swimmingpool und Dein Bauchnabel der Stöpsel, durch den das Wasser abgelassen werden kann. Bei der Ausatmung willst Du das gesamte Wasser durch den Bauchnabel/Stöpsel entweichen lassen. Die gesamte Anspannung der Muskulatur läuft im Bereich des Bauchnabels zusammen.

Am leichtesten ist es, die Anspannung der tiefen Rumpfmuskulatur in Rückenlage zu spüren, die Beine sind angestellt. Zwischen den Füßen wird ein Fuß breit Platz gelassen. Für diese Übung kann sich der Reiter die Atmung sehr gut zu Nutze machen. Beim Ausatmen wird die Luft kräftig, lange und gleichmäßig ausgepustet. Als bildliche Vorstellung hilft eine Torte mit hundert Kerzen, die mit einer langen, gleichmäßigen Ausatmung ausgepustet werden sollen. Der Reiter legt die Zeige- und Mittelfinger innen an beiden Hüftknochen ab. Diese beiden Stellen dienen als Kontrollpunkte. Während der Durchführung soll unter den Fingern eine Muskelanspannung wahrgenommen werden. Dieser Muskel spannt ebenso beim Lachen an. Zusätzlich unterstützt das Bild, den virtuellen Reißverschluss zuziehen zu wollen. Der Reißverschluss verläuft senkrecht zwischen dem Schambein und dem Bauchnabel. Die gedachte Anspannung verläuft in die gleiche Richtung, wie man den Reißverschluss einer Jeans zuziehen würde. Dadurch erhält man noch mehr Einfluss auf die unteren Muskelanteile bis zum Schambein. Auf dem Pferd ist dann das Stichwort »Reißverschluss« die Aufforderung, mehr Spannung im Unterbauch aufzubauen, um zum Beispiel nicht mit dem Becken in das Hohlkreuz zu kippen, wie es beim Sitzfehler Spaltsitz üblich ist. Um abschließend die oberen Anteile mit einzubinden, beim Ausatmen die Brustbeinspitze und Rippenbögen durch die Atmung und die Bewegung des Brustkorbs Richtung Bauchnabel schieben. Es ist wichtig, nicht alle drei Anteile auf einmal anspannen zu wollen. Wenn ein Anteil sicher angespannt werden kann, wird der nächste Muskelanteil mit eingebunden. Zu beachten ist noch, dass sich in der Ausatemphase der gesamte Körper in Richtung Kopf streckt und gedanklich aufrichtet. Und: nur ca. 5-8 Ausatmungen hintereinander durchführen, durch das tiefe Atmen kann es einem leicht schwindelig werden, wenn man es nicht gewohnt ist.

Verschiedene Varianten in der Reihenfolge ihrer Schwierigkeit sind nach der Rückenlage der Vierfüßlerstand, der Sitz, der Stand (hier knüpft die folgende Übung an) und als letzter Schritt das Reiten/die Bewegung. Ziel ist es, die Rumpfkontrolle so zu beherrschen, dass sie im Kopf automatisiert ist und der Reiter nicht ständig über jeden Teilschritt nachdenken muss. Ergänzend kann ich hierfür die Sportart Pilates empfehlen. Es sollte sich übrigens niemand unter Druck setzen. Jeder Reiter bringt andere Voraussetzungen mit sich. Der eine erlernt die Rumpfkontrolle schneller, der andere etwas langsamer. Was zählt, ist, dass die Übung in das alltägliche Leben und in das Reittraining eingebaut wird.

Sobald der Reiter die Rumpfkontrolle erlernt hat und sie auf dem Pferd anwenden kann, hat er einen Schlüssel zum feinen Reiten gefunden! Über die Anspannung der tiefen Bauchmuskulatur lassen sich mit minimalem Aufwand Übergänge reiten. Mit dieser Übung lässt sich das Pferd versammeln, es ist aber auch möglich, seinen Rahmen zu erweitern! Schlicht gesagt: Das Pferd lässt sich so über die Gewichtshilfen »steuern«.

TIPP:

Beim Autofahren an jeder roten Ampel die Anspannungsübung durchführen.

Sitzt Du noch oder stehst Du schon?

Der **»aktive Stand«** ist die zweite Übung zum Erlangen eines unabhängigen Reitersitzes. Damit ist gemeint, dass der Reiter sowohl unabhängig von der Hand reiten als auch die Pferdebewegung ausgleichen kann. Diese Übung baut auf der vorigen auf: Die Anspannung der tiefen Bauchmuskulatur findet als Variante von Übung 1 mit höherem Schwierigkeitsgrad im Stand statt. Sie ist nur dann ausführbar, wenn ein muskuläres Gleichgewicht besteht und keine Verkürzungen und Spannungsunterschiede vorliegen. Wer mit dieser Übung beginnt, spürt schnell, wie anstrengend es ist, diese Position für wenige Sekunden zu halten. Auf lange Sicht soll diese aufrechte Körperhaltung im Gehirn ebenso automatisiert werden wie die tiefe Rumpfspannung. Dabei hilft es zum Beispiel, in der Wohnung kleine Klebezettel zu verteilen, die einen an die Übungen erinnern. Das Unterbewusstsein soll lernen zu erspüren, wann der Reiter zurück in sein altes Bewegungsmuster fällt, damit er sich daraus korrigieren kann.

TIPP:

Um einen wirkungsvollen Kontrast herzustellen, empfehle ich eine Bildcollage an den Kühlschrank zu hängen: ein Bild, das zeigt, wie man ursprünglich steht und das andere im »aktiven Stand«.

Was genau hat »Stehen« überhaupt mit Reiten zu tun? Die Position eines Menschen im Stand kann man eins zu eins auf den Dressursitz übertragen. Die Bezeichnung »Reitersitz« ist die ungünstigste, die die Reiterei hervorbringen konnte. Sitzen (zum Beispiel auf einem Stuhl oder auf der Couch, die den Körper von sich aus halten) ist eine passive Tätigkeit, Reiten ist genau das Gegenteil! Der Reiter benötigt Rumpfspannung, Aufrichtung und Kontrolle, um sich gegen die Schwerkraft behaupten zu können und zusätzlich die Pferdebewegung zu kompensieren. Wenn dem Reiter das Pferd unter dem Gesäß weggenommen würde, müsste er stehen bleiben – nimmt man einer sitzenden Person den Stuhl weg, fällt sie auf den Boden. »Aktiver Stand« auf dem Pferd bedeutet aber nicht, dass sich der Reiter in die Steigbügel stellen soll! Vielmehr soll er eine aufrechte Beckenposition einnehmen (spürbare Sitzbeinhöcker unter dem Gesäß), seine Rumpfmuskulatur anspannen und sich axial aufrichten.

Im »aktiven Stand« bilden Hinterkopf, Schulter, Kreuzbein und Absatz genau eine Linie, die man in vielen Lehrbüchern in der Beschreibung des Dressursitzes vorfindet. Im Kapitel Dressursitz ist dies genauer erläutert. In der Abbildung links wird dargestellt, welcher Muskeleinsatz dafür notwendig ist, das Becken aufrecht zu halten (Bauchmuskeln, Gesäßmuskeln, hintere Oberschenkelmuskulatur, Wadenmuskulatur, treibende Muskulatur). Die tiefen Gesäßmuskeln stabilisieren das Hüftgelenk im Stand. Beim Gehen geschieht dies in der Standbeinphase, wenn das andere Bein sich in der Schwungbeinphase befindet (Schrittbewegung).

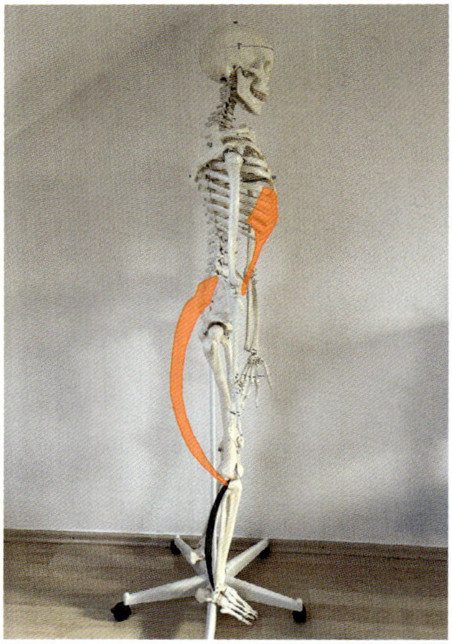

Muskeleinsatz im »aktiven Stand« vereinfacht dargestellt

Nur in dieser Position kann der Reiter auf dem Pferd locker mitschwingen und der Pferdebewegung nachgehen. Ein steifer Reiter kann von seinem Pferd nicht als »Spielball« ausbalanciert werden. Er hindert das Pferd, seine Grundgangarten athletisch einzusetzen. Gerade bei jungen Pferden, die selbst noch nicht mit Reiter ausbalanciert sind, kann ein festsitzender, statischer Reiter die Ausbildung deutlich erschweren. Ein Reitanfänger sollte deshalb möglichst ein erfahrenes Lehrpferd zur Verfügung gestellt bekommen, welches sich selbst ausbalanciert tragen kann, damit er sich voll und ganz auf sich selbst fokussieren kann. Zudem fordert ein erfahrenes Lehrpferd korrekte Hilfengebung ein.

Für die Übung stehen die Füße hüftbreit nebeneinander (einen Fuß Platz lassen). Die Knie sind leicht gebeugt und werden, *ohne dass eine Bewegung stattfindet*, nach außen gedreht/angespannt (nur in die Bewegungsrichtung!). Hier kommt die Muskelisometrie ins Spiel. Wie zu Beginn des Themas Kraft erklärt entsteht bei der isometrischen Kraft eine Muskelkontraktion, es findet allerdings *keine* Bewegung statt. Die Gesäßmuskeln werden angespannt, wodurch sich das Becken aufrichtet und die Wirbelsäule Richtung Himmel streckt. Das Schambein zieht den Reißverschluss Richtung Bauchnabel zu und das Kinn formt sich zu einem leichten Doppelkinn. Der Kopf/Helm schiebt nach oben Richtung Himmel, das Brustbein hebt sich nach vorne-oben an. Zwischen Kopf und Himmel ist ein Faden befestigt, der den Reiter permanent sanft nach oben zieht. Das linke Schulterblatt schiebt sich virtuell in die rechte Gesäßtasche, das rechte in die linke Gesäßtasche. Auch hier nutzt man die schräg verlaufenden Muskeln zur Stabilitätsgewinnung. Die Arme hängen seitlich am Körper locker herunter. Auch hier sollte die Atmung mit einbezogen werden, um den Rumpf möglichst stabil zu halten (s. Übung 1, Transversusspannung).

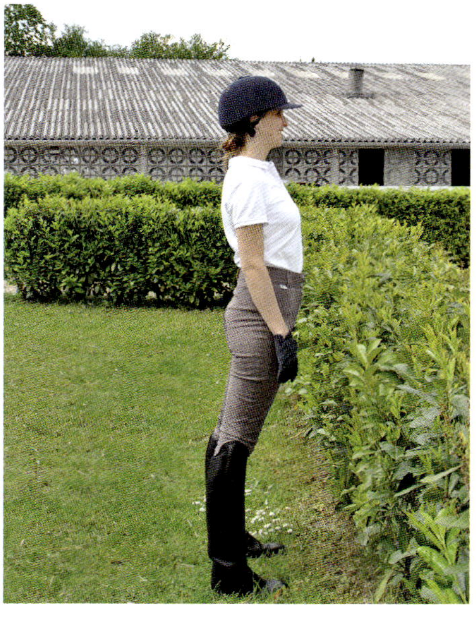

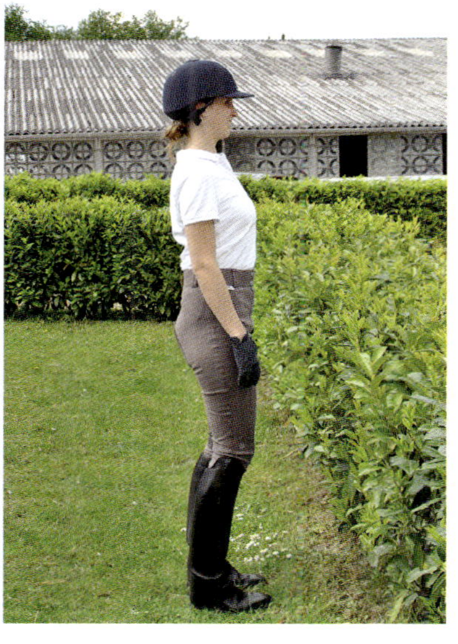

Links: der passive Stand

Rechts: der aktive Stand

Der passive Stand ist auf Dauer sehr schädlich für Gelenke, Bänder und Gelenkkapsel, da die Muskulatur kaum arbeitet. Die passiven Strukturen verschleißen langfristig stark! Aus diesem Grund sollte sich jeder Reiter eine positive Grundspannung antrainieren.

Ziel für den Reiter ist es, als Steigerung die Aufrichtung des »aktiven Stands« im Gang beizubehalten. Anschließend gilt es, diese Körperhaltung mit der Pferdebewegung zu kombinieren. In der kindlichen Entwicklung finden wir für diese Reihenfolge eine Erklärung. Ein Kind beginnt zunächst im Vierfüßlerstand seine Reise der Fortbewegung. Es fängt an, sein Körpergewicht in alle Richtungen zu verlagern, bis es dies sicher beherrscht. Daraufhin löst es erstmals eine Hand vom Boden, um nach einem Spielzeug zu greifen. Erst wenn das Kind diese Bewegungsabläufe durchführen kann, lernt es das Krabbeln (wird mobil). Wie lässt sich die kindliche Entwicklung auf das Training des Reiters übertragen? Ganz einfach: Der Reiter soll zunächst in der Lage sein, die Position des »aktiven Stands« einzunehmen und stabil zu halten. Dann erst kann er diese Haltung in eine komplexere Bewegung übergehen lassen.

Zuerst erfolgt die Stabilität, dann die Mobilität!

Diese Fähigkeit ist für Reiter notwendig, da sie nur so die Pferdebewegung positiv kompensieren können, ohne ihren Partner in der Bewegung einzuschränken.

Jede Übung kann selbstverständlich erschwert werden. Der »aktive Stand« wird zum Beispiel komplexer, indem sich der Reiter auf ein Wackelkissen stellt oder aber einen kleinen Ball wirft und wieder auffängt. Hierzu gibt es viele kreative Übungsideen. Es gibt kein richtig oder falsch und viele Übungsvarianten.

Wie trainiere ich möglichst effizient?

Vor einem Training sollte dem Reiter bereits das Ziel vor Augen schweben. Möchte er einen einzelnen Muskel kräftigen oder doch mit wenig Aufwand möglichst effektiv zu trainieren? Letzteres erreicht man beim Krafttraining über das **Training von Muskelketten**. Das bedeutet, so viele Muskeln wie möglich in die Übungen zu integrieren. Die menschlichen Muskelketten verlaufen ähnlich wie die Faszienketten (s. Kapitel Beweglichkeit). Die Spannung wird dabei von Muskel zu Muskel übertragen und weitergegeben (»Overflow«). Um das Training noch weiter zu optimieren, empfehle ich, in »geschlossenen Ketten« zu üben. Dabei erhält die Gliedmaße/der Körper Druck von möglichst vielen Seiten, es wird das Schraubstockprinzip genutzt (von beiden Seiten wird etwas eingespannt). Ziel ist es, eine hohe Stabilität im Körper zu erreichen. Im »aktiven Stand« ist der Körper ebenfalls ähnlich wie in einem Schraubstock eingespannt. Von unten dient der Boden als Gegenhalt und von oben die Schwerkraft plus Eigenkörpergewicht.

Für alle folgenden Kräftigungsübungen sollte man sich vorher mindestens 10 Minuten aufwärmen!

Die dritte Übung ist die **Planke**. Entweder nutzt der Reiter die Unterarme oder die Handflächen zum Abstützen. Je weiter die Füße auseinandergestellt sind, desto leichter ist es, die Stabilität zu halten. Dies empfehle ich für den Beginn. Der Kopf wird getragen, der Blick ist Richtung Boden gerichtet.

> Die Hände, Ellenbogen und Schultern werden senkrecht untereinander in Position gebracht. Das ist sehr wichtig, damit die Gelenke nicht überbeansprucht werden.

Um zu vermeiden, ins Hohlkreuz zu rutschen, lieber das Gesäß etwas höher tragen. Gerade am Anfang ist es sehr kräfteraubend, diese Position überhaupt zu halten. Dabei muss man es sich nicht unnötig noch anspruchsvoller gestalten. Während der Planke sollte die Anspannung der tiefliegenden Bauchmuskulatur zusätzlich einbezogen werden. Kleiner Tipp: Mehr Stabilität wird erlangt, wenn man sich vorstellt, die Ellenbogen nach vorne zu schieben und die Zehen nach hinten zu drücken.

Die Planke trainiert den ganzen Körper und zielt auf dessen Gesamtstabilität ab. Dadurch, dass der Körper zwischen Füßen, Unterarmen/Handflächen und dem Boden aufgespannt wird und die Schwerkraft die gesamte Körperlänge als Angriffsfläche nutzt, entsteht hier wieder eine geschlossene Kette. Es ist wie gesagt sinnvol-

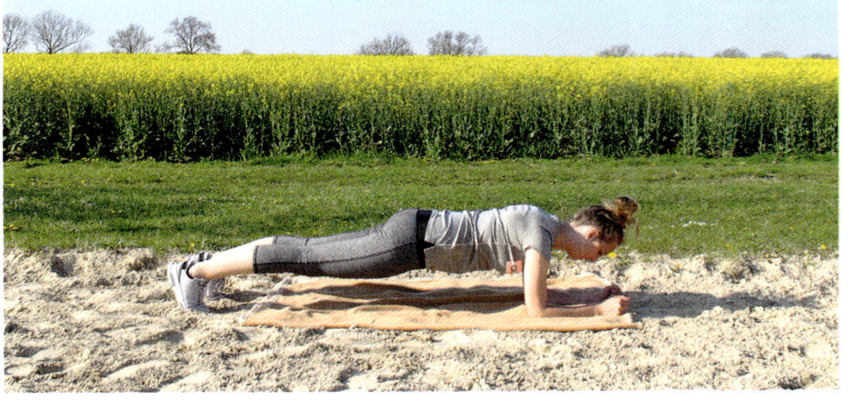

Planke

ler, mit einem Training möglichst viele Muskeln einzubinden, als jeden einzeln zu trainieren. Man spart so eine Menge an Zeit, und auf dem Pferd sollen die benötigten Muskelgruppen schließlich im Idealfall Hand in Hand arbeiten. Der ganze Körper ist angespannt, wie es beim Grundsitz/Dressursitz der Fall ist. Die Übung unterstützt zusätzlich die treibenden Muskelgruppen, die wichtig für den Einsatz von Gewichts- und Schenkelhilfen sind. Ebenso erlangt der Reiter vermehrt Kraft im Schultergürtel, die für von der Hand unabhängiges Reiten nötig ist. Ich empfehle, diese Übung nach dem Prinzip der Hypertrophie zu trainieren. Als Maximalkraft gilt hier, wie lange man die Position sauber ausgeführt halten kann (Sekunden/Minuten). Von dieser Zeitspanne wird dann errechnet, wie lange man in der Planke bleiben muss, damit man 75 % seiner maximalen Zeit erreicht hat. Davon macht man dann 5 Serien mit je 2 bis 3 Minuten Pause dazwischen, wie es die Parameter beim Hypertrophie-Training angeben.

Erschweren lässt sich diese Übung selbstverständlich auch. Eine Möglichkeit ist beispielsweise, unter den Ellenbogen und/oder den Füßen Stabilisationskissen zu positionieren. Auch das langsame Vor-und-zurück-Bewegen des ganzen Körpers ist eine Herausforderung. Eine weitere Variante ist es, sich von den Ellenbogen abwechselnd auf die Handflächen hochzustützen und wieder die Ausgangsstellung einzunehmen.

Die vierte Übung ist der **Unterarmseitstütz links/rechts**. Diese Übung findet genau wie die Planke in einer geschlossenen Kette statt und zielt somit auf das Training des gesamten Körpers ab. Der Kopf wird getragen, der Blick ist geradeaus gerichtet. Der obere Arm schiebt senkrecht 90° zum Körper in den Himmel (Spannung bis in die Fingerspitzen). Das Gesäß ist angespannt und das Becken wird nach vorne geschoben. Dabei wird wieder die Anspannungsübung der tiefen Bauchmuskulatur ge-

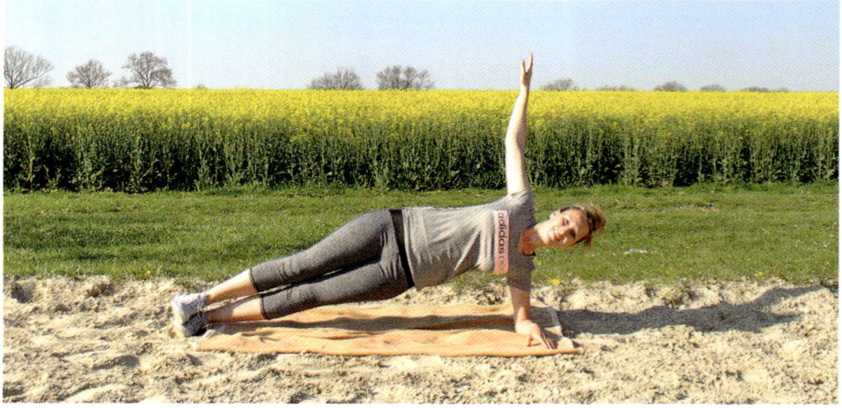

Unterarmseitstütz

nutzt. Der Unterarmstütz kann nach Wahl auf dem Unterarm oder auf der Hand trainiert werden. Für Anfänger ist es leichter, ihn auf dem Unterarm durchzuführen.

Diese Übung unterstützt das Reiten von Wendungen, die diagonale Hilfengebung und den Drehsitz. Schlangenlinien, Volten und auch Traversalen werden durch diese gezielte Übung leichtgängiger. Ebenso hilft der Unterarmseitstütz, wie auch die Planke, ein seitliches Einknicken im Rumpf zu vermeiden und eine aufrechte Körperposition zu fördern. Der Sitzfehler Einknicken entsteht häufig beim Reiten von engeren gebogenen Linien, wenn die Rumpfmuskulatur zu schwach ist.

Um diese Übung anspruchsvoller zu gestalten, können auch hier Stabilisationskissen verwendet werden. Eine andere Herausforderung besteht darin, den oberen Arm vorne unter den Körper hindurchzuschieben und wieder zurück in Streckung führen.

Die vorletzte Übung ist das **Wandsitzen**. Sie zielt primär auf die Kräftigung der Gesäßmuskulatur, der hinteren Oberschenkel und Wadenmuskulatur ab. Diese Muskelkette gehören mit zur treibenden Muskulatur, die bei fast allen Reitern durch unseren täglichen Lebensstil deutlich geschwächt ist, ohne die aber der korrekte Einsatz von Gewichts- und Schenkelhilfen nicht möglich ist. Auch bei dieser Übung sollte die Anspannung der tiefen Bauchmuskulatur integriert werden, da die Gefahr besteht, ins Hohlkreuz zu rutschen. Wichtig ist, dass das Kreuzbein, die Schulterblätter und der Hinterkopf Kontakt zur Wand haben. Der Blick ist geradeaus gerichtet, das Kinn formt ein leichtes Doppelkinn. Während der Durchführung wird der Körper in Richtung Himmel gestreckt. Die Knie- und Hüftgelenke bilden einen 90°-Winkel. Wer mit dieser Übung startet, kann das Gesäß auch höher positionieren, dadurch wird sie leichter. Je breiter die Füße nebeneinander gestellt werden, desto stabiler ist die Position. Auch dies ist eine Möglichkeit, die Übung leichter zu gestalten.

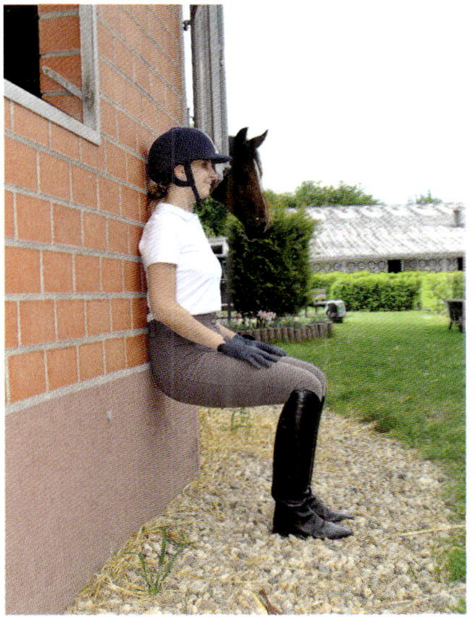

Wandsitzen

TIPP:

Das Wandsitzen ist auch eine gute Übung zur Stabilisierung des leichten Sitzes.

Die letzte Übung ist der **Beast Walk**. Sie beansprucht wiederum den Körper insgesamt. Man benötigt etwas Platz, um sie ausführen zu können, es bieten sich zum Beispiel der Wohnungsflur oder auch die Stallgasse an. Die Ausgangsposition ist der Vierfüßlerstand. Um die Übung zu beginnen, werden die Knie leicht vom Boden abgehoben. Daraufhin beginnt die Vorwärtsbewegung. Es werden immer die schräg gegenüberliegenden Extremitäten zeitgleich fortbewegt. Der Beast Walk soll langsam ausgeführt werden. Auch ist zu beachten, dass der Kopf stets getragen wird.

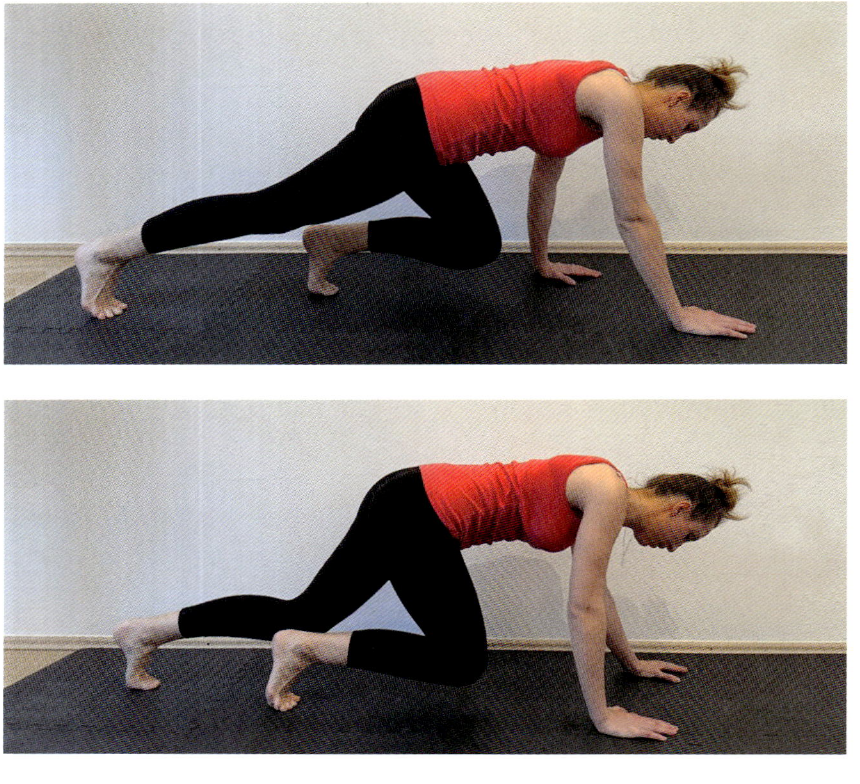

Beast Walk

Alle vorherigen Übungen sind darauf ausgerichtet, den Körper in einer Position zu halten, ohne sich zu bewegen. Damit wird zu Beginn das Ziel verfolgt, den Körper stabil zu machen. Wenn er genug Kraft entwickelt hat, wird die Stabilität in der Bewegung gefördert. Der Beast Walk eignet sich in diesem Zusammenhang hervorragend, weil der komplette Körper in Anspannung ist. Zusätzlich wird diese Übung kreuzkoordiniert ausgeführt, d. h., diagonale untere und obere Extremität werden immer gleichzeitig bewegt. Dieses Muster finden wir im Gehen wie auch in der Schrittbewegung des Pferdes wieder.

Meine grundsätzliche Empfehlung ist es, möglichst ohne Gewichte, nur mit dem eigenen Körpergewicht und der Schwerkraft zu trainieren. Wenn ich mich für ein Gerät aussprechen müsste, würde ich immer das Theraband sowie die dazugehörigen Loopbänder (in sich geschlossene Therabänder) wählen. Hiermit kann man ebenso alle Eigengewichtübungen durchführen, bekommt durch die Bänder noch eine zusätzliche positive Spannung in das muskuläre System und unterstützt das Trainingsprinzip der geschlossenen Kette.

TIPP:

Gehe nach einem Krafttraining 20 bis 30 Minuten locker spazieren. Die moderate Bewegung hilft, die Durchblutung hochzuhalten und das eventuell angefallene Laktat abzutransportieren. Das Gleiche gilt für das Pferd.

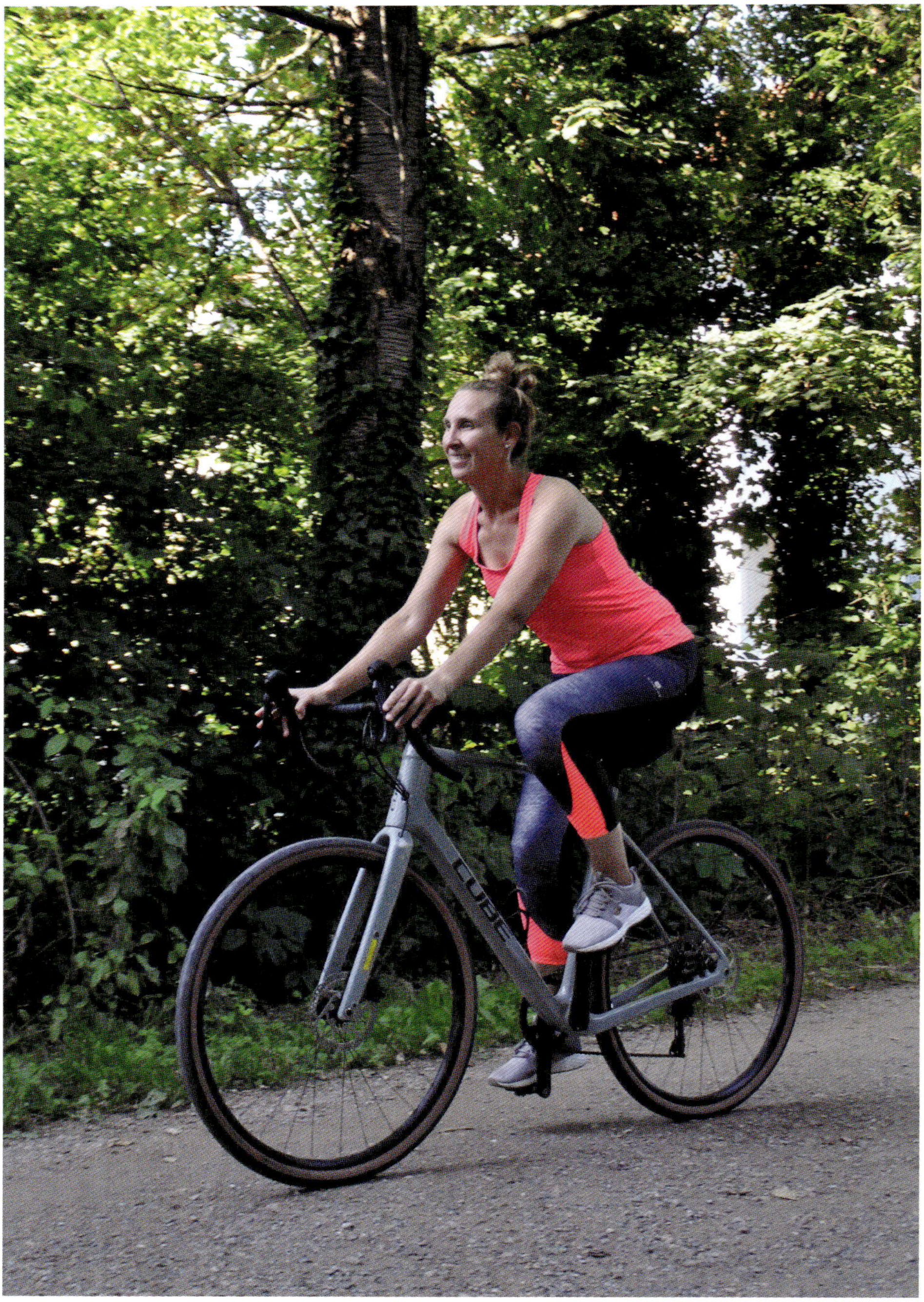
CUBE

Ausdauer: nie mehr außer Atem!

Die **Definition** von Ausdauer ist die Fähigkeit, eine bestimmte Leistung über einen möglichst langen Zeitraum aufrechtzuerhalten. Es gibt zahlreiche positive Effekte, die sich durch ein regelmäßiges Ausdauertraining im Körper einstellen und den Reiter leistungsfähiger machen. Hierzu zählen eine Anpassung in Gefäßsystem und Blut, in der Lunge, im Herzen und in der Muskulatur.

Ziele des Ausdauertrainings sind eine Optimierung des Energiestoffwechsels, Erreichen der maximalen Sauerstoffaufnahmefähigkeit und die Verbesserung der Kraft in Bezug auf die Muskulatur (Kraftausdauer). Auch die Anpassung eines physiologischen Körpergewichts und die Steigerung der Motivation gehören dazu. Beim Ausdauersport werden nämlich Endorphine freigesetzt. Endorphine werden auch als Glückshormone bezeichnet und bereiten gute Laune. Für Reiter ist diese Trainingsform wichtig, um den körperlichen Anforderungen einer Dressurstunde, eines Geländeritts oder einer Prüfung auf dem Turnier gerecht zu werden. Doch nicht nur der Körper profitiert von einer gut trainierten Ausdauer, sondern auch das Gehirn in Form einer erhöhten Durchblutung. Dies ist relevant im Umgang mit dem Fluchttier Pferd, damit man einen kühlen Kopf behält und im Notfall schnell reagieren kann.

Es ist faszinierend, wie viel Gutes man mit Ausdauertraining für den Körper erreichen kann:

AUSWIRKUNGEN AUF DAS GEFÄSSSYSTEM UND BLUT

- Blutvolumenzunahme
- Kapillarisierung (Neubildung kleinster Blutgefäße)
- verbesserte Blutumverteilung in den Muskeln
- Abnahme Blutfettspiegel
- bessere Versorgung der Organe und Muskulatur mit Sauerstoff und Nährstoffen

AUSWIRKUNGEN AUF DIE LUNGE

- Vergrößerung der Austauschfläche für Sauerstoff
- Steigerung Atemminutenvolumen (Sauerstoffaufnahme in das Blut pro Minute)
- Ausweitung Lungenkapillarnetz
- Weitung von Lungengefäßen

AUSWIRKUNGEN AUF DAS HERZ

- Senkung des Ruhepulses
- Vergrößerung des Schlagvolumens (die Menge Blut, die das Herz pro Herzschlag in den Körperkreislauf auswerfen kann)
- Vergrößerung des Herzminutenvolumens (die Menge Blut, die das Herz in der Minute in den Körperkreislauf bringen kann)
- Durchblutungsverbesserung des Herzmuskels (und anderer Organe)
- Vergrößerung der Sauerstoffaufnahmefähigkeit über die Lungenbläschen in das Blut
- Ökonomisierung der Herzarbeit und geringere Belastung für das Herz

AUSWIRKUNGEN AUF DIE MUSKULATUR

- Verbesserung der Durchblutung
- erhöhte Energiespeicherung
- vergrößertes Mitochondrienvolumen (Mitochondrien sind die Kraftwerke einer Zelle)
- verbesserte Sauerstoffaufnahme, -speicherung, -verarbeitung

DIE ALLGEMEINE AUSDAUER WIRD FOLGENDERMASSEN UNTERTEILT:

- Kurzzeitausdauer (ca. 35 Sekunden bis 2 Minuten Belastung)
  → anaerober Stoffwechsel
- Mittelzeitausdauer (2 bis 10 Minuten Belastung)
  → anaerober/aerober Stoffwechsel
- Langzeitausdauer (>10 Minuten Belastung)
  → aerober Stoffwechsel

Die Kurzzeitausdauer ist geprägt von einem **anaeroben** Stoffwechsel. Das bedeutet, dass in den Muskelzellen noch genügend Sauerstoff vorhanden und gespeichert ist, um Energie zu produzieren. In der Mittelzeitausdauer wird ein Mischstoffwechsel von anaerob und **aerob** benötigt. Das heißt, dass der Sauerstoff aus der Zellspeichern verbraucht wird und neuer Sauerstoff geliefert werden muss, um den Zellstoffwechsel aufrechtzuerhalten. Die Langzeitausdauer wird nur über den aeroben Stoffwechsel gespeist. Bei der Herstellung von Energie fällt jedoch das Abfallprodukt Laktat an (s. Kapitel Kraft), welches den Muskelzellen schadet.

Der Körper befindet sich während des Reittrainings im Bereich der Langzeitausdauer. Hierbei ist jedoch auch zu berücksichtigen, in welcher Gangart sich Pferd und Reiter bewegen. Eine entspannte Geländerunde im Schritt beansprucht die Ausdauer bei weitem nicht so stark wie ein Geländetraining mit Hindernisparcours oder eine Dressurstunde.

Es gibt verschiedene Methoden, die Ausdauer zu trainieren. Für Reiter empfehle ich, sich auf die Langzeitausdauer und das Intervalltraining zu fokussieren.

Die **Intervallmethode** besteht aus dem Wechsel zwischen kurzen Belastungs- und Erholungsphasen. Das Ziel ist dabei, das Herzvolumen zu vergrößern, die Laktatverträglichkeit zu verbessern und somit eine höhere Leistungsfähigkeit zu erlangen. Die wahrscheinlich bekanntesten Formen sind das Zirkel- und HIT-Training (High Intensity Training, s. Übung Hampelmann). Beim Intervalltraining reichen 15 Minuten aus!

Die **Dauermethode** verbessert den Stoffwechsel auch im Bereich der Laktattoleranz. Weiterhin fördert sie die Aktivität des Fettstoffwechsels. Die Dauermethode verrät schon, was trainiert wird: die Dauer der Belastung. Passende **Ausdauersportarten** neben dem Reiten sind Schwimmen, Joggen, Radfahren, Inlineskaten und Skilanglauf.

Mit dem Pferd kann man seine Ausdauer fördern, indem lange Galoppeinheiten in das Training eingebaut werden. Im Gelände macht das umso mehr Spaß. Für Pferde ist dies ebenfalls ein Ausdauertraining, da sie nur im Schritt und Trab ihre Atmung aktiv steuern können. Im Galopp hingegen ist ihre Atemfrequenz an die Bewegung gekoppelt. Beispiel: 3 Minuten Galopp, 1 Minute Schrittpause, 5 Wiederholungen.

Eine leichte Ausdauerübung ohne Pferd ist zum Beispiel der Hampelmann. Eine Variante, ihn als Ausdauertraining zu nutzen, ist, mit dem **Belastungsverhältnis 2:1** zu trainieren. Das heißt, der Reiter führt die Übung 60 Sekunden aus und macht anschließend 30 Sekunden Pause. Um mit dem Ausdauertraining zu starten, ist dies die einfachste Variante. Die Pause sollte immer aktiv gestaltet werden, also lieber

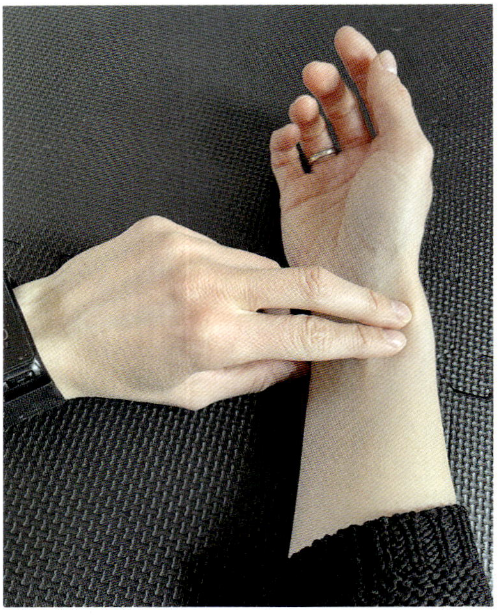

Pulsmessen am Handgelenk

umhergehen, als sich zu setzen. Als Anfangszeit werden 10 Minuten für die Durchführung als Ziel gesetzt, also 10 Minuten bestehend aus dem Wechsel von Hampelmann und aktiver Pause. Es ist nicht schlimm, wenn die vorgegebene Zeit zu Beginn nicht durchgehalten werden kann, es ist ein Zielrichtwert. Dieses Vorgehen kann nach Belieben gesteigert werden. Die Pausenzeit soll immer die Hälfte von der Belastungszeit betragen.

Bevor man mit dem Ausdauertraining startet, ist es wichtig, zu errechnen, wo der eigene **Belastungspuls** liegt. Die Faustregel für den Belastungspuls lautet: **180 - Lebensalter = Belastungspuls**. Nach diesem Wert sollte man sich im Training richten. Erhöht er sich während der Belastung deutlich, sollte man die Belastungszeit verkürzen und schauen, wie der Puls sich beim Messen direkt am Ende der Belastung verhält, ob er sich niedriger und im Bereich seiner persönlichen Errechnung ansiedelt. Das Training sollte so angepasst werden, dass der Puls im Rahmen des eigenen Belastungspulsbereichs bleibt. Reicht die Anpassung nicht aus, sollte die Pausenzeit weiter verlängert werden.

Folgende Übungen empfehle ich für das Ausdauertraining:

Der **Hampelmann** eignet sich nicht nur zur Aufwärmung vor dem Reiten, sondern ist auch eine hervorragende Übung zum Konditionsaufbau.

Eine weitere Ausdauerübung ist der **Kniehebelauf**. Dieser lässt sich gut auf dem Reitplatz, in der Halle, der Stallgasse oder auch zu Hause im Flur trainieren. Die Halle und der Platz bieten sich hervorragend für ein Ausdauertraining an. Wer Schwierigkeiten mit dem unebenen Boden hat, sollte sein Training auf festen Untergrund verlegen.

Die Knie werden im Lauftempo abwechselnd hochgezogen, sodass Hüft- und Kniegelenke einen ca. 90°-Winkel ergeben. Jeder entscheidet für sich selbst, welches Tempo er wählt. Wenn man Belastungsspitzen einbauen möchte, kann man die Bewegungsabläufe auch beschleunigen.

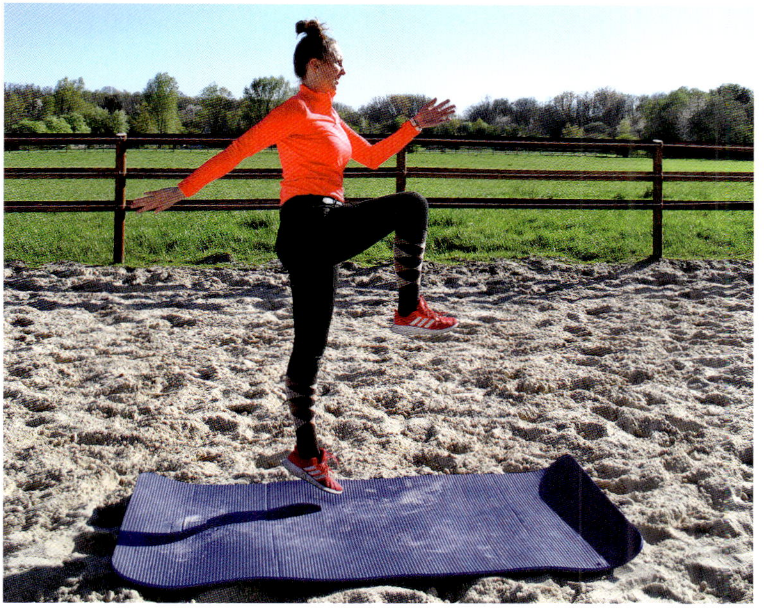

Kniehebelauf

Für den Einstieg wird der Kniehebelauf an den kurzen Seiten durchgeführt und an den langen Seiten locker gegangen. Die langen Seiten stellen, wie auch beim Hampelmann, die aktiven Pausen dar, damit sich der Puls wieder regulieren kann. Der Puls kann entweder am Hals seitlich vom Kehlkopf oder an der Innenseite des Handgelenks getastet werden.

Eine kleine Steigerung ist der Kniehebelauf an einer langen Seite, der Rest wird zur Erholung gelaufen. Die anspruchsvollere Variante ist es, sich an beiden langen Seiten im Kniehebelauf zu bewegen und nur an den kurzen Seiten eine aktive Pause einzubauen. Jeder Reiter kann sich seine Variante, mit der er starten möchte, individuell aussuchen. Wichtig: Man soll sich angestrengt fühlen, aber nicht überfordern!

In der Physiotherapie gibt es die sogenannte **Borg-Skala**, mit Hilfe derer man den Grad der Belastung bestimmen kann. Die Zahl 0 bedeutet »keine Belastung«, die Zahl 10 ist das Maximum. Die Ermittlung dieser Werte geschieht rein subjektiv. Wenn man mit dem Ausdauertraining beginnt, ist ein Erreichen der Belastung zwischen 6 bis 8 auf der Skala deutlich ausreichend.

Für den Anfang sollte man mit 3 bis 5 Runden in der Reithalle oder auf dem Platz starten und dies nach Gefühl steigern und schauen, wie sich das subjektive Empfinden auf der Borg-Skala einpendelt.

Zu Hause kann man den Kniehebelauf auch nach Zeit trainieren, wie beim Hampelmann beschrieben.

Als Letztes noch eine richtige Powerübung. Wer kennt **Burpees**? Vorab: Diese Übung ist unheimlich anstrengend und entweder liebt man sie oder man hasst sie.

Burpees sind eine Kombination aus der Übung Planke und einem Strecksprung: Aus der Planke wird in die Hocke/Froschposition gehüpft und daraus ein Strecksprung gemacht. Der Rückweg erfolgt wieder über die Hocke in die Planke. Es ist tatsächlich keine reine Ausdauer-, sondern parallel auch eine Kraftübung. Sie spricht genau die Muskulatur an, die bei vielen Reitern zu schwach ausgebildet ist, nämlich die treibenden Muskelgruppen, also die gesamte rückwärtige Beinmuskulatur und die Gesäß- sowie die Rumpf- und Schultermuskulatur. Viel Spaß beim Schwitzen!

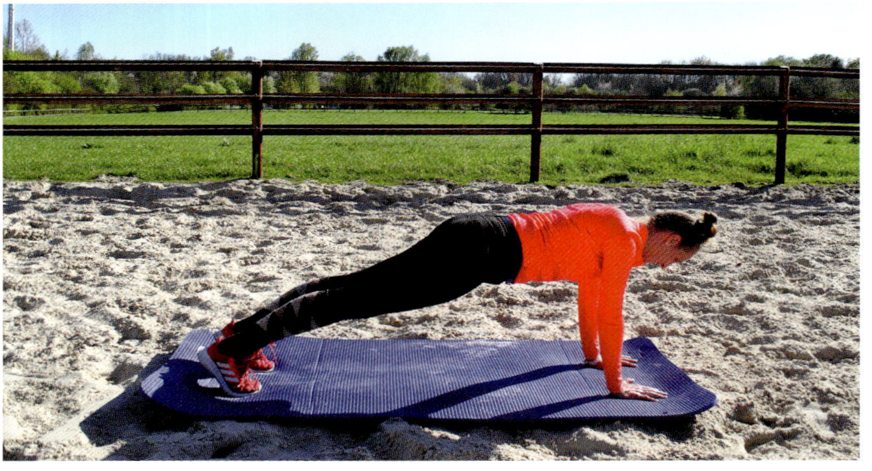

Burpees: Planke ...

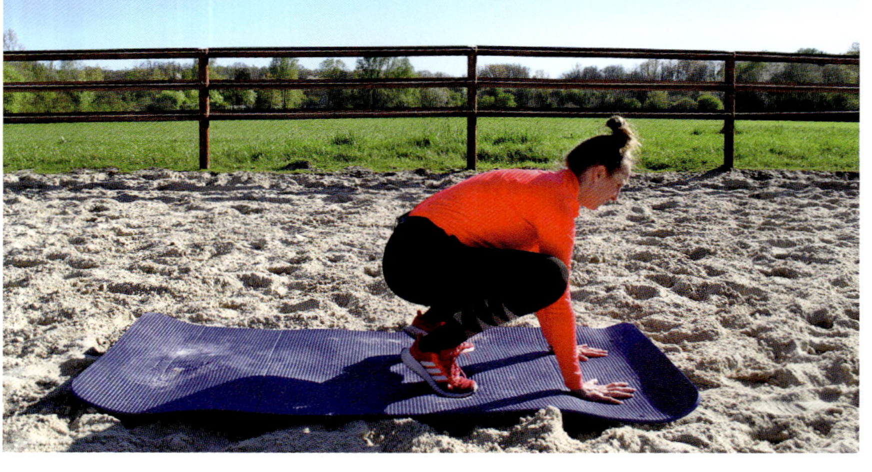

... Froschposition

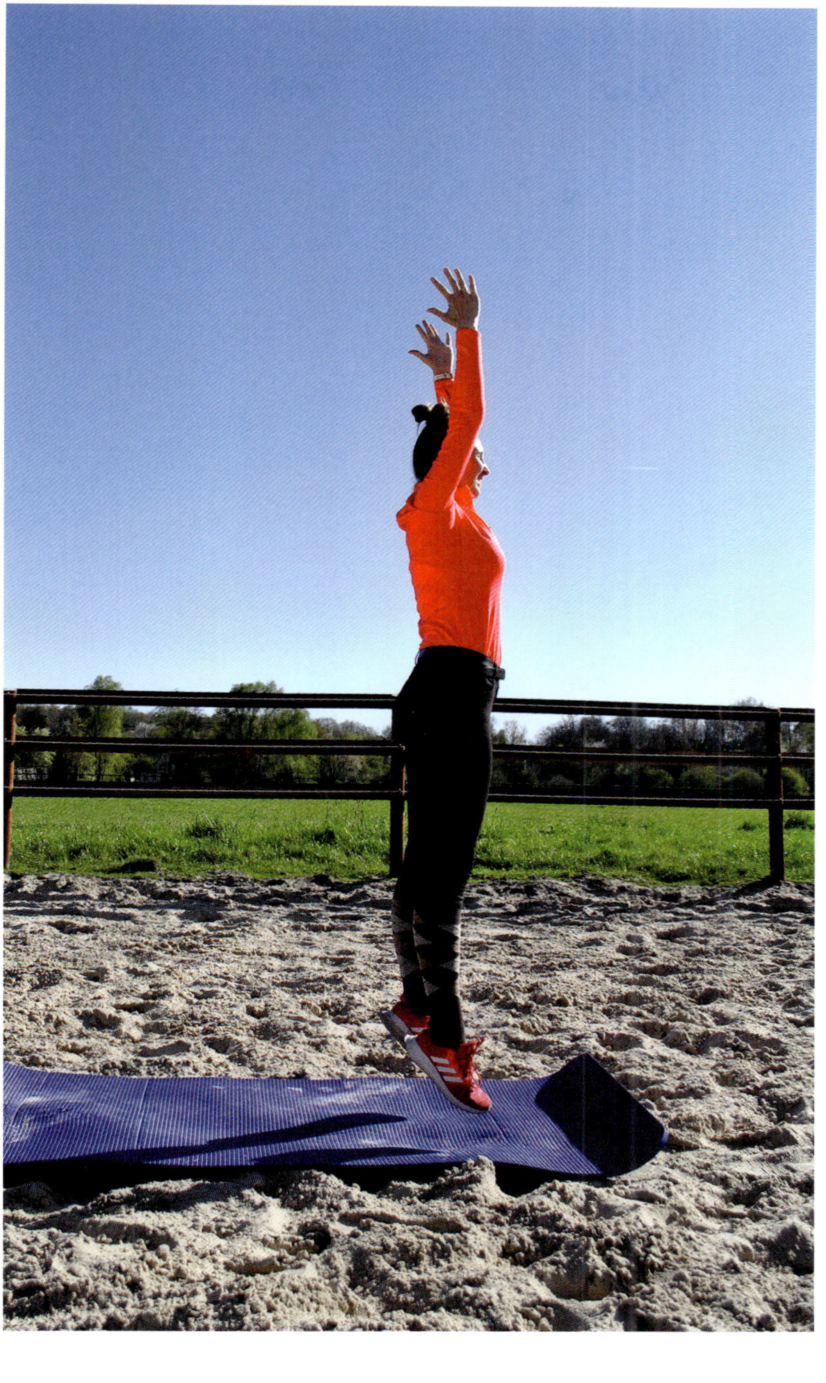

... und Strecksprung

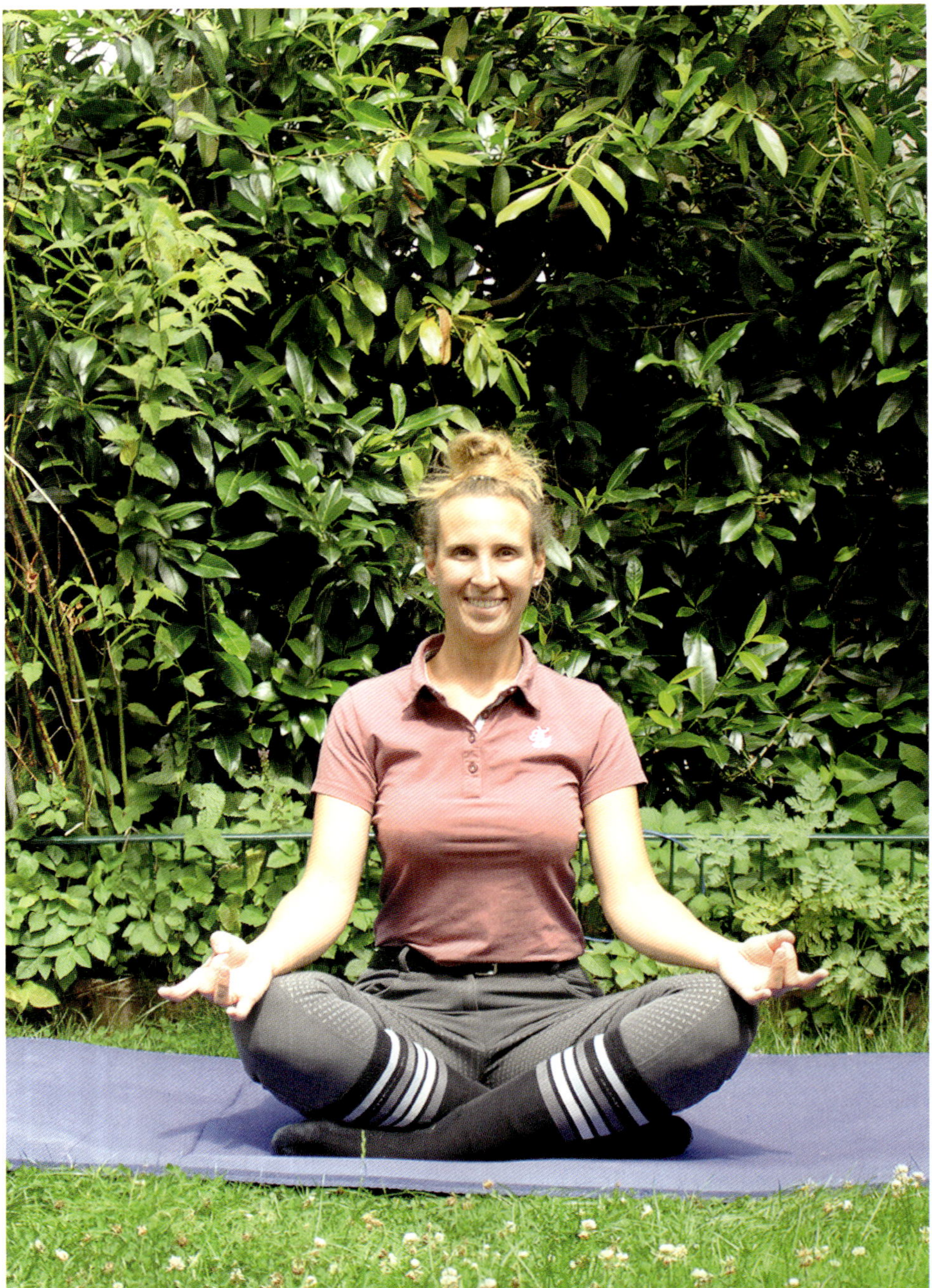

Mentale Fitness: Reiten mit Köpfchen

Mir selbst ist das alles schon passiert: Eine plötzliche Bremsung des Pferdes und man fliegt über den Hals und landet im Sprung, das Pferd tritt mit dem Huf auf die Trabstange, stürzt und klemmt das Bein des Reiters ein, beim Verlassen des Hofs auf dem Weg ins Gelände steigt das Pferd oder es springt bei der Galopparbeit mit allen vier Füßen in die Luft und landet nur, um gleich danach zu steigen. Für viele absolute Horrorvorstellungen!

Die Sekunden nachdem man »den Sand geküsst« hat, kennt jeder Reiter. Sie sind oft schmerzhaft, körperlich wie auch mental. Nicht nur blaue Flecken oder gebrochene Knochen bleiben als Folge zurück, sondern auch ein Break im Kopf, Angst und Unsicherheit.

Um mit diesen Themen umgehen zu können, um sich überhaupt weiter mit dem Partner Pferd auseinanderzusetzen und den Reitsport nicht an den Nagel zu hängen, ist es ganz wichtig, mental fit zu sein.

Die mentale Fitness beschreibt die optimale Leistungsfähigkeit des menschlichen Gehirns. Dazu zählen eine schnelle Auffassungsgabe und eine gut ausgeprägte Fähigkeit, sich zu konzentrieren. Beim Pferd würden wir dies als physische und psychische **Losgelassenheit** bezeichnen.

Für die mentale Fitness ist es nebensächlich, ob ein Reiter Profi- oder Hobbysportler ist. Beide sollen gleichermaßen ihrer Liebe zum Reitsport nachkommen können und sich wohlfühlen, ohne mit der Angst im Nacken leben zu müssen. Hierzu zählt nicht nur die Angst vor Stürzen und deren Folgen für den Reiter, sondern auch um das Pferd, welches sich sowohl beim Training als auch auf der Weide verletzen kann. Manche Reiter haben nicht unbedingt Angst vor Verletzungen, sondern ihnen machen ganz andere alltägliche Herausforderungen zu schaffen, wie Zeitmangel, falscher Ehrgeiz oder privater und beruflicher Stress.

Entspannt geht alles leichter

Ein wichtiger Teil der mentalen Fitness ist die **Entspannung**. Sie beeinflusst sowohl unsere Organe als auch unsere Muskulatur und unser Gehirn. Es entsteht eine Entlastung des Herz-Kreislauf-Systems über eine ruhige Atmung, der Herzschlag wird herabgesetzt sowie der Blutdruck gesenkt. Die Muskulatur verliert an negativer Spannung und vorhandene Verhärtungen werden gelöst.

Es gibt viele Möglichkeiten, eine Entspannung im Körper zu erzielen. In der Physiotherapie nutze ich dafür:

- Faszien- und Dehnübungen, Yogaübungen, Pilatesübungen
- Mobilisationsübungen
- Wahrnehmungsschulung
- Koordinationsübungen
- Atemtherapie
- Progressive Muskelrelaxation (PMR) nach Jakobsen
- klassische Massagetherapie (KMT)

Die klassische **Massage** bietet sich immer in Kombination mit einer vorhergehenden Wärmeanwendung (Heißluft/Moorpackung) an. Dies fördert die Regeneration zur beschleunigten Wiederherstellung. In vielen Rehaeinrichtungen arbeiten Therapeuten auch zusätzlich mit einem Hydrojet, einem Gerät zur Unterwasserdruckmassage.

Sind die Muskeln locker, können sie physiologisch arbeiten und die knöchernen Strukturen stellen sich von selbst wieder ein. Häufig entstehen knöcherne Blockaden, wenn die Muskeln einen zu hohen Tonus haben und die Knochen dadurch minimal verziehen.

Die Wirkungsweise einer klassischen Massagetherapie ist primär eine Durchblutungsförderung. Stoffe, die in den Muskeln Verspannungen hervorrufen, können abtransportiert werden und die Muskulatur mit neuen Nährstoffen versorgt werden. Man verbessert außerdem die Verschieblichkeit der einzelnen Gewebe zueinander. Einbegriffen sind neben der Muskulatur das Bindegewebe (Faszien) wie auch Blutgefäße und Unterhaut, der gesamte angestaute hohe Tonus im Körper wird gesenkt. Weiterhin wirken Massagen schmerzlindernd. Zum einen weil Verspannungen gelöst werden, aber auch weil ein spezieller Mechanismus zum Tragen kommt. Berührungen werden durch unzählige Rezeptoren an das Gehirn geleitet, wobei Berührungsreize schneller an das Gehirn übermittelt werden als Schmerzreize. Das bedeutet, dass Schmerzreize durch die Berührung überlagert werden, wodurch das Schmerzempfinden herabgesetzt wird. Dieses Prinzip nennt man **Gate-Control-Mechanismus**.

Weiterhin hat eine Massage eine immunologische Wirkung. Durch die Mehrdurchblutung werden Zellen freigesetzt, die den Körper in der Immunabwehr unterstützen. Nur ein entspannter Körper ist in der Lage, eine starke Abwehrfunktion aufzubauen. Ein Mensch, der stetig unter Stress steht, wird schneller krank und ist deutlich anfälliger für Krankheitserreger. Sein gesamter Körper lebt durch den Stress permanent an der Leistungsgrenze und ist dadurch wesentlich empfindsamer.

Auch körperliche **Bewegung** und gezielte Übungen tragen zur Entspannung bei, besonders geeignet sind lange, ausgiebige Spaziergänge, Faszien- und Dehnübungen sowie wie Übungen zur **Wahrnehmungsschulung**. Um die Tiefenwahrnehmung zu fördern, empfehle ich vor allem Traumreisen und die progressive Muskelrelaxation nach Jakobsen. Dabei wird der ganze Körper eingebunden und in der Sensibilität geschult.

Die heutige schnelllebige Zeit überflutet uns von außen mit Reizen. Es ist wichtig, sich immer wieder kurze Pausenzeiten für sich selbst zu schaffen, die sogenannte **»me time«**. Diese Auszeiten sorgen dafür, dass wir Verantwortung für uns selbst übernehmen und den Druck und Stress nicht zu groß werden lassen. Jeder sollte mindestens 30 Minuten am Tag nur für sich einplanen, um abzuschalten und die Konzentration auf seine persönlichen Bedürfnisse zu richten.

Ein ausgiebiger Saunatag trägt ebenso zur Entspannung bei wie ein entspanntes Bad und **ausreichend Schlaf**. Schlaf ist für die Regeneration von großer Bedeutung. Die erste Tiefschlafphase beginnt um Mitternacht herum. Während dieser Zeit werden viele Wachstumshormone ausgeschüttet, die der Körper zum Regenerieren benötigt. Die Zellen, die ausgeschüttet werden, sind unter anderem für Reparaturen und die Neuproduktion von Gewebe erforderlich. Verpassen wir also diese erste Tiefschlafphase, weil wir zu spät schlafen gehen, regenerieren wir schlechter bis gar nicht.

Das beste Beispiel aus dem Profisport sind Wettkämpfe auf anderen Kontinenten in anderen Zeitzonen. Der Körper sollte die Möglichkeit haben, sich längere Zeit vor einer Wettkampfsituation umstellen zu können. Schon innerhalb unserer eigenen Zeitzone gibt es dennoch negative Beispiele, wie die Abendspiele im Profifußball. Sie beginnen so spät, dass ein Spieler mit der gesamten Nachbereitung erst deutlich nach der ersten Tiefschlafphase ins Bett kommt. Häufig ist man dann jedoch noch aufgewühlt und die Gedanken lassen nicht zu, dass man in den Schlaf findet. Sportler, die beruflich im Schichtdienst beschäftigt sind, kommen mit der physiologischen Regeneration völlig aus dem Rhythmus. Dies macht den Körper nach einiger Zeit krank, weil er ständig höher, als es sein Limit zulässt, belastet ist.

Es gibt **schlechte Tage**, da sollte man sich als Reiter die Frage stellen: Hat es heute Sinn, sich auf das Pferd zu setzen? Hat zum Beispiel der Job für viele Stress-

Situationen gesorgt, gibt es immer noch die Möglichkeit, mit seinem Pferd vom Boden aus zu arbeiten oder einen langen, gemütlichen Spaziergang zu machen. Eine kraftschöpfende Abwechslung ist es, ins Gelände zu gehen, um dort die Seele baumeln zu lassen. Stangenstunden sind ebenso eine lockernde Abwechslung für Pferd und Reiter.

In manchen Momenten ist es besser, weder an sich selbst als Reiter noch an sein Pferd irgendwelche Ansprüche zu stellen, sondern einfach den Kopf freizubekommen und Spaß zu haben. Die meisten Reiter betreiben den Reitsport in ihrer Freizeit und müssen nicht ihr Geld damit verdienen, also erfreut Euch an Eurem Hobby. Ist man innerlich aufgewühlt und kribbelig, wird in einer Dressur- oder Springstunde ohnehin nichts funktionieren. Es ist wichtig, seine körperlichen und mentalen Grenzen zu kennen und zu wissen, wann es keinen Sinn hat, in den Sattel zu steigen. Mal schlechte Laune zu haben ist nur menschlich. Wir sind schließlich alle nur Lebewesen und keine Maschinen, ebenso wenig wie unsere Vierbeiner!

Man kann den Kopf auch mit seinen eigenen Waffen schlagen, zum Beispiel mit einem anspruchsvollen **Koordinationstraining**. Dabei wird das Gehirn gezwungen, sich auf das zu konzentrieren, was gerade mit dem Körper passiert. Man fühlt sich danach müde, erschöpft und der Kopf ist leer und frei für neue, positive Gedanken.

Konzentration ist ein gutes Stichwort. Oft sind die Gedanken beim Reiten und im Umgang mit dem Pferd nicht im Hier und Jetzt, sondern schweifen in die Vergangenheit oder Zukunft. Die Konzentration ist aber notwendig, um bestimmte Abläufe beim Reiten einzuhalten oder schnell zu entscheiden, welche Hilfe ich gerade geben muss, aber auch um schnell reagieren zu können, wenn mein Pferd mal erschrickt. Ist man in solchen Situationen nicht voll dabei, kann es passieren, dass man schneller im Dreck liegt oder mit einem Reitkollegen zusammenstößt, als man gucken kann.

Ein zusätzlicher Punkt für die mentale Fitness ist der **Ausgleichssport für Reiter**. Sich einmal so richtig körperlich auszupowern, tut dem Körper und dem Geist gut. Auch um den angestauten Leistungsdruck mal Luft zu machen, bietet sich ein anstrengendes Workout bestens an.

Das Gehirn schüttet während der sportlichen Aktivität Endorphine aus, die ein regelrechter Gute-Laune-Booster sind. Forscher haben herausgefunden, dass dieses Glücksgefühl sogar einen ähnlichen Suchtcharakter wie Schokolade hat.

Die Kraft der Gedanken

Es können verschiedene Gedanken sein, die Druck verursachen und uns teilweise richtig mürbe machen, etwa solche Angstspiralen: Was passiert mit meinem Pferd, wenn ich im Gelände stürze? Läuft es weg, läuft es auf die Straße vor ein Auto?

Wird es sich verletzen? Wie schwer wird es verletzt sein? Es kann auch der rot-weiße Oxer sein, der Unwohlsein vermittelt, oder die eine Lektion, die einfach nicht funktionieren will, so dass man denkt: »Das muss doch irgendwie gehen!« Nein, muss es nicht.

In so einer Situation heißt es, einen Gang zurückzuschalten, sich zu reflektieren, beim Reiten filmen zu lassen und abends bei einer Tasse Tee die Probleme ganz nüchtern zu analysieren. Step by step werden die nächsten Trainingseinheiten gut durchdacht vorbereitet. Ich gehe in solchen Situationen gerne in den **»Eulen-Modus«**. Dabei versetze ich mich in eine kleine Eule, die oben auf einem Schrank sitzt und die ganze Szenerie aus der Ferne beobachtet und analysiert, was gerade warum passiert. Bei mir hat das schon die ein oder andere Situationsproblematik gelöst. Als mein Pferd zum Beispiel immer an der gleichen Stelle gestiegen ist, habe ich zusammen mit meiner Physiotherapeutin (die mein Pferd behandelt) die Videoaufnahme unzählige Male angeschaut und tatsächlich eine Lösungsstrategie entwickelt, die auch nachhaltig funktioniert hat.

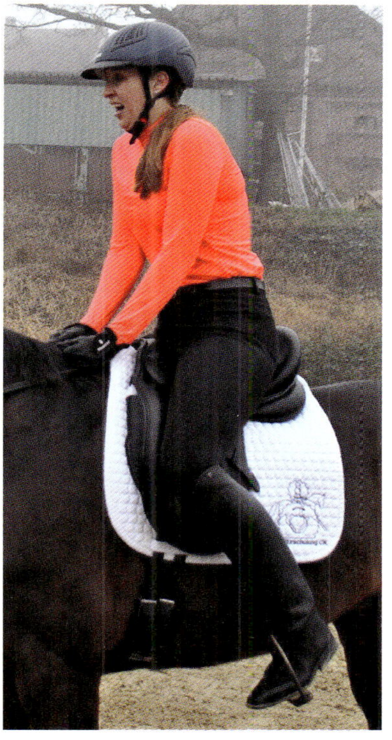

Angst beim Reiten

ERSTE HILFE-MASSNAHMEN, WENN DIE SCHLECHTEN GEDANKEN ÜBERHANDNEHMEN:

- Ruhe bewahren und gleichmäßig ruhig atmen
- die Konzentration nur auf sich selbst lenken, egal, was um einen herum passiert
- Entkatastrophisieren: Was kann im schlimmsten Fall passieren? Was passiert im besten Fall? Und was ist wahrscheinlich, was passiert?
- Humor gegen Angst: über die Situation lachen, denn Lachen setzt Endorphine frei und lockert angespannte Muskeln
- offen mit der Angst umgehen und darüber sprechen

Tipps zum Stressmanagement

Es wird im Leben des Reiters immer wieder Situationen geben, die innerlich Stress aufkommen lassen. Stress ist nicht unbedingt negativ zu sehen, sondern kann sich auch zum Beispiel vor einer Prüfung als Lampenfieber äußern und dabei helfen, die Konzentration auf die Aufgabe zu stärken. Hier sind ein paar Tipps, wie man Stress in den Griff bekommt. Jeder Mensch ist individuell, das bedeutet, dass nicht jede Technik für jeden Reiter geeignet ist. Ich kann nur empfehlen, verschiedene Methoden auszuprobieren, bis man die passenden für sich herausgefunden hat.

- Lippenbremse: während der Ausatmung einen Finger senkrecht auf die Lippen legen und dagegen ausatmen. So wird die Atmung reguliert und ruhiger.
- Luftstapeln: die Luft in kleinen, kurzen Häppchen einatmen, bis nicht weiter eingeatmet werden kann, dann lange und ruhig ausatmen
- Musik hören
- kurzes, intensives Intervalltraining, um die Ausschüttung von Endorphinen zu fördern
- Powernap
- Yoga/PMR
- ausreichend schlafen
- viel Wasser trinken und ausgewogen essen
- Regulation von Emotionen (dafür empfehle ich ein Emotionscoaching bei einem Experten)
- an eine Situation denken, in der man durchweg glücklich und zufrieden war

Konstruktive Selbstgespräche und weitere Techniken

Für ein wirksames Stressmanagement sollte man den inneren Dialog mit sich selbst bewusst beeinflussen. Oft sitzen sich Engelchen und Teufelchen gegenüber auf unseren Schultern und streiten sich mal wieder gewaltig. Damit das Engelchen gewinnt, ist es wichtig, die Selbstgespräche ins Positive zu wenden. Das ist manchmal nicht ganz einfach, wie wir alle sicherlich wissen. Das Nachdenken über Fehler ist der Anteil, der in unseren Gedanken am meisten Platz einnimmt. Wir sollten uns immer wieder klarmachen, dass es zum Leben dazugehört, Fehler zu machen. Fehler sollten in unserem Selbstgespräch kritisch betrachtet werden, ja, aber trotzdem als etwas Positives angesehen werden, denn sie sind unerlässlich, damit wir uns weiterentwickeln, und unterstützen uns in unserem persönlichen Lernprozess. **Fehler sind etwas Gutes.**

Ein weiterer Tipp für Selbstgespräche ist es, negative Gedanken direkt zu stoppen. Dafür nutze ich gerne das Bild, dass ich mit den Gedanken in den Keller gehe und sie in einen Raum mit einer schweren Stahltür sperre, woraus sie nicht entkommen können.

Man sollte seine Gedanken darauf fokussieren, was die eigenen **persönlichen Stärken** und die seines Pferdes sind. Hilfreich ist, sich bewusst an einen erfolgreich absolvierten Ritt zu erinnern – das kann eine Prüfung auf dem Turnier sein, ein schöner Ausritt oder eine harmonische Trainingseinheit. Dies zaubert einem direkt ein Lächeln ins Gesicht und man ist sofort entspannter und weniger gestresst.

Ich finde es auch unheimlich wichtig, sich einfach mal selbst auf die Schulter zu klopfen und sich bewusst zu machen, was man schon alles mit seinem Pferd geschafft hat und wo man noch vor einigen Monaten stand. Und noch etwas Wichtiges: Nur, weil mal etwas nicht funktioniert, geht davon nicht die Welt unter!

Einen letzten Tipp möchte ich zum Thema Stressabbau unbedingt noch äußern: **Umgib Dich nur mit Menschen, die Dir guttun**, mit denen du Dich austauschen kannst und in deren Nähe Du Dich wohlfühlst. Diese Menschen bringen Dich mental weiter und unterstützen Dich auf Deinem Weg. Es sind nicht die Bandenprofis mit LK1, die Dich persönlich weiterbringen, oder die, die Dir ein schlechtes Gefühl vermitteln, genauso wenig wie die Menschen, die Dir Deine Energie rauben und Dich aussaugen wie kleine Mücken.

Gedanken können auch eine große positive Kraft entfalten. Früher hatte man als Kind seine Helden, zu denen man aufschaute. Das konnten Menschen einer bestimmten Berufsgruppe sein (Feuerwehmann), Sportler, berühmte Personen oder auch Figuren aus Büchern und Filmen. Haben wir heute im Erwachsenenalter noch **Vorbilder**? Ich persönlich finde es schwierig, mich mit einer einzigen Person zu identifizieren. Ich suche mir vielmehr Personen mit verschiedenen Verhaltensmustern oder Handlungsansätzen. Diese schmeiße ich alle zusammen in einen Topf und rühre kräftig um. Mit dem, was dabei herauskommt, kann ich mich identifizieren. Ähnlich handhabe ich es auch in der Physiotherapie mit den individuell auf jeden Patienten und Reiter abgestimmten Behandlungstechniken.

Nicht jedes Vorbild liefert die passende Lösungsstrategie. Deswegen ist es wichtig, mehrere Vorbilder zu haben und für sich passende Verhaltenszüge zu nutzen. Allgemeine große Vorbilder sind zum Beispiel Albert Einstein, der für Intelligenz steht, oder Leonardo Da Vinci, der mit seiner Kreativität die Welt weiterentwickelt hat. Für uns Reiter können es Olympiasieger, bekannte Ausbilder oder auch der eigene Trainer sein. In der heutigen Zeit von Social Media gibt es auch viele tolle Profile und Personen, die zu Vorbildern werden und ihr Wissen und Können weitergeben. Aber Achtung, man sollte ihnen nicht zu sehr nacheifern, sondern für sich und seinen Alltag das Passende übernehmen. So sein zu wollen wie jemand anders kann unnötigen Druck und somit wieder neuen Stress verursachen. Mach aus Dir selbst die beste Version, die Du sein kannst: **Sei morgen besser als heute!**

Sehr hilfreich ist es, seine **Ziele und Wünsche zu visualisieren** und in seinem »Kopfkino« wahr werden zu lassen. Jemand sagte mal: Machen dir deine Träume und Wünsche keine Angst, dann sind sie nicht groß genug! Nur große Wünsche geben die Motivation, diese auch zu realisieren.

Um Ziele und Wünsche umzusetzen, kann es helfen, diese niederzuschreiben. Dabei ist die **SMART-Regel** ein guter Leitfaden. Sie steht im Zeichen der Motivation und des stetigen Antriebs, sich verbessern zu wollen, ist aber auch dafür da, um zu überprüfen, ob Ziele tatsächlich erreicht worden sind.

S > pezifisch (beschreibe das Ziel korrekt und detailliert)
M > essbar (das Ziel kann quantitativ und qualitativ bewertet werden)
A > ttraktiv (das Ziel ist sehr ansprechend und angemessen)
R > ealistisch (das Ziel kann durch vorhandene Ressourcen erreicht werden)
T > erminierbar (Bis wann soll das Ziel erreicht werden?)

Ein Beispiel: Ich möchte mit meiner Freundin Svenja die 60-minütige Runde im Wald bis in drei Monaten geritten sein.

Die »SMART-Regel« hilft dabei, fokussiert auf seinem persönlichen Weg zu bleiben. Sie kann auf jeden Lebensbereich angewandt werden.

Motivationssprüche, ein Motto oder einen Leitsatz aufzuschreiben hilft dabei, auch an schlechten Tagen, seine Ziele wiederzufinden. Dies können Sätze sein wie: »Das Glas ist nicht halb leer, sondern halb voll« oder »nicht denken, sondern machen«.

Wichtig ist, sich immer wieder neu zu fokussieren und zu hinterfragen, warum man etwas tut. Was ist mein persönlicher Antrieb? Welche Ziele habe ich mit meinem Pferd? Was macht mir im Umgang mit meinem Pferd Spaß? Wer oder was motiviert mich? Mit welchen Menschen um mich herum kann ich mich austauschen?

Um sich noch weiter zu motivieren, hilft auch in vielen Fällen ein »Mutmacher-Song«, der einen noch mal so richtig pusht. Wenn man dieses Lied auf dem Weg in den Stall hört, kommt man direkt mit einer anderen Haltung bei seinem Vierbeiner an.

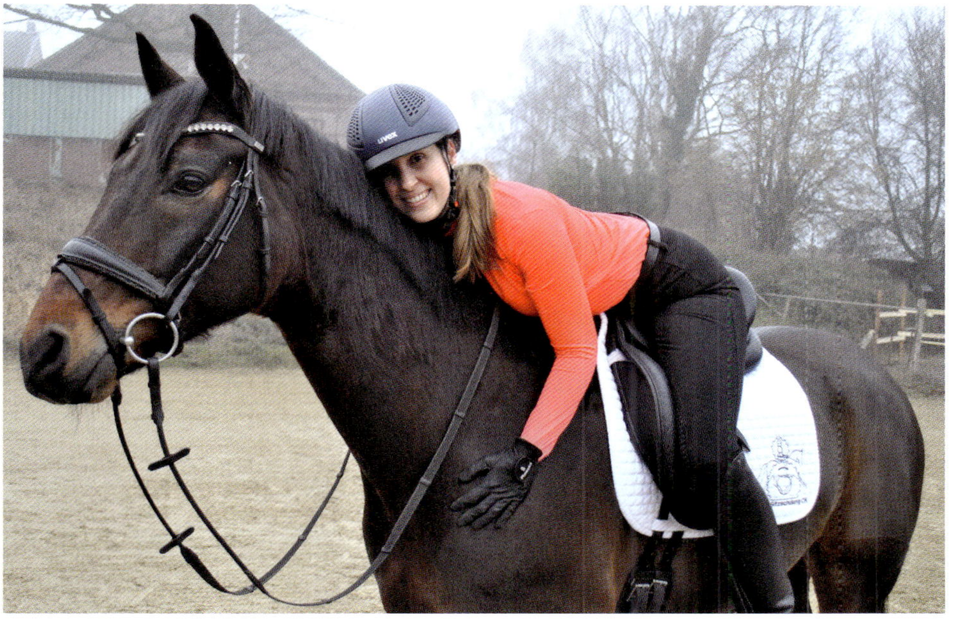

Sei dankbar für das, was Du hast!

Als Letztes möchte ich den Punkt der **Dankbarkeit** ansprechen. Vieles, was wir mit unseren Pferden erleben, ist nicht selbstverständlich. Wir sollten dankbar sein, dass Pferde Teil unseres Lebens sind. Als Übung dafür empfehle ich, jeden Abend mindestens drei kurze Stichpunkte aufzuschreiben, wofür man an diesem Tag dankbar ist. So lernt man auch kleine Dinge und vor allem sich selbst zu schätzen.

Ich zum Beispiel bin dafür dankbar, eine manchmal so verrückte Stute im Stall stehen zu haben – Stute durch und durch. Wir haben nach wenigen gemeinsamen Monaten eine Verletzungspause gehabt, lange Zeit hat mein Pferd auf der 24-Stunden-Wiese verbracht und doch habe ich es irgendwann erstmals konstant in ihren Sattel geschafft. Es gab so viele Situationen, die mich sehr viele Nerven gekostet haben und uns doch im Nachhinein eng verbunden haben. Dieses Pferd hat mich gelehrt, im Umgang mit ihm so ruhig zu werden, dass ich, auch wenn es hart klingen mag, gefühlsneutral auf seinen Rücken steige. Die Stute hat so feine Antennen, dass jedes kleine Fünkchen Gefühl zu viel des Guten sein kann. Ich habe mir in meinem Reiterleben bewusst nie einfache »Selbstläuferpferde« ausgesucht und habe den Anspruch an mich selbst, mich so lange in diese Detailarbeit hineinzufuchsen, bis das Ergebnis stimmt, was seine Zeit dauert. Das hat mir ermöglicht, heute jedes Pferd in der Zuversicht zu reiten, dass wir ein Team werden können. Dafür bin ich allen Pferden auf meinem Weg sehr dankbar.

Abschließend möchte ich betonen, dass es nicht schlimm ist, auch mal in einer mentalen Krise zu stecken. Es ist menschlich und lässt uns wachsen, manchmal auch mit einer neutralen Person, die uns dabei hilft. Es zeugt nicht von Schwäche, sondern von Stärke, wenn man sich damit auseinandersetzt und einen Weg aus dieser Zeit herausfindet. In so einer Situation ist es ratsam, sich durch die **professionelle Hilfe** eines geschulten Therapeuten unterstützen zu lassen. Vor allem beim Thema Angst im Sattel kann dies sehr förderlich sein.

Ich wünsche mir für jeden Reiter, dass er seinen Weg findet, verantwortungsvoll mit sich selbst und seinem Teampartner Pferd umzugehen, stets sein Handeln zu hinterfragen, sich selbst zu reflektieren und fair gegenüber sich selbst und seinem Pferd zu bleiben. Es ist unsere Pflicht als Reiter, neugierig zu bleiben, uns für unsere Pferde mehr und mehr Wissen anzueignen und ihr Verhalten genau zu beobachten, um sie noch besser zu verstehen zu lernen. Wir sollten üben, geduldig zu bleiben, Ruhe zu bewahren, erst zu überlegen und dann zu handeln und stets Einfühlsamkeit beizubehalten. Dazu gehört auch, auf sein Bauchgefühl zu hören und sich von diesem leiten zu lassen.

In diesem Sinne wünsche ich allen Reitern viel Spaß dabei, sich selbst und ihren Sitz zu verbessern – für mehr Leichtigkeit und Harmonie im Sattel und Freude mit dem Pferd.

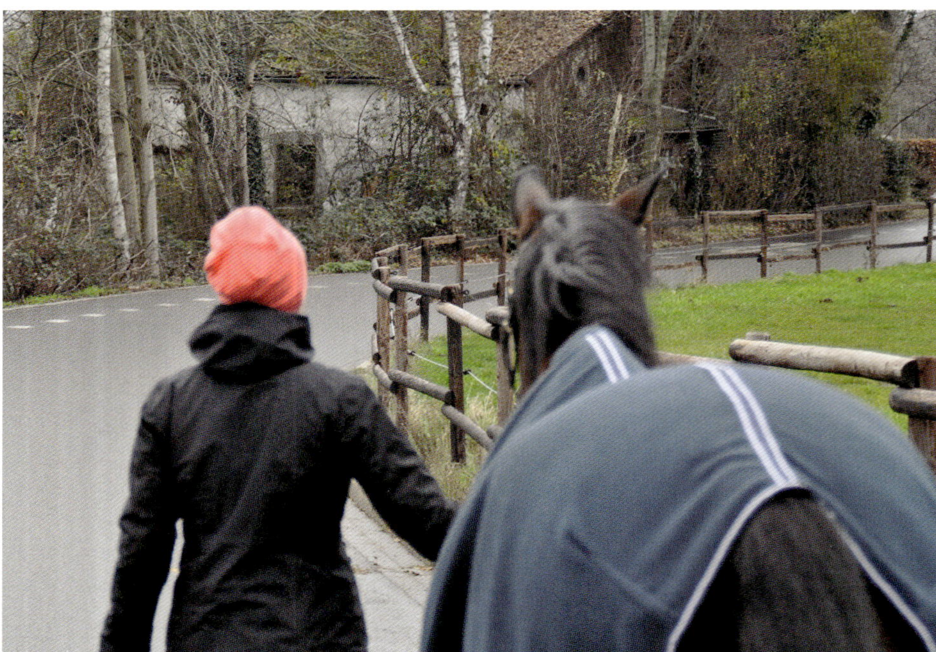

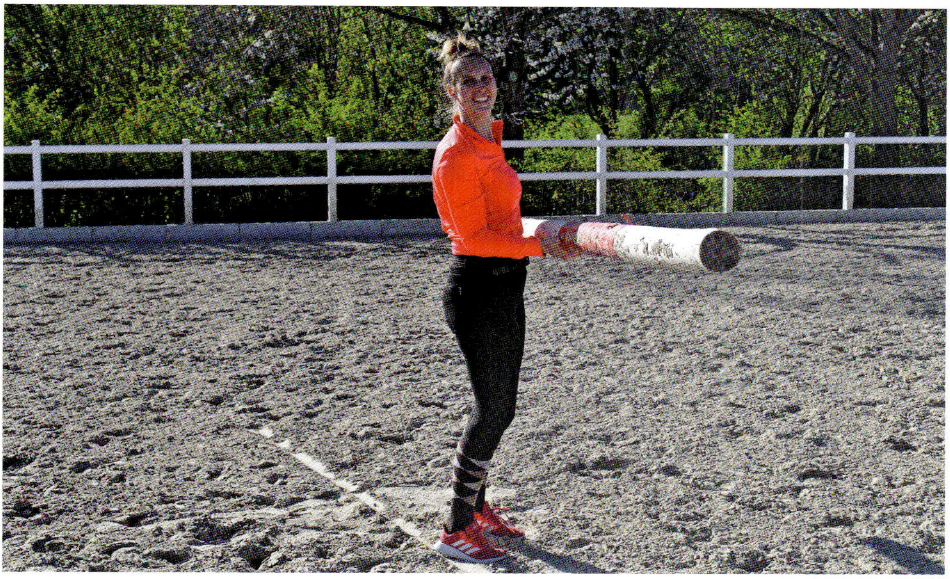

Carina Beretz-Klausewitz ist staatlich anerkannte Physiotherapeutin und war schon als Kind begeisterte Reiterin. Diese beiden Felder verbindet sie in der Sitzschulung unter physiologischen und biomechanischen Gesichtspunkten für Reiter bis zur Klasse S. Sie ist anerkannte DOSB-Sportphysiotherapeutin und hat bereits zahlreiche Leistungssportler der 1. Bundesliga im Basketball und Fußball, Schwimmer des Olympiakaders und des deutschen Perspektivteams, professionelle Ballett-Tänzer sowie Turnierreiter physiotherapeutisch betreut.

In ihre Arbeit bezieht sie vielfältige Ansätze wie neurologische Behandlungskonzepte und Ernährungsberatung ein.

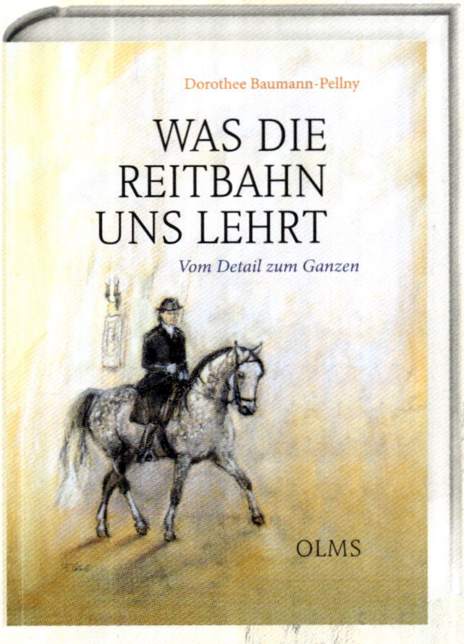

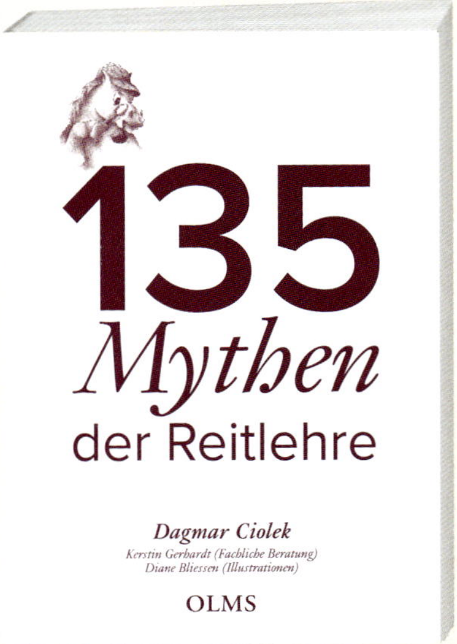

Dorothee Baumann - Pellny

Was die Reitbahn uns lehrt

Vom Detail zum Ganzen

ISBN 978-3-7582-0348-0

Details der Reitlehre werden oft als unwichtig übergangen oder sind gar nicht bekannt. Dorothee Baumann-Pellny schärft die Aufmerksamkeit für Feinheiten, die der Schlüssel zu erstaunlichen Leistungen von Pferd und Reiter sind.

Die empathische Arbeit mit dem Pferd fordert dem Menschen nicht nur reiterliche Fähigkeiten, sondern Selbstdisziplin und Reife ab. Dieses Buch möchte deshalb auch die Persönlichkeit des Reiters schulen.

Ein ganz besonderes Lehrbuch!

Dagmar Ciolek

135 Mythen der Reitlehre

ISBN 978-3-7582-0223-0 **4. Auflage!**

„Das Pferd muss an die Hand ziehen!" – „Pferde testen ihre Reiter, wo sie nur können!" – „Pferde lösen sich am besten im Schulterherein!"

Sie geistern unerschütterlich durch die Reithallen: Mythen rund ums Reiten. Tatsächlich ist es in der heutigen vielfältigen Reiterwelt nicht immer leicht, den Überblick zu behalten. Nur zu gut kennt dieses Problem Dagmar Ciolek, die unermüdlich Reiter bei Facebook berät. Die häufigsten Irrtümer und Missverständnisse klärt sie in diesem Buch eindrücklich auf.

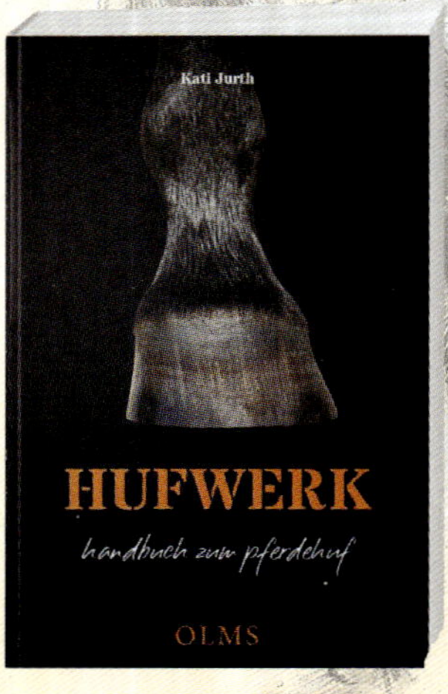

Kati Jurth

Hufwerk

Handbuch zum Pferdehuf

ISBN 978-3-7582-0250-6 **2. Auflage!**

Das Thema Huf ist für viele Pferdebesitzer mit zahlreichen Fragen verbunden. Sie zu klären kann für das Pferd lebensentscheidend sein. Kati Jurth beschreibt Funktionen und Form des Hufes, so dass Hufsituationen besser eingeschätzt werden können und die Kommunikation mit Schmieden, Hufbearbeitern und Tierärzten erleichtert wird.

Dogmen oder auch kurzlebigen Trends rund um den Huf setzt die Autorin einen objektiven, wissenschaftlich ausgerichteten Blick entgegen.

Wer dieses Buch gelesen hat, wird Pferde und ihre Hufe mit anderen Augen sehen!

www.olms-presse.de

Verlag Olms Presse